I N V E S T I G A Ç Ã O

IMPRENSA DA UNIVERSIDADE DE COIMBRA
COIMBRA UNIVERSITY PRESS

EDIÇÃO
Imprensa da Universidade de Coimbra
Email: imprensauc@ci.uc.pt
URL: http//www.uc.pt/imprensa_uc
Vendas online: http://livrariadaimprensa.uc.pt

COORDENAÇÃO EDITORIAL
Imprensa da Universidade de Coimbra

CONCEPÇÃO GRÁFICA
António Barros

IMAGEM DA CAPA
By Fernão Vaz Dourado (c. 1520 - c. 1580)
(Alvesgaspar. Photo taken in 2008) [Public domain],
via Wikimedia Commons

PRÉ-IMPRESSÃO
Mickael Silva

ELABORAÇÃO DOS ÍNDICES FINAIS
Anita Martins

EDIÇÃO E FIXAÇÃO DO TEXTO
Nair Castro Soares
Margarida Miranda
Augusta Fernanda de Oliveira e Silva

PRINT BY
CreateSpace

ISBN
978-989-26-0649-1

DEPÓSITO LEGAL
19279/87

PARA A HISTÓRIA DO HUMANISMO EM PORTUGAL

VOL. V

AMÉRICO
DA COSTA
RAMALHO

IMPRENSA DA
UNIVERSIDADE
DE COIMBRA
COIMBRA
UNIVERSITY
PRESS

SUMÁRIO

Ao indagar uma explicação do sentido da Vida, Vergílio Ferreira (Conta-Corrente 2) *pergunta-se: «Como é que o homem vai viver sem uma significação para a vida? Donde essa significação? Os sucedâneos dos deuses atropelam-se tumultuosos, mas duram menos que os deuses, duram menos que um homem.(...) A expressão final do homem de hoje é o heroísmo. Porque tudo tende a esmagá-lo de todo o lado. Mas ser herói é ser consciente.»*

*Este heroísmo viveu-o em plenitude o Doutor Américo da Costa Ramalho, no seu fascínio, persistente e desassossegado, em busca do saber; na perfeita consciência das suas potencialidades e limitações, na inclemência dos anos, a percorrer um caminho árduo de ascese que lhe era oferecido em cada dia, no silêncio da alma do "conhece-te a ti mesmo" – num encontro sereno entre Razão e Fé (*Fides et ratio, Carta Encíclica *de João Paulo II). A consciência profunda da revelação e da acção de Deus no contexto da sua vida quotidiana – na sua "noite escura", tantas vezes – abriu-lhe a porta, através do trabalho assíduo e da oração, ao Mistério de Deus que assume o rosto do Homem e esclarece verdadeiramente o mistério do Homem. É o testamento moral do Mestre. A sua maior grandeza!*

É esta a sua última obra, o volume V dos seus estudos Para a história do Humanismo em Portugal. *Nela revisita muitos dos seus temas favoritos, num abraço final e sempre fiel à sua Literatura Neolatina, a todo um conhecimento ímpar que faz de Américo da Costa Ramalho o maior de todos os estudiosos do Humanismo Português e o* Pater *dos Humanistas contemporâneos, sempre seus discípulos. A expressão límpida do seu Português fluido e a graça fina de um ou outro pormenor, a perspicácia em encontrar algo de novo, em matérias que poderiam não passar de uexata quaestio, dão-nos a medida e a grandeza do investigador de excepção, do professor de voz forte e timbrada, da sua presença alegre, jovial, da sua lição de vida que fica para sempre no coração e na inteligência de toda a Universidade, nacional e internacional. Cidadão do mundo, foi embaixador da cultura e do nome de Portugal, na Europa, na América, na Ásia.*

Interroga-se agora o nosso Mestre, não de viva voz, mas vivo para sempre no Amor, Cui dono lepidum nouum libellum / arida modo pumice expolitum?

- Entrego este livro a todos vós, os meus discípulos, e a todos os estudiosos do Humanismo, na Respublica Litterarum.

Nair de Nazaré Castro Soares

NOTA PRÉVIA

O Volume V *Para a História do Humanismo em Portugal* vem completar uma série de 4 volumes que o autor vem publicando desde 1988.

Nele se reúnem diversos estudos já editados quer em revistas especializadas quer em volumes de autoria colectiva, ou ainda apresentados em diversos encontros científicos, dando assim possibilidade ao leitor de encontrar num só volume grande parte da produção de cerca de 10 anos do seu autor. À excepção dos capítulos 16, 27 e 29, que incluem a *Oração de Sapiência* pronunciada na Universidade de Coimbra, em 1980, e dedicada aos Estudos de Camões, os textos agora recolhidos foram publicados entre 2000 e 2009, e finalmente sujeitos à necessária actualização, de forma a espelhar os mais recentes avanços bibliográficos em matéria de Humanismo e tradição clássica em Portugal, nomeadamente aqueles que o próprio autor entretanto produziu, como a reedição da obra de Duarte de Sande, S.I., *Diálogo sobre a Missão dos Embaixadores Japoneses à Cúria Romana*, Tomo I e II, Prefácio, tradução e comentário de Américo Costa Ramalho. Estabelecimento do texto latino Sebastião Tavares de Pinho, Portugaliae Monumenta Neolatina, Imprensa da Universidade de Coimbra, 2009; e a publicação dos dois volumes da correspondência de Cataldo Parísio Sículo, *Epístolas*. Fixação do texto latino, tradução, prefácio e notas de Américo Costa Ramalho e de Augusta Fernanda de Oliveira e Silva. Lisboa, Imprensa Nacional Casa da Moeda, vol. I e II, 2005-2010.

1. CATALDO SÍCULO EM PORTUGAL: ALGUNS TÓPICOS*

I. Manuscritos e impressos

De Cataldo, existe sobretudo a obra impressa, a começar com o livro de *Epistolae et orationes quaedam,* o 1.º livro das *Epístolas,* concluído em Lisboa, em 21 de Fevereiro de 1500, na oficina de Valentim Fernandes da Morávia. Da obra publicada, que se estende no tempo até 1513, é a única datada explicitamente no cólofon.

Na segunda metade do século XVI, um humanista menor chamado António de Castro encontrou uma colectânea de manuscritos de Cataldo e preparou a sua edição.

António de Castro estava convencido de que Cataldo nunca tinha sido impresso antes e organizou com esses manuscritos uma edição comentada. Entre os muitos erros que cometeu, um permaneceu por muito tempo. Interpretando mal o título de *Aquila* que Cataldo deu ao conjunto de alguns dos seus poemas, entendeu um cabeçalho como «Cataldi Aquilae liber primus» da forma seguinte: «o livro primeiro de Cataldo Áquila», em vez de «o livro primeiro da Águia de Cataldo». E assim o humanista italiano passou a Cataldo Áquila Sículo.

Hoje, não existe um só exemplar da edição de António de Castro e tenho dúvidas de que alguma vez tenha sido publicada. Mas no século XVIII, D. António Caetano de Sousa resolveu reproduzi-la nas *Provas da*

* *Cataldo R. André de Resende. Congresso Internacional do Humanismo Português* (Coimbra-
-Lisboa-Évora, 25-28 de Outubro de 2000). Lisboa, Centro de Estudos Clássicos, 2002: 13-22.

História Genealógica da Casa Real Portuguesa, Tomo VI, 2ª parte. E deu-
-lhe o seguinte título «Omnia Cataldi Aquilae Siculi quae extant opera
per Antonium de Castro denuo correcta nunc primum in lucem edita...».

Barbosa Machado, na *Biblioteca Lusitana,*considera que a edição de
António de Castro foi publicada em 1509. Será mais uma das abundantes
gralhas da *Biblioteca,* essa data que Luís de Matos corrigiu para 1569.
Com efeito, António de Castro dedicou a sua edição à infanta D. Maria que
não era nascida em 1509, só vindo a este mundo doze anos mais tarde.

Mas terá existido tal edição? Ao contrário do que muitos escreveram
(entre eles, eu próprio), hoje inclino-me a crer que não. Caetano de Sousa
terá encontrado o manuscrito na biblioteca de um dos seus amigos e tê-
-lo-á publicado pela primeira vez, como parecem indicar aquelas palavras
«opera... nunc primum in lucem edita».

Esta colectânea publicada por Caetano de Sousa está longe de ser
completa. Quando comparada com a *editio princeps,* verifica-se que lhe
faltam numerosos poemas, outros apresentam variantes, e outros ainda
foram truncados. Todavia, ocasionalmente, revela lições mais antigas que
as dos poemas impressos sob as vistas de Cataldo, muitos anos antes.
Não é difícil compreender como isso aconteceu. As cartas de Cataldo
revelam que o humanista dava frequentemente cópias, decerto manuscritas, dos seus poemas, a ler aos amigos. Assim, uma dessas colecções
ter-se-á extraviado e vindo, muitos anos mais tarde, às mãos de António
de Castro. Num trabalho, publicado em *Humanitas,* e depois reimpresso
no meu livro *Para a História do Humanismo em Portugal,* vol. II, com o
título de «Uma carta de Cataldo a Pedro Homem», dei um exemplo significativo dessa maior antiguidade dos textos publicados no século XVIII.

Um manuscrito com obras inéditas de Cataldo existe na Biblioteca
Municipal de Évora, com poemas que já foram estudados no todo ou em
parte, em teses de licenciatura ou de mestrado, na Faculdade de Letras
de Coimbra[1]. Os quatro epigramas finais desse manuscrito são o tema de

---

[1] Os autores e os títulos dessas teses podem ler-se na bibliografia impressa em *Cataldo Parísio Sículo, Epistolae et Orationes.* Edição fac-similada. Introdução de Américo Da Costa Ramalho, Coimbra, 1988. Este volume que contém *Epistolae* 1 (1500) e *Epistolae 2 (circa,*

um artigo, intitulado «O touro e a bigorna: quatro epigramas de Cataldo», publicado em *Humanitas,* vol. LII (2000) e incluído no presente volume

Fora de Portugal, existe um manuscrito da Biblioteca de Munique, copiado de textos de Cataldo, em Évora, em Novembro de 1494, por ou para o Dr. Jerónimo Münzer, que figura nas «Additiones» ao manuscrito do *Iter Hispanicum* da sua autoria. Note-se de passagem, que o Doctor Hieronymus Monetarius, que conheceu pessoalmente Cataldo em 1494, estava convencido de que o seu apelido de «Parisius», vinha de ter o italiano frequentado a Universidade de Paris. E o mesmo pensava a sua compatriota D. Carolina Michaëlis, quatrocentos anos mais tarde. Afinal trata-se do sobrenome Parisi, ainda hoje corrente em Itália. E o nome latino do humanista é Cataldus Parisius Siculus.

Mas voltemos ao manuscrito de Münzer. Ele contém uma cópia do discurso, pronunciado por Cataldo, como *orator regius* na entrada da princesa Isabel, mulher do príncipe D. Afonso, filho de D. João II, em Évora, em 28 de Novembro de 1490. Além desta oração, a que voltaremos adiante, também os epitáfios à morte do mesmo príncipe, ocorrida alguns meses depois, em 12 de Julho de 1491, se encontram no manuscrito de Munique.

Este é, portanto, o material existente para uma eventual edição crítica da obra do humanista, coisa em que certamente ninguém pensa. Mas a verdade é que, mesmo para a tradução, total ou parcial da prosa e versos de Cataldo, é indispensável conhecer toda a sua obra existente. Darei um exemplo.

II. O título truncado

Há no livro I das *Epistolae* (portanto de data anterior a Fevereiro de 1500) uma carta, cujo título começa «Cataldus prospero et rabi drepanitano ad **ueritatẽ conuersionẽ**»[2].

1513), foi publicado pela Biblioteca Geral da Universidade de Coimbra, dirigida pelo Prof. Doutor Aníbal Pinto de Castro.

[2] A. Costa Ramalho, *Estudos sobre o Século XVI,* 2ª edição aumentada, Lisboa, 1983, p. 153-166. O original de *Visionum liber primus,* fol. Av.º, onde Próspero é identificado com

Trata-se, por conseguinte, de uma carta dirigida a um judeu, chamado Próspero, que era «drepanitano», isto é, natural de Trapani, na Sicília, e, assim sendo, compatriota de Cataldo.

É um documento terrível, que traduzi em *Latim Renascentista em Portugal*, com o relato circunstanciado das humilhações e sevícias a que foram submetidos os judeus residentes no nosso País, com vista à sua conversão ao Catolicismo. Aos insultos e ameaças juntam-se as afirmações pueris, como a de que os judeus cheiram a esterco, mas basta que se convertam e logo passam a exalar o perfume suavíssimo de rosas e cravos. Ao lado desta argumentação ridícula vem a descrição dos tormentos a que ficam submetidos os prosélitos da religião hebraica que preferiam assassinar os filhos e suicidar-se de seguida, a aceitar a conversão ao Cristianismo.

A carta é indigna de um humanista como Cataldo, mas só tem uma desculpa, a de que Cataldo era sinceramente amigo do seu patrício Próspero e queria a sua conversão e com ela a sua tranquilidade e bem-estar. Próspero, finalmente, converteu-se. Em 1837, Alexandre Herculano refere-se no *Panorama* a esta carta, recomendando a sua tradução que só apareceu, trinta anos mais tarde, na mesma revista, feita pelo latinista Manuel Bernardes Branco[3].

Bernardes Branco não reparou que o título estava truncado e começou logo por verter *Prospero et rabi Drepanitano* por «Ao venturoso rabi de Nápoles», ignorando a presença da copulativa *et* que não traduziu. É evidente que no título falta uma aposição a «Próspero» que era outra ocupação qualquer, além de «rabi». Por outro lado, *Drepanitano* não quer dizer de Nápoles, em Itália, mas de Trapani, na Sicília. De resto, quem ler a carta, chega facilmente à conclusão de que o título está errado. Na verdade, como é possível chamar «venturoso» ao destinatário de uma carta onde são complacentemente descritas as atrocidades sofridas pelos seus irmãos de fé?

A resposta a estas dúvidas vim a encontrá-la num trecho de *Visionum Liber Primus* onde se fala de Próspero e da sua conversão. Fica-se a sa-

---

o físico Me. Anrique vicentino foi reproduzido a abrir (p. 1) a 2ª edição de *Latim Renascentista em Portugal,* Lisboa, 1994.

[3] Cf. A. Costa Ramalho, «Alexandre Herculano e Cataldo Sículo», *Convergência,* 3, 1977. Este artigo foi incluído em *Para a História do Humanismo em Portugal IV,* Lisboa, 2000, do mesmo autor.

ber que *Prosperus* não é um adjectivo qualificativo de *rabi,* mas o nome próprio do rabi natural de Trapani.

As *Visiones,* em prosa ou verso, são um género de literatura fantástica em que os mortos convivem com os vivos, em sonhos ou na vida real. A tradição literária vinha da Idade Média e continua no Renascimento.

No *Visionum liber primus,* Cataldo imagina que morreu, mas ouve os comentários dos que acompanham o seu funeral. Um deles é o médico Henrique, seu patrício, que outrora, antes da conversão, se chamava *Próspero (Visionum liber primus,* vs. 57-60).

Tal descoberta permitiu-me reconstituir o título truncado da carta de Cataldo a «Próspero (médico) e rabi drepanitano». Falei do assunto repetidamente nas aulas e seminários de Latim Renascentista, mas creio que escrevi sobre ele, pela primeira vez, na 1ª parte da Introdução que compus para o livro de Maria Margarida Brandão Gomes da Silva, *Cataldo Parísio Sículo: Duas Orações,* publicado em 1974. O mesmo trabalho veio a ser reimpresso nos meus *Estudos sobre o Século XVI,* publicado em 1ª edição, pela Fundação Gulbenkian, em 1980; e, esgotada esta, em 2.a edição aumentada, em 1983, pela Imprensa Nacional-Casa da Moeda, p. 29-37.

III. Münzer e a prosperidade de Portugal (1494)

Quando liguei o início do Humanismo em Portugal à chegada de Cataldo Parísio em 1485, alguém objectou que um movimento cultural como o do Humanismo Renascentista exige tranquilidade social e política em atmosfera de bem estar económico; e que essas condições não existiram no reinado de D. João II.

Já provei que, depois da morte do duque de Viseu, em 1484, os últimos anos do reinado do Príncipe Perfeito, entre 1485 e 1495, foram provavelmente os dez anos mais tranquilos e mais prósperos que Portugal conheceu alguma vez[4].Citei então entre outros, um testemunho que eu publicara em 1962, a saber, o de Roger Machado, rei de armas

---

[4] *Para a História do Humanismo em Portugal III,* Lisboa, 1998, p. 18-19.

da embaixada inglesa que, em 1489, veio trazer as insígnias da ordem da Jarreteira, enviadas por Henrique VII de Inglaterra, a D. João II[5]. Escapou-me então o testemunho do Dr. Jerónimo Münzer, atrás citado, que em 1494 nos visitou e que aqui conheceu Cataldo, de quem fala com grande apreço. Conheceu também D. Jorge, filho bastardo de D. João II, e discípulo de Cataldo. Mas de D. Jorge não falarei agora. Já me referi ao seu encontro com Münzer na recensão à *Vida ignorada de Camões*, conhecido livro do Dr. José Hermano Saraiva, em *Camões no seu tempo e no nosso*, Coimbra, 1992.

A parte referente a Portugal no *Iter Hispanicum* de Münzer, que está a precisar de uma nova tradução, revela a surpresa do viajante alemão, perante a prosperidade e a abundância de todas as coisas que encontrou em Portugal. E não pode dizer-se que foi influenciado por Cataldo, porque Münzer contactou em Portugal com numerosos alemães, não só o impressor Valentim Fernandes, mas muitos outros comerciantes germânicos, alguns no próprio palácio dos Estaos, onde ficou hospedado.

IV. Cataldo e as suas Crónicas

Atrás referi que no final do manuscrito das suas viagens por Espanha e Portugal, Jerónimo Münzer inserira uma cópia do discurso de Cataldo, em Évora, quando a princesa D. Isabel, acompanhada do seu séquito de nobres castelhanos, entrou em Évora em 28 de Novembro de 1490.

No texto publicado em 21 de Fevereiro de 1500, o humanista italiano afirma que os portugueses já quase tinham aportado à Índia e que estavam senhores da rota para lá chegar.

Poder-se-ia julgar que se trata de uma profecia *post euentum* visto que o livro de *Epistolae et Orationes Quaedam,* onde o discurso se encontra, só foi publicado em 1500, depois da descoberta do caminho marítimo para a Índia.

---

[5] *Estudos sobre a Época do Renascimento*, 2ª edição melhorada, Lisboa, 1997, p. 9-29.

Mas a informação está, de facto, na cópia de Münzer, obtida em 1494.

Deste modo, a declaração de Cataldo perante a comitiva castelhana da princesa Isabel, foi certamente inspirada pelo próprio rei de Portugal. Isto, dois anos antes da descoberta da América por Colombo.

Cataldo queixa-se mais de uma vez, em prosa e verso, de que as informações que tem pedido para a elaboração das suas Crónicas, lhe são sistematicamente negadas.

No tempo de D. João II, fora encarregado o legado pontifício e bispo de Ceuta, Justo Baldino, de pôr em latim as crónicas dos reis de Portugal; e em 1490, Ângelo Policiano, que tinha sido professor de vários portugueses na Universidade de Florença, entre eles os filhos do chanceler-mor João Teixeira, ofereceu-se para tratar, em grego ou em latim, a gesta dos portugueses. Mas Baldino morreu de peste em Almada, em 1493, e Policiano faleceu em Itália, em 1494. Em 1495, finava-se D. João II. Algumas tentativas de Cataldo de coligir informações para os seus trabalhos históricos são da época de D. Manuel e não foram mais bem sucedidas que as do reinado anterior.

Em várias ocasiões tenho referido uma dessas cartas, pelo seu significado cultural. Nela, Cataldo felicita Martinho de Sousa, comandante em África, por ter mandado vir de Sevilha um professor de Latim, para ensinar os jovens guerreiros nos intervalos dos combates. Esse professor podia ser um português, porque viviam, na altura em Sevilha muitos compatriotas nossos. Por motivos que então dei, ocorreu-me que ele podia ser o humanista Estêvão Cavaleiro, exilado de Portugal[6].

Mas voltando a Cataldo. Penso que ele não estava interessado em traduzir para latim as crónicas dos antigos reis de Portugal, mortos há muito.

O seu interesse estava com os vivos, como pode reconhecer quem leia as cartas incluídas nos dois livros de *Epistolae.* As *Crónicas* dar-lhe--iam a oportunidade de elogiar os seus amigos e de obter a gratidão das pessoas importantes do seu tempo. Por isso, também penso que as suas simpatias estavam mais com os nobres que combatiam no Norte de Africa do que com as navegações. Não esqueçamos que Cataldo chega

---

[6] *Para a História do Humanismo em Portugal II,* Lisboa, 1988, p. 7-13.

a Portugal em 1485, trazendo consigo, parcial ou totalmente escrito (ao certo, não sabemos) o poema *Arcitinge,* sobre a conquista de Arzila e de Tânger, em 1471, na qual tomou parte o príncipe herdeiro D. João, então com 16 anos de idade. O poema, que traduzi em *Latim Renascentista em Portugal,* é uma homenagem a D. João II.

Não esqueçamos também que os Meneses e Noronhas da casa de Vila Real, a que pertenciam dois dos seus discípulos dilectos, D. Pedro de Meneses, conde de Alcoutim, e sua irmã D. Leonor de Noronha, eram os governadores hereditários de Ceuta, onde nasceu D. Pedro, em 1487, quando seu pai D. Fernando de Meneses governava a praça africana. E nos versos de Cataldo há referências a uma estadia do humanista no Norte de África.

Nas campanhas africanas se tinham distinguido muitos dos seus amigos da nobreza, como alguns daqueles de quem faz o elogio, em cartas laudatórias e poemas encomiásticos: D. Diogo de Almeida, com quem colaborou na educação de D. Jorge, filho de D. João II, D. Martinho de Castelo Branco, conde de Vila Nova de Portimão, e seu genro João Rodrigues de Sá de Meneses e tantos outros.

Num longo epigrama ou elegia sobre Miguel Corte-Real, não é o navegador que celebra, mas o cavaleiro heróico que cobriu a retirada dos seus companheiros em fuga, numa tentativa gorada de tomar de surpresa Orão, no Norte de África, em 1501[7].

Por isso, creio que seriam mais as campanhas africanas, do que as navegações, que dariam assunto às suas prometidas Crónicas. Mas nada chegou até nós.

V. Cataldo e a Universidade

Cataldo foi humanista mais da corte do que da universidade portuguesa onde não ensinou. Mas a universidade não foi imune à sua influência.

---

[7] *Estudos sobre o Século XVI,* p. 77-94; cf. ainda *Para a História do Humanismo em Portugal III,* Lisboa, 1998, p. 35-41.

A *Oratio habita Bononiae publice a Cataldo in omnium scientiarum et in ipsius Bononiae laudes,* a «Oração pronunciada em Bolonha por Cataldo, em louvor de todas as ciências e da própria Bolonha» começou por ser o modelo da oração de sapiência de D. Pedro de Meneses, conde de Alcoutim, na Universidade de Lisboa em 18 de Outubro de 1504. E acabou por influenciar discursos semelhantes nas Universidades de Lisboa e de Coimbra, ao longo do século XVI. Aquela em que mais se reflecte é a oração de Hilário Moreira na Universidade de Coimbra, em 1 de Outubro de 1552, de acordo com a pesquisa do então licenciando Albino de Almeida Matos, feita por sugestão minha, em 1962. Anos depois, na Universidade Federal do Rio de Janeiro, um assistente da Faculdade de Letras dessa universidade brasileira, numa tese de doutoramento que orientei, estudou a influência da *oratio* bolonhesa de Cataldo nas duas fases da Universidade Portuguesa, em Lisboa e em Coimbra. Recordo aqui o nome desse jovem investigador brasileiro, prematuramente falecido: Luiz Carlos Stammato Marcellino de Carvalho; e o título da sua tese defendida em 1980, A *Oração de Cataldo em Bolonha. Sua permanência na oratória do século XVI.*

Na universidade portuguesa do século XVI, a Oração de Sapiência anual era encargo do lente de prima de Teologia que podia fazer-se substituir por um latinista à sua escolha, mesmo estranho à Universidade.

A Oração de Sapiência também não era uma dissertação sobre um assunto especializado, feita pelo decano duma Faculdade, variando esta de ano para ano. Então tratava-se de uma peça oratória (as de hoje, na sua maioria, têm muito pouca eloquência) sobre o conjunto de disciplinas ensinadas na Universidade, podendo o orador espraiar-se mais sobre matéria da sua preferência. Outros temas adicionais eram o elogio da cidade onde se situava a universidade e o encómio das autoridades locais, no caso português, normalmente do soberano.

Uma destas orações, a do conde de Alcoutim, foi incluída no livro 2° das *Epistolae* de Cataldo, impresso em Lisboa, por volta de 1512/1513. Isto levou um erudito que lhe não deu a devida importância, a afirmar que a ignorara, porque impressa no livro de Cataldo, não era obra de um português. Trata-se de uma desculpa de mau pagador. A verdade é que a *oratio* foi pronunciada na Universidade de Lisboa, perante o rei D. Manuel, e faz parte da cultura universitária portuguesa. Por este critério, os americanos não desceram na lua, porque o foguetão que os levou foi o resultado da ciência germânica de Von Braun.

Mas a verdade é que a oração é bem portuguesa e produto de um momento histórico e cultural bem português.

Que Cataldo tenha ajudado na sua redacção é perfeitamente admissível. Ele era o professor do jovem conde de Alcoutim. E nas cartas e nos versos de Cataldo há referências claras à sua intervenção. É mesmo possível que a ideia de confiar a um jovem da nobreza o discurso inaugural em latim, do ano lectivo de 1504-1505, seja do humanista italiano, pois no seu país de origem esta glorificação da juventude nobre e culta existia, há muito. Aliás, a mesma origem deve ter tido a iniciativa de encomendar ao jovem D. Pedro de Meneses, aos doze anos de idade, em 1499, uma lição pública em latim, de comentário de autores latinos, perante o claustro doutoral da Universidade de Lisboa.

Este acontecimento, afinal mais difícil do que pronunciar uma oração de sapiência previamente escrita e decorada, é menos conhecido e despertou menos celeuma nos eruditos nacionais.

Mas a oração de sapiência deu muito que falar. Citarei apenas três opiniões. O rei D. Manuel II, que tinha um exemplar de *Epistolae I* na sua biblioteca, hoje em Vila Viçosa, não conhecia a oração que se encontra em *Epistolae II*. Mas isso não impediu de se pronunciar contra a autoria do jovem conde de Alcoutim, pelo facto de ele só ter 22 anos. Afinal, tinha 17. E atribuiu a paternidade do feito a seu avô e homónimo, D. Pedro de Meneses, 1.º marquês de Vila Real. Todavia, o marquês faleceu em Novembro de 1499 e a oração foi pronunciada em Outubro de 1504. Por outro lado, nunca foi conde de Alcoutim[8].

Costa Pimpão aceitou que o autor fosse o neto, conde de Alcoutim, mas enviou-o para Paris, a estudar Teologia, em 1517, quando o verdadeiro conde estava em Ceuta (Damião de Góis, *Crónica de D. Manuel*, IV, cap. 22). Mistura assim, o herdeiro da casa de Vila Real, uma das quatro mais

---

⁸ *Estudos sobre a Época do Renascimento*, p. 67 e seguintes. O texto da *Visio tertia*, citado na p. 67, mostra que o *orator* de 18.X.1504 foi escolhido por D. Manuel I.

poderosas de então, aparentada com a realeza, com um clérigo do mesmo nome, um tal D. Pedro de Meneses de que temos algumas informações sobre a sua carreira na Universidade de Lisboa.

Moreira de Sá defendeu que o autor era este eclesiástico, passando por alto o título da peça oratória: *Oratio habita a Petro Menesio comite Alcotini coram Emmanuele Sereníssimo Rege in Scholis Vlixbonae,* isto é, «Oração pronunciada por Pedro de Meneses, conde de Alcoutim, na presença do sereníssimo rei Manuel na Universidade de Lisboa».

Como a categoria aristocrática de «conde de Alcoutim» era um empecilho para os seus desígnios suprimiu-a no título da oração. Processo cómodo, mas contrário ao mais elementar rigor histórico.

Felizmente, estamos informados em pormenor de tudo o que se passou, graças às cartas e aos versos de Cataldo. Citarei, pelo pitoresco, apenas uma das informações do humanista. Na *Visio tertia* ou «Terceira Visão», Cataldo descreve em versos dactílicos, o cenário da oração de sapiência do conde de Alcoutim, jovem de menos de 20 anos, de cabelos louros, vestido de toga negra e colar, sentado gravemente na cátedra, na sala ornamentada de tapeçarias, repleta de dignitários da corte que sob a presidência do rei D. Manuel, e com a assistência dos lentes e escolares, estavam presentes à cerimónia. Subitamente, entra na sala uma luz misteriosa que vai pousar num canto, junto ao tecto. Era o avô do jovem orador, o seu homónimo marquês de Vila Real que vinha assistir à cerimónia[9].

Portanto, até esta fantasia de sabor sobrenatural, não deixa dúvidas sobre quem fez a *oratio* de 1504.

VI. João Rodrigues de Sá de Meneses, aluno de Policiano (m. 1494)?

O elogio de Cataldo a João Rodrigues de Sá de Meneses, como fidalgo altamente instruído e modelo de nobreza culta, em Portugal, é conhecido por um trecho de uma carta do humanista ao conde de Alcoutim, que

---

9 *Cataldi Visionum[liber] tertius ad Emmanuelem triumphantissimum regem,* fol. Cvj e seguintes. Cf. A. Costa Ramalho, *Estudos sobre a Época do Renascimento,* p. 68-71,78-82.

Barbosa Machado cita na *Biblioteca Lusitana*. Mas há outras referências do Sículo a Sá de Meneses que era excelente latinista, como pode verificar quem quer que leia os trechos do seu *De Platano* que publiquei e traduzi em *Latim Renascentista em Portugal*. Em nenhuma dessas referências encomiásticas Cataldo menciona qualquer permanência dele em Itália até 1512/1513, data do *Verus Salomon Martinus,* o poema em honra de D. Martinho de Castelo Branco, conde de Vila Nova de Portimão e sogro de Sá de Meneses. Se tal tivesse acontecido, Cataldo proclamaria aos quatro ventos os estudos italianos do fidalgo do Porto.

Ora no *De Platano,* Sá de Meneses declara que era quase quinquagenário (*Prope quinquagenarius*) em 1536. Assim sendo, nasceu depois de 1486 e teria, no máximo, seis ou sete anos de idade, quando Ângelo Policiano faleceu em Florença em 1494. É tempo, por isso, de acabar com a notícia fantasiosa, posta a circular por D. Carolina Michaëlis (mas lida em Teófilo Braga), de que João Rodrigues de Sá de Meneses estudara na Universidade de Florença com o grande Ângelo Policiano. As crianças do Renascimento eram precoces, mas estudar na Universidade de Florença antes dos seis ou sete anos de idade, seria um prodígio inesquecível...[10].

VI. Garcia Moniz e o Enforcado

No final do «Auto da Barca do Inferno», dialogam o Diabo e um Enforcado. Fala-se de Garcia Moniz.

Este era o tesoureiro da Casa da Moeda, quando Gil Vicente, em 1513, foi nomeado «mestre da balança» da mesma instituição. Em Janeiro de 1517, por motivos que ignoramos, Garcia Moniz foi demitido de tesoureiro, mas autorizado a continuar a viver na Casa da Moeda, e até a transferir

---

[10] Naturalmente, Sá de Meneses esteve em Itália, depois de 1513. Por exemplo, quando acompanhou seu sogro, D. Martinho, que presidiu à embaixada que levou a Infanta D. Beatriz a Nice, em 1521, para casar com o duque Carlos de Sabóia. Ver A. Costa Ramalho, «Cataldo e João Rodrigues de Sá de Meneses», *Estudos sobre o Século XVI*, Lisboa, 1983. Este capítulo foi inicialmente publicado em 1974 na Introdução que escrevi para o livro de Dulce da Cruz Vieira, *Cataldo Parisio Sículo: Martinho, verdadeiro Salomão.*

para a Casa da Mina uma tença que possuía na Casa da Moeda. Estas concessões mostram que o motivo da sua demissão não terá sido grave, e muito menos um desfalque.

Anselmo Braamcamp Freire, grande investigador mas homem um tanto pessimista a respeito da natureza humana, achou que Gil Vicente, ao acusar o seu superior hierárquico no teatro, um tribunal onde ele não podia defender-se, possivelmente na altura em que a questão estava sendo averiguada, cometeu uma «feia acção».

Ora certa carta de Cataldo a «Garcia Moniz, cultor do bem publico» permite uma interpretação mais de acordo com a sátira dramática, e menos severa para com o carácter de Gil Vicente.

Nessa carta, que publiquei e traduzi em *Latim Renascentista em Portugal* Cataldo felicita Garcia Moniz, por ser membro fundador de uma associação destinada ao bem público, tendo entre os seus objectivos acções de beneficência, como socorrer os necessitados, ajudar viúvas e órfãos, enterrar os indigentes e consolar nos momentos derradeiros os condenados à pena última. Para enterrar os mortos e acompanhar os morituros, os irmãos da Misericórdia vestem uma opa escura.

A primeira parte desta carta mostra as elevadas relações sociais do nobre Garcia Moniz que era familiar, entre outros, de D. Dinis, irmão do duque de Bragança, D. Jaime. D. Dinis foi discípulo de Cataldo.

O testemunho do humanista italiano é valioso por nos revelar mais um membro fundador da Misericórdia, cujos primeiros tempos são menos conhecidos, por ter desaparecido o seu arquivo no terramoto de 1 de Novembro de 1755.

Que se terá passado? Numa sessão do V Colóquio Internacional de Estudos Luso-Brasileiros, realizado em Coimbra em 1963, cujas *Actas* foram publicadas em 1965, apresentei uma comunicação intitulada «A *feia acção* de Gil Vicente». Mais tarde fiz reimprimir esse trabalho nos meus *Estudos sobre a Época do Renascimento*, publicados em 1ª edição, em Coimbra, 1969[11].

---

[11] Cf. p. 124-129.

Aí mostrei que as referências a Garcia Moniz no diálogo entre o Diabo e o Enforcado se justificam como alusão a qualquer intervenção sua, mais ou menos ridícula, num enforcamento recente.

No auge das suas consolações, bem intencionadas mas inanes, o confrade da Misericórdia chega a dizer que tomara ele ser o Enforcado para ter garantido o Céu. E a confirmar os seus créditos de correspondente latino de Cataldo, recheou de citações latinas a sua pregação piedosamente idiota. O Enforcado não deixa de observar:

> E com isto mil latins
> Como s'eu latim soubera.

Eis o texto do *Auto da Barca do Inferno:*

> Vem um Enforcado, e diz o
> *Dia.* Venhais embora, Enforcado,
> que diz lá Garcia Moniz?
> *Enf.* Eu vos direi que ele diz
> que fui bem-aventurado;
> que polos furtos que eu fiz,
> sou santo canonizado;
> pois morri dependurado,
> como o tordo na buiz.
> *Dia.* Entra cá, e remarás
> até às portas do Inferno
> *Enf.* Não é essa a nau qu'eu governo.
> *Dia.* Entra, que ainda caberás.
> *Enf.* Pesar de san Barrabaz!
> Se Garcia Moniz diz
> que os que morrem como eu fiz,
> são livres de Satanás!
> E disse que a Deus prouvera
> que fora ele o enforcado,
> e que fosse Deus louvado,

que em bo'hora eu nacera,
e que o Senhor m'escolhera,
e por meu bem vi beleguins:
e com isto mil latins,
como s'eu latim soubera.
E no passo derradeiro,
me disse nos meus ouvidos,
que o lugar dos escolhidos
era a forca e o Limoeiro:
nem guardião de mosteiro
não tinha mais santa gente,
como Afonso Valente,
o que agora é carcereiro.
Dia.   Dava-te consolação
Isso, ou algum esforço?
Enf.   *Co* baraço no pescoço
mui mal presta a pregação.
Ele leva a devação,
que há-de tornar a jentar;
mas quem há-de estar no ar,
aborrece-lhe o sermão.
Dia.   Entra, entra no batel,
que pêra o Inferno hás-de ir.
Enf.   E Moniz há-de mentir?
Dixe-me: - Com San Miguel
irás comer pão e mel,
como fores enforcado. —
Ora já passei meu fado,
e já feito é o burel.
Agora não sei que é isso:
não me falou em ribeira,
nem barqueiro nem barqueira,
senão logo ao Paraíso
E isto muito em seu siso,

e que era santo meu baraço.

Porém não sei que aqui faço,

Ou s'era mentira isto.

Dia.   Falou-te no Purgatório?

Enf.   Diz que foi o Limoeiro;

e ora por ele o salteiro,

e o pregão vitatório;

e que era muito notório

que aqueles deciprinados

eram horas dos finados,

e missa de San Gregório[12].

A interpretação acabada de resumir, foi apresentada como disse atrás, há quase quarenta anos e nunca a vi citada por qualquer dos comentadores do *Auto da Barca do Inferno.*

Por isso, decidi resumi-la a terminar a comunicação, recordando assim mais um contributo de Cataldo para o conhecimento da vida em Portugal nos primeiros anos do século XVI.

---

[12] Texto, segundo *Gil Vicente: Obras Completas,* comentadas por Marques Braga, Lisboa, vol. 2, 1959[3].

2. UMA CARTA DE CATALDO AO DUQUE DE BEJA[*]

Esta carta é datável de um período entre 13 de Julho de 1491 e 25 de Outubro de 1495. Com efeito, quando Cataldo escreve ao duque de Beja D. Manuel, segundo se depreende do conteúdo, o príncipe D. Afonso já faleceu (1491) e seu pai o rei D. João II, cujo falecimento viria a ocorrer quatro anos mais tarde (1495), ainda era vivo.

A carta do humanista é simultaneamente uma recomendação de D. Jorge de Meneses e uma *captatio beneuolentiae* do duque de Beja. Fica-se com a impressão de que Cataldo Parísio Sículo procura propiciar a boa vontade do futuro herdeiro do trono, numa altura em que a saúde do soberano parece periclitante. Ora esta situação aproxima-nos do ano de 1495, mais provável para a carta.

Como é sabido, só a firmeza e tenacidade da rainha D. Leonor, com a sua vontade indomável, conseguiu impor a sucessão do trono a favor de seu irmão D. Manuel, duque de Beja.

Ainda um ano antes da morte de D. João II, quando o Dr. Jerónimo Münzer visitou Portugal, altura em que Cataldo lhe apresentou o seu discípulo D. Jorge, o filho bastardo do rei, o visitante alemão falava de D. Jorge como um digno candidato ao trono de seu pai. E também por essa ocasião, numa carta a D. Fernando Coutinho que Cataldo conhecera em Itália, o mestre siciliano chama *regulus* «reizinho» ao seu educando D. Jorge[1].

---

[*] Academia Portuguesa da História, *Habent sua fata libelli. Colectânea de Estudos em Homenagem ao Académico de Número, Doutor Fernando Guedes no seu 75.º aniversário.* Lisboa, MMIV

[1] *Epistolae* I cij. D. Fernando Coutinho era então Bispo de Lamego.

D. Fernando Coutinho, que fora intermediário na vinda de Cataldo para Portugal, foi mais tarde bispo de Lamego (1493) e de Silves (1502).

O livro I das cartas de Cataldo, cuja impressão, segundo o cólofon, foi concluída em 21 de Fevereiro de 1500, na oficina do impressor Valentim Fernandes de Moravia, veio a lume cinco anos depois da subida ao trono do duque de Beja, aclamado rei com o nome de D. Manuel, em Outubro de 1495. Esse livro abre com uma carta do Sículo ao conde de Alcoutim, D. Pedro de Meneses[2], seu discípulo desde 1498, e fecha com um bilhete do mesmo conde ao impressor Valentim Fernandes. Esta situação de relevo parece sugerir que foi o marquês de Vila Real, D. Fernando de Meneses, pai do conde, quem provavelmente pagou a impressão do livro.

O conde de Alcoutim, D. Pedro de Meneses, tinha então 13 anos de idade e o bilhete final, enviado pelo rapaz ao impressor, levou Guido Batelli[3] a concluir que Cataldo já teria falecido em 1500. Na realidade, o humanista ainda era vivo em 1516 e terá falecido, provavelmente, no ano seguinte.

Bastará dizer que, em 1504, Cataldo assistiu a 18 de Outubro, dia de São Lucas, à oração do seu discípulo, conde de Alcoutim, na Universidade de Lisboa e descreveu este importante acontecimento cultural, presidido pelo rei D. Manuel, num dos seus poemas, a *Visio III*.

A presente carta a D. Manuel, duque de Beja, revela uma curiosa prática de Cataldo. Costumava ele distribuir cópias dos seus poemas aos amigos, para que os lessem e comentassem, fazendo a divulgação dos seus versos latinos antes de os publicar. Naturalmente, esses poemas eram apreciados sobretudo por aqueles que neles recebiam elogios. Acreditava o humanista, e pareciam acreditar os seus leitores, que, por esta via, alcançavam a imortalidade na memória dos homens. Note-se a propósito que nos versos de Cataldo são exaltados não apenas homens mas também mulheres, aquelas a quem Cataldo chama sibilas, isto é, as fidalgas que sabiam latim.

Dessas *sibyllae*, mencionarei a «rainha velha» D. Leonor, viúva de D. João II e irmã do rei D. Manuel; a infanta D. Joana, irmã de D. João II; a rainha

---

[2] *Epistolae* I a ij. Em latim, é preferível a grafia *epistulae* mas Cataldo, ao escrever *epistolae*, translitera o original grego da palavra.

[3] Ver *O Instituto,* vol. 79, n.º 2, Coimbra, 1930, p. 12 da separata intitulada *Cataldo Siculo.*

D. Maria, mulher de D. Manuel; a marquesa de Vila Real, D. Maria Freire; sua filha D. Leonor de Noronha, e outras cujos nomes se encontram nos poemas e nas cartas de Cataldo.

Essa distribuição de cópias manuscritas dos trabalhos poéticos tinha os seus inconvenientes entre gente desmazelada, como são os portugueses. Se hoje um livro emprestado, com frequência, não volta às mãos do seu proprietário, então os manuscritos com maior probabilidade ficavam na posse de quem os recebia e não curava de restitui-los.

A essa situação se refere a carta ao duque D. Manuel. E sabemos por várias fontes que tal aconteceu com outros manuscritos de Cataldo.

Assim, por volta de 1569, um humanista chamado António de Castro encontrou manuscritos de Cataldo que supunha inéditos, organizou uma colectânea com esses versos, iniciada pelo poema *De obitu Principis Alphonsi,* em quatro cantos, seguidos de muitos epigramas ao mesmo assunto, e outros poemas de tema variado. Dedicou o livro à Infanta D. Maria.

O primeiro dos *Poemata Cataldi* chama-se na edição *princeps* «Cataldi Aquilae liber primus ad emmanuelem philosophantissimum portugaliae regem, ethiopiae maritimae et indiae dominum». Na edição organizada mais de meio século depois por António de Castro, e só publicada no século XVIII, o título é «Cataldi Aquilae Siculi / De obitu Alphonsi Principis ad Emmanuelem / inuictissimum ac potentissimum Portugaliae Regem».

António de Castro que, como atrás dissemos, ignorava a existência de uma edição *princeps,* e não conhecia a correspondência de Cataldo, interpretou «Cataldi Aquilae liber primus» (e do mesmo modo, *secundus, tertius, quartus)* como «Livro primeiro de Cataldo Áquila», etc., em vez de «livro primeiro da *Aquila* de Cataldo» (e segundo, terceiro, quarto). E assim Cataldo, graças a este texto, incluído nas *Provas da História Genealógica da Casa Real Portuguesa,* vol. VI, tomo II, passou a ser conhecido por Cataldo Aquila Sículo, com exclusão do seu verdadeiro nome de família que era Parísio. Ora Cataldo nunca se chamou Áquila, como pode ver-se na correspondência, mas Cataldo Parísio Sículo[4].

---

4 Cf. A. Costa Ramalho, *Estudos sobre o século XVI,* p. 39-51.

Do inicial projecto de um livro de versos com o título de *Aquila* parece ter ficado apenas o poema com este nome, cujo tema central é a morte do príncipe D. Afonso. Quanto ao título de *Aquila,* ele poderia estar relacionado com a cidade de Santarém, perto da qual ocorreu o acidente da queda do cavalo. A «Águia» designaria assim a cidade que paira sobre a margem do Tejo como uma águia sobre a paisagem. Para essa hipótese me inclinei inicialmente no estudo citado na anterior nota.Tudo indica porém que *Aquila* é o título que Cataldo atribui a Dom João II, como explico no final do capítulo III deste livro. Com efeito, em certo passo do poema, Cataldo elogia o soberano como "a Águia que vê de alto e não necessita da opinião dos outros." O poema *Aquila* foi elogiado ao rei D. Manuel pelo camareiro-mor, D. João Manuel, e o seu manuscrito deve ter acompanhado a carta dirigida ao soberano, que vem logo a seguir à carta dedicatória de *Epistolae I* ao conde de Alcoutim.

Essa carta a D. Manuel é um panegírico do rei de Portugal e dos seus súbditos. Quase no final, o humanista chega a declarar-se mais português do que siciliano e dedicado de alma e coração à sua nova pátria.

Quanto ao poema *Aquila,* embora tenha por motivo a morte do príncipe D. Afonso ocorrida em 13 de Julho de 1491, foi evidentemente influenciado pela sucessão de D. Manuel no trono de Portugal. Assim, o monarca a quem *Aquila* é dedicado, recebe elogios constantes no seu decurso.

O final é surpreendente. Nele se conta como D. João II foi visitado em sonhos por mensageiros divinos que o aconselharam a fazer um filho numa das belas damas da corte, para ter substituto em caso de falecimento do seu único filho legítimo. O poeta declara mesmo que a rainha D. Leonor aceitará com satisfação, dada a sua esterilidade, o aparecimento dessa criança providencial.

Assim, o adultério de D. João II é sublimado como um acto político a bem de Portugal. O episódio vem na edição príncipe, mas os 122 versos em que ele se desenrola, foram suprimidos na edição de António de Castro.

Que pensaria D. Manuel desta origem divinizada de D. Jorge? Este episódio final é precedido da exaltação das virtudes régias do novo soberano e da declaração expressa da legitimidade da sua sucessão. D. Manuel parece não se ter incomodado com esta fantasia de Cataldo e utilizou os serviços do humanista como seu secretário latino e *orator*, além de professor dos filhos da alta aristocracia.

A sua correspondência, discursos e versos contêm informações sobre a vida social e cultural da corte portuguesa, de todo omissas nas crónicas de Rui de Pina e Damião de Góis[5].

Quanto ao Jorge de Meneses que restituiu a Cataldo os manuscritos extraviados, não sei quem seja, pois o seu nome, tanto quanto julgo saber, só volta a ocorrer nos escritos do humanista.

O apelido de Meneses era corrente em certas famílias nobres, como as casas de Cantanhede, Tarouca e Vila Real, e com gente das duas últimas Cataldo estava relacionado. Mas, como digo, ignoro quem seja.

Já atrás contei, em breves traços, a possível história da edição de António de Castro de que não conheço qualquer exemplar. Penso mesmo que nunca terá existido e que foi D. António Caetano de Sousa no século XVIII quem fez imprimir a colectânea de manuscritos reunida por António de Castro, dois séculos antes[6]. Os versos nela contidos revelam ocasionalmente uma redacção mais antiga do que a publicada por Cataldo.

Com efeito, encontrei um poema dirigido a Pedro Homem que é claramente anterior à versão da edição príncipe[7].

Porque preferiu o siciliano chamar a D. Manuel *dux Begiensis,* em vez de *dux Pacensis,* dado que Beja se chamou na época romana *Pax Iulia*? Talvez porque a localização da *Pax Iulia* não era então questão pacífica, porque os espanhóis pretendiam que fosse Badajoz e não Beja.

Dou seguidamente o texto latino da carta de Cataldo, resolvidas as abreviaturas e actualizada a grafia.

---

[5] Cataldo, como vimos, viveu nas cortes de D. João II e de D. Manuel. Para esta última ver A. C. R., «Humanismo na Corte de D. Manuel: Damião de Góis e o Testemunho de Cataldo», *Damião de Góis e o seu Tempo (1502-1574).* Lisboa, Academia Portuguesa da História, 2002, p. 1-14.

[6] A própria data de 1569 é uma correcção de Luís de Matos à data de 1509 indicada por Barbosa Machado *na Bibliotheca Lusitana.*
Na verdade, a Infanta D. Maria, filha de D. Manuel, só nasceu em 1521.

[7] Ver A. Costa Ramalho, *Para a História do Humanismo em Portugal,* III, p. 53-60.

Cataldus Emanueli duci Begiensi. Salutem.

Georgius Menesius uir non minori probitate, ingenio ac doctrina praeditus quam sanguine et generositate clarus, effecit ut multa quae in Ioannis regis, Lianorae reginae, Alphonsi quondam filii laudes scripseram perdita fere iam recuperarentur.

Namque ea tum temporum locorumque uitio, tum mei ipsius aegrotationibus impedientibus non poeticam rubiginem contraxerant. Solus uir ille sua sponte non sine maxima diligentia conquisiuit: quorum pars humoribus frigoribusque consumpta (utpote humi reposita et neglecta), pars imperitorum mala tractatione deprauata fuerat.

Nunc autem cum per Georgium si non omni, saltem magna ex parte in lucem integra redeant, multo magis illi quam mihi regem ipsum debere existimo. Tantaque operum auctori futura est laetitia quanta parenti, filio mortuo, diuina ope, ad uitam reuocato.

Tandem inter legendum ex multis paucula haec elegi, quae ad te litterarum amantissimum transmitterem, non ut rem magnam sed solum ut intelligeres me inter innumeras animi corporisque uexationes (quibus tempore illo diuellebar) nunquam me a tuarum laudum compositione cessasse quas spero grandiori ampliorique stilo longe diffusius exsecuturum.
Vale.

Cataldi Siculi, Epistolae et orationes quaedam (Ep. I), ciiij.

Do texto latino, proponho a seguinte tradução:

Cataldo a Manuel, duque de Beja. Saudações.

Jorge de Meneses, homem dotado de não menor probidade, engenho e cultura do que ilustre por sangue e nobreza, fez que fossem recuperadas muitas coisas já quase perdidas que eu escrevera outrora em louvor do rei João, da rainha Leonor e de Afonso, seu filho.

E, de facto, esses escritos, nem por defeito dos tempos e lugares, nem por impedimento das minhas próprias doenças, tinham contraído ferrugem poética. Só aquele homem, por sua iniciativa, não sem a maior diligência, os procurou cuidadosamente: parte deles fora estragada pela humidade e pelo frio (porque pousados no chão e desprezados), outra parte fora corrompida pela utilização incompetente dos ignorantes.

Agora, porém, vindo eles à luz intactos, se não no todo, pelo menos em grande parte, por intervenção de Jorge, considero que o próprio rei lhe deve muito mais a ele do que a mim. E tão grande há-de ser a alegria para o autor dos escritos quanta há-de existir para um pai quando o filho morto é chamado à vida pelo poder divino.

Enfim, na minha leitura, de entre muitas composições, escolhi estas poucas que te mandasse a ti, amicíssimo como és das Letras, não para que as reconhecesses como uma grande oferta, mas somente para que compreendesses que, entre inúmeros tormentos do espírito e do corpo (com que naquele tempo me debatia), nunca eu cessei a elaboração dos teus louvores que, segundo espero, hei-de levar a efeito, muito mais amplamente, num estilo mais grandioso e mais nobre. Adeus.

3. O HUMANISTA CATALDO PARÍSIO, AO SERVIÇO DE D. JOÃO II*

As fontes que vou usar nesta comunicação provêm da pena do próprio Cataldo Parísio. Na verdade, são constituídas pelos dois volumes da sua correspondência e pelas centenas de versos dactílicos reunidos em poemas de extensão vária, desde o longo panegírico heróico ao pequeno epigrama.

Cataldo Parísio chegou a Portugal trazido de Bolonha por um convite de D. João II, transmitido por Fernando Coutinho, que então estudava Direito na Universidade de Bolonha e veio mais tarde a ser em Portugal bispo, primeiro de Lamego, e depois de Silves.

O ano da sua chegada foi por mim fixado em 1485, com argumentação que seria extemporâneo repetir aqui.

As cartas encontram-se num primeiro volume intitulado *Epistolae et Orationes quaedam Cataldi Siculi* que foi impresso por Valentim Fernandes da Moravia. O cólofon deste livro é datado de Lisboa, 21 de Fevereiro de 1500. O segundo volume intitulado *Cataldi Epistolarum et quarundam orationum secunda pars* não apresenta nome de impressor nem lugar de impressão, mas deve ter sido publicado em Lisboa, cerca de 1513, a avaliar pelo conteúdo das epístolas mais tardias. Aliás, tanto neste segundo volume como no primeiro, nenhuma carta é datada.

A correspondência de Cataldo já foi traduzida para português e comentada por mim próprio com a colaboração da Mestre Augusta Fernanda Oliveira e Silva, minha antiga aluna[1]. Começámos pela publicação do volume II

---

* *O Tempo Histórico de D. João II nos 550 anos do seu nascimento*. Academia Portuguesa da História, Lisboa, 2005: 377-388.

[1] Cataldo Parísio Sículo, *Epístolas. II Parte*. Fixação do texto latino, tradução e notas de Américo da Costa Ramalho e de Augusta Fernanda Oliveira e Silva, Lisboa, Imprensa

que saiu em Janeiro de 2005 dos prelos da Imprensa Nacional - Casa da Moeda, em Lisboa. Escolhemos para início de publicação o segundo volume porque é mais homogéneo e, com excepção de uma carta, as 73 que contém são todas dirigidas a portugueses.

O conteúdo do volume I é constituído por um total de 170 cartas, enviadas a destinatários muito variados, quer portugueses, quer estrangeiros.

Tendo D. João II falecido em 25 de Outubro de 1495 e sendo o primeiro volume publicado em 1500, há nele epístolas do reinado de D. Manuel I.

A primeira carta é dirigida a D. Pedro de Meneses, conde de Alcoutim, circunstância que permite datá-la de um período entre Novembro de 1499 e Fevereiro de 1500. Com efeito, em Novembro de 1499, por morte de seu avô homónimo D. Pedro de Meneses, seu pai D. Fernando passou a 2º Marquês de Vila Real e o pequeno D. Pedro, de doze anos de idade, tornou-se 2º conde de Alcoutim. Cataldo é muito preciso no uso dos títulos nobiliárquicos. Por isso, antes de 1499 o seu jovem aluno é apenas "Petrus Menesius" e, depois desse ano, passa a "Petrus Menesius, comes Alcotini".

D. Pedro de Meneses, 2º conde de Alcoutim, nascido em 1487, foi seu aluno a partir de 1497, mas o rapaz aprendera latim desde os quatro ou cinco anos de idade e o preceptorado de Cataldo destinava-se a aperfeiçoar o seu latim falado e escrito, como sabemos por variados indícios.

A última carta deste primeiro livro tem por título *Comes Alcotini Valentino Ferdinando Morauo. S.,* isto é, "O conde de Alcoutim a Valentim Fernandes da Moravia. Saudações" e constitui para mim uma indicação de que o livro foi provavelmente pago pelo Marquês de Vila Real D. Fernando, pai de D. Pedro de Meneses. De resto, o livro é em grande parte uma exaltação da casa de Vila Real.

E de facto, os Meneses e Noronhas da casa de Vila Real encontram-se com alguma frequência nas páginas deste livro I das *Epístolas*.

Mas ocupemo-nos das relações internacionais de D. João II, documentadas nas cartas deste livro, traduzidas para latim por Cataldo Parísio.

Nacional-Casa da Moeda, 2005; Idem, Epístolas. I Parte. Fixação do texto latino, tradução e notas de Américo da Costa Ramalho e de Augusta Fernanda Oliveira e Silva, Lisboa, Imprensa Nacional-Casa da Moeda, 2010.

A questão da pirataria de franceses e ingleses aparece em cartas enviadas a Carlos VIII, rei de França, e a Henrique VII, rei de Inglaterra. Na correspondência com Carlos VIII há uma excepção. Certa missiva ao soberano francês recomenda-lhe D. Pedro de Almeida, filho do conde de Abrantes D. João de Almeida, quando o jovem Pedro vai estudar a Paris. Como é sabido, os Almeidas pertenceram ao número dos mais eficientes servidores da realeza e tiveram carreiras brilhantes nos reinados de D. João II e D. Manuel. Lembremos D. Jorge de Almeida, bispo de Coimbra, D. Fernando de Almeida, bispo de Ceuta, D. Diogo de Almeida, prior do Crato, que D. João II escolheu para aio do seu filho bastardo D. Jorge; e D. Francisco de Almeida, vice-rei da índia.

A correspondência deste livro I, destinada a Henrique VII de Inglaterra, é toda ela relativa a ilegalidades praticadas contra portugueses. É particularmente interessante o caso de João Fernandes de Sousa, nobre da casa real, que viu apreendida no porto de Londres uma sua nau, por falsas acusações de mercadores ingleses que se declaravam prejudicados em negócios que com ele tiveram em Lisboa. Sem se ter informado devidamente, sem exame prévio do litígio, o governador de Londres mandou confiscar a nau de João Fernandes de Sousa.

Em carta a Henrique VII, D. João II acha que era ao rei de Portugal que os comerciantes ingleses deviam ter apresentado queixa, se consideravam ter sido prejudicados pelo fidalgo português. E o monarca garante que teriam sido tratados em pé de igualdade com o português. Por isso, reclama ao rei de Inglaterra que faça restituir a nau e que os queixosos ingleses lhe apresentem as suas razões, porque a causa será julgada pelo monarca português e seus juízes, com toda a imparcialidade. Só assim, declara D. João II, será possível manter entre os dois reinos, Portugal e Inglaterra, uma amizade que vem dos reis antepassados e tem sido benéfica aos dois países.

Sobre este caso de pirataria, há em Cataldo mais quatro cartas, a saber, uma ao governador de Londres, outra ao chanceler-mor *(cancellarius primus)* do rei de Inglaterra, outra ao duque Filipe (sem mais esclarecimentos) e outra finalmente a Lord Scales. Em todas elas, D. João II reclama a restituição da nau.

O duque Filipe é o arquiduque de Áustria e conde da Flandres, futuro Filipe I de Espanha, por casamento com Joana, filha dos Reis Católicos. Será pai do imperador Carlos V, da rainha D. Leonor, terceira mulher de D. Manuel, e da rainha D. Catarina, mulher de D. João III. Ao "duci Philippo", D. João II pede a restituição da nau portuguesa ou, ao menos, a sua apreensão, se ela passar pelos seus domínios.

Lord Scales é Edward Woodville[2], tio do rei Henrique VII de Inglaterra. Tinha passado por Lisboa no Verão de 1486, a caminho de Castela, e no regresso voltara a passar na capital portuguesa para embarcar para Inglaterra. D. João II devia, portanto, conhecê-lo pessoalmente. A carta que o monarca lhe escreve tem o ar de uma "cunha" adicional para influenciar Henrique VII.

Destas cinco cartas sobre o caso da nau de João Fernandes de Sousa, uma foi traduzida em *Cartas dos Grandes do Mundo,* livro publicado por Ricardo Jorge na Imprensa da Universidade de Coimbra em 1934. Trata-se de um manuscrito do seiscentista Francisco Rodrigues Lobo, existente no Museu Britânico em Londres, e publicado com anotações pelo Prof. Ricardo Jorge.

Não sei em que terminou o caso da nau, a que me venho referindo. A verdade é que, em 2 de Maio de 1489, uma embaixada inglesa entregara a D. João II as insígnias da Ordem da Jarreteira enviadas por Henrique VII. Na altura, o orador oficial da embaixada inglesa, o Dr. Thomas Savage, celebrou com eloquência o parentesco de sangue e a amizade entre os soberanos de Inglaterra e de Portugal. Isto não quer dizer que os actos de pirataria tivessem acabado de vez, pois encontra-se em Cataldo correspondência que permite supor que eles continuaram no final do reinado de D. João II em 1495 e passaram ao reinado de D. Manuel.

Tratei do episódio da condecoração de D. João II num capítulo intitulado "D. João II, a jarreteira e o padrão" no meu livro *Estudos sobre a Época do Renascimento* (Iª edição, 1969; 2ª edição, 1997).

Um outro capítulo, extremamente interessante, das relações diplomáticas de D. João II, documentado no Epistolário de Cataldo, é o dos contactos com a Corte Pontifícia.

---

[2] Sobre Lord Scales, cf. Jean Aubin, "D. João II devant sa succession", *Arquivos do Centro Cultural Português,* Paris, Fundação Calouste Gulbenkian, Vol. XXVII, 1990, p. 121, n. 59.

Assim, numa carta a Inocêncio VIII (1484-1492), o príncipe D. Afonso pede ao papa que autorize a transferência dos mestrados de Santiago e Avis de seu pai para ele próprio, apesar de ser de menor idade e casado. É um documento que pode ser datado de um período entre Novembro de 1490 e 13 de Julho de 1491, isto é, as datas do seu casamento e do seu falecimento. Como informação complementar, acrescente-se que D. João II, após a morte do filho legítimo, transferiu os dois mestrados para seu filho bastardo D. Jorge.

Outra carta, redigida por Cataldo, contém um requerimento ao mesmo papa, de D. Diogo de Almeida, comendador de Rodes, a reclamar contra a supressão de um benefício eclesiástico de que gozava. Para documentar os serviços prestados à Cristandade, D. Diogo envia um *Curriculum Vitae* impressionante da sua heróica carreira de militar cristão, que começou a combater aos 16 anos.

Uma terceira carta a Inocêncio VIII é do próprio D. João II a reclamar contra uma decisão do papa que isentara os cónegos de Lisboa da contribuição obrigatória que pagavam à Universidade, desde o tempo de D. Afonso V. D. João II pede a Inocêncio VIII que reconsidere, pois a universidade é pobre e os cónegos são ricos.

Do tempo do papa Alexandre VI (1492-1503) há uma série de cartas dirigidas a variados cardeais e magnates da corte pontifícia, a recomenda-rem D. Fernando de Almeida, bispo de Ceuta, que vai a Roma em missão especial de longa permanência, como se depreende do texto de algumas dessas cartas.

D. Fernando de Almeida era irmão de D. Diogo de Almeida e, como este, irmão do conde de Abrantes D. João de Almeida, de cuja brilhante família atrás fizemos menção.

D. Fernando de Almeida vai a Roma na qualidade de *legatus* de D. João II, e ocasionalmente as cartas dão informações sobre a sua pessoa, como a dirigida ao cardeal de São Dinis, em que o rei portu-guês lembra ao destinatário que D. Fernando foi seu colega de estudos, primeiro em Paris e depois em Itália.

Todas estas cartas são diferentes, mas há nelas um ponto comum: a mis-são de que vai encarregado D. Fernando de Almeida nunca é referida.

Rodrigues Lobo traduziu uma parte destas cartas. A propósito da primeira delas no seu livro, intitulada "Carta de El-Rei D. João 2° a Joane Borla, protonotário do Papa", *Cartas dos Grandes do Mundo,* p. 17, comentou Ricardo Jorge: "Não sei identificar a personagem. A carta recomenda-lhe com a mais afectuosa intimativa o bispo de Ceuta, Fernando de Almeida, que vai em embaixada a Roma. Grandes eram os méritos da pessoa e importantes os objectos da sua missão, para que o Rei o enchesse de cartas de empenho para cardeais e dignitários da Cúria, como se vê dos n°s seguintes, todas variadas e modelares no género".

Vê-se, por este comentário, que Ricardo Jorge não suspeitava sequer dos objectivos da missão de D. Fernando de Almeida, que, como atrás notei, são cuidadosamente ocultados. Mas há muito que suspeito quais eles fossem.

Numa conferência pronunciada em Aveiro em 10 de Maio de 1990, depois incluída no meu livro, *Para a História do Humanismo em Portugal,* Vol. II, p. 96, disse: "Há muitos anos que estou convencido de que a missão de D. Fernando de Almeida, bispo de Ceuta, em Roma em 1493, não foi apenas a de saudar o novo papa Alexandre VI, na sua elevação ao sólio pontifício, mas também a de negociar a legitimação de D. Jorge e lhe preparar a sucessão do trono".

Das numerosas cartas de recomendação de D. Fernando de Almeida, escritas por Cataldo, algumas não foram traduzidas por Rodrigues Lobo em *Cartas dos Grandes do Mundo.* Destas saliento duas, uma dirigida ao papa Alexandre VI e outra a seu filho César Bórgia, então ainda cardeal de Valência.

Na primeira, depois dos costumados elogios às altas qualidades do bispo português, D. João II recomenda-o vivamente a Alexandre VI e exorta o papa a utilizar no seu serviço os excepcionais méritos do recomendado. Na carta ao filho César, a recomendação do bispo de Ceuta é reforçada com a seguinte explicação: "É que não ignoramos quanto a tua autoridade vale junto do deus das terras" *(Non enim ignoramus quantum apud terrarum deum tua ualeat auctoritas).*

A primeira vez que citei esta afirmação interpretei-a como um sinal de paganismo renascentista na pena de Cataldo. Mas agora, olhando mais fundo, reparei que essa frase traduz a realidade. O papa Alexandre VI era realmente o deus da terra, pois a sucessão do trono de Portugal na pessoa de D. Jorge dependia da sua aprovação e essa não a conseguiu D. João II, apesar de todos os seus esforços.

Com efeito, Alexandre VI era espanhol e estava sob pressão dos Reis Católicos que, para favorecerem as pretensões da rainha D. Leonor, eram contra a legitimação do bastardo de seu marido.

E o mesmo partido seguia D. Jorge da Costa, o cardeal de Lisboa que vivia na corte pontifícia e gozava da confiança do papa. O prelado lisbonense, como é sabido, não conservava boas recordações do rei de Portugal.

Isto não impediu, todavia, D. João II de lhe escrever uma carta tão empenhativa como as restantes.

Há muitas outras peças da correspondência que Cataldo escreveu ao serviço de D. João II, dignas de interesse.

Por outro lado, é preciso não esquecer que o motivo fundamental da vinda do humanista italiano para o nosso país foi a educação de D. Jorge, o filho de D. João II, nascido fora do matrimónio. E dessa tarefa Cataldo desempenhou-se plenamente, fazendo de D. Jorge um dos fidalgos mais cultos da corte portuguesa e, segundo declaração do próprio humanista, o mais instruído dos mestres das ordens militares da Península Ibérica.

Todavia, a actividade que sobretudo apreciava Cataldo era a criação literária, fosse ela a do *orator* que em latim significa "orador" e "embaixador" mas, principalmente, a do poeta, criador livre de uma obra literária.

Como orador, recordemos aqui, na época de D. João II, o discurso que pronunciou em latim a 28 de Novembro de 1490, quando a princesa Isabel, filha dos Reis Católicos, fez a sua entrada solene em Évora, depois de casar com o príncipe D. Afonso[3].

A *oratio* louva com rasgados encómios, naturalmente, os soberanos dos dois reinos ibéricos, e Cataldo, decerto por ordem de D. João II, aproveita a oportunidade para anunciar que os portugueses estão seguros da chegada à Índia. Com esta afirmação, proclamada diante do séquito castelhano da noiva, pretendia D. João II corrigir declaração idêntica feita

---

[3] *Cataldo Parísio Sículo, Duas Orações.* Prólogo, tradução e notas de Maria Margarida Brandão Gomes da Silva. Introdução e revisão de Américo da Costa Ramalho. Coimbra, Centro de Estudos Clássicos e Humanísticos, (I.A.C.), 1974.

erradamente por Vasco Fernandes de Lucena, na oração de obediência ao papa Inocêncio VIII, a 9 de Dezembro de 1485. Na verdade, o doutor Lucena repetia informações incorrectas, provenientes das viagens de Diogo Cão. Mas em 1490 haviam passado três anos sobre a data em que Bartolomeu Dias, ultrapassando o Cabo Tormentório, tinha entrado no Oceano Índico.

Cataldo trouxe para a corte de D. João II a poesia neolatina que era então a última moda das cortes principescas de Itália, as mais adiantadas culturalmente da Europa de então. Decerto, graças a informações de Fernando Coutinho com quem se relacionara em Bolonha, pôde escrever a *Arcitinge,* um poema heróico em hexâmetros dactílicos em que celebra a conquista de Arzila e Tânger (de onde o título da obra), por D. Afonso V em 1471.

Nessa campanha militar no Norte de Africa tomou parte o príncipe herdeiro D. João, na altura com dezasseis anos de idade. Deste modo, a *Arcitinge* glorifica tanto o rei como o príncipe, a cujo serviço o humanista vinha expulsar a "barbárie gótica" de Portugal. Com efeito, o rei D. Afonso V, nessa expedição bélica, armou seu jovem filho cavaleiro, com todo o cerimonial requerido.

D. João II apreciou a homenagem poética que o mestre italiano lhe prestava e encarregou-o de escrever um poema sobre o homem perfeito, *De Perfecto Homine* de que não me ocuparei aqui.

Comentarei, de preferência, um outro poema em quatro cantos, intitulado *Aquila,* que no projecto inicial do humanista daria o nome a uma colectânea poética intitulada também *Aquila.*

Este poema, escrito depois de Julho de 1491, tem como tema central a desastrosa morte do príncipe D. Afonso, da queda de um cavalo, quando corria na margem do Tejo, em frente a Santarém.

A colectânea começaria com este poema e assim, na edição *princeps,* de cerca de 1502, os quatro cantos intitulam-se *Cataldi Aquilae liber primus, secundus, tertius, quartus.*

Sessenta anos mais tarde, um humanista chamado António de Castro encontra uma colecção de manuscritos de Cataldo e, não sabendo que os versos tinham sido impressos, preparou uma edição da obra poética do humanista, que só veio a ser impressa no século XVIII nas *Provas da*

História Genealógica da Casa Real Portuguesa de D. António Caetano de Sousa, tomo VI, parte II.

António de Castro, não sabendo do projecto *Aquila* de Cataldo, interpretou erradamente os títulos ao cimo das páginas, e traduziu "o livro primeiro, segundo etc. de Cataldo Áquila", em vez de "Livro primeiro, segundo, etc. da Águia de Cataldo". E assim, na edição das *Provas,* Cataldo passou a ter o apelido de *Aquila* que nunca foi o seu, enquanto o poema recebeu o título de *De Obitu Principis Alfonsi.*

O poema celebra as festividades da corte e de Portugal no casamento do príncipe em Évora e a estadia do séquito régio em Santarém. A propósito da então vila ribatejana, Cataldo imagina que Santarém é uma águia que estende as asas sobre os montes circundantes, olhando do alto a corrente do Tejo. António de Castro anota disparatadamente à margem: "Cataldo também se chamava Águia".

Cataldo refere seguidamente a queda do cavalo, a morte do príncipe, o cortejo fúnebre que o leva ao Mosteiro da Batalha, mencionando os lugares de passagem, e a consternação geral do País.

Mas o poema continua num ambiente de esperança, com o nascimento maravilhoso, anos antes, de um herdeiro, o seu aluno D. Jorge, que D. João II teve de uma jovem da nobreza, não pelo pecado de adultério, mas pela obediência a uma injunção do Céu que lhe foi transmitida em sonhos por um mensageiro sobrenatural. Segundo o poeta latino, a própria rainha D. Leonor que ele afirma cruamente ser estéril, deu o seu acordo a esta aventura do marido.

A leitura da prosa e do verso de Cataldo não deixa dúvidas de que ele estava convencido de que, depois da morte do príncipe herdeiro, o sucessor de D. João II seria o filho bastardo.

Entretanto, o soberano faleceu prematuramente, aos quarenta anos de idade, em 1495. E o herdeiro, por imposição da rainha D. Leonor, foi seu irmão D. Manuel, e não o filho bastardo do marido.

O poema *Aquila* não estava ainda impresso. Cataldo tratou de adaptar-se às novas circunstâncias. Começou por dedicar o poema ao novo soberano e salpicou os quatro cantos de referências elogiosas, a propósito e despropósito, ao novo monarca. O título de *Aquila* ficou apenas a designar este poema inicial. O conjunto, incluindo outras criações poéticas, foi publicado sob a designação de *Poemata,* cerca de 1502.

Quanto ao título de Aquila, durante muito tempo pensei que se referia a Santarém, em virtude da comparação atrás descrita. Mais tarde reparei que no passo do poema em que D. João II é incitado a gerar outro filho, porque um só não é garantia de sucessão do trono, o mensageiro divino que incitou o rei à aventura extra-matrimonial, lhe recorda que D. João II não precisa de mais explicações, pois ele é a águia que vê de alto e não necessita da opinião dos outros.

E em certo epigrama contra um pirata francês em que o poeta joga com o duplo sentido de *gallus,* "gaulês" e "galináceo", o título é: *"De Ioanne Aquila et Gallo pirata".*

Portanto, é muito possível que no plano inicial de Cataldo a intenção fosse homenagear o rei João, "Segundo em nome e a ninguém segundo", como lhe chamou um poeta quinhentista[4].

Com a morte do Príncipe Perfeito, o título de *Aquila* ficou limitado ao futuro De *Obitu Principis Alfonsi (Provas,* VI, ii, p. 66 ss.) agora dedicado ao novo soberano.

E num poema intitulado *Querimonia* (nas *Provas, Conquaestio)* endereçado ao valido do rei D. Manuel, o camareiro-mor D. João Manuel, Cataldo recorda as angústias e dissabores dos "dois lustros", que sofreu no reinado anterior em que "mal viu passar um dia inteiro feliz"[5].

Deste aspecto das relações com o antecessor de D. Manuel ocupei-me no capítulo "Cataldo e D. João II" do meu livro *Para a História do Humanismo em Portugal,* II, p.17-33.

O capítulo acabado de citar e o presente não se repetem, apesar da semelhança dos títulos.

Tenho reflectido longamente sobre a mudança de Cataldo em relação à memória do rei que o chamou a Portugal, e só encontro uma explicação aceitável: a necessidade de sobreviver.

---

[4] André Falcão de Resende (1527-1599). O soneto a que pertence este verso pode ser lido em A. Costa Ramalho, *Estudos sobre a Época do Renascimento,* p. 235.

[5] *Rege sub elapso duo lustra peregimus: et uix*
   Integre laetum uidimus ire diem.

Cataldo sabia, melhor que ninguém, qual era o desejo profundo do soberano a respeito da sua sucessão. Fora ele que redigira mais de uma dúzia de cartas de recomendação que levou consigo para Itália D. Fernando de Almeida, bispo de Ceuta, e sabia sem dúvida que a vontade de D. João II, depois da morte do príncipe D. Afonso, era que lhe sucedesse seu filho D. Jorge, o discípulo de Cataldo.

Foi como sucessor provável de seu pai que, um ano antes da morte de D. João II, o humanista apresentou D. Jorge ao dr. Jerónimo Münzer, em Novembro de 1494. Como tal, Cataldo devia ser considerado um adepto fervoroso do seu aluno na candidatura a futuro rei de Portugal.

Mas as coisas não sucederam como ele esperava. E para conciliar a boa vontade do rei D. Manuel, o humanista utilizou os bons ofícios do camareiro-mor D. João Manuel, seu amigo e íntimo do soberano. Parece ter esquecido então os epigramas encomiásticos em que louvava D. João II, a rainha D. Leonor e o príncipe D. Afonso, para só recordar as circunstâncias desagradáveis do antigo reinado. Daí o significativo dístico da *Querimónia* a D. João Manuel, atrás citado na nota quatro.

Além disso, entre os alunos que o novo soberano lhe arranjou contava-se D. Dinis, irmão mais novo do duque de Bragança, D. Jaime. E ainda um filho do Senhor D. Álvaro de Bragança, o pequeno D. Jorge, futuro conde de Guelves em Castela. Com esta entrada ao serviço da Casa de Bragança onde, segundo creio, Cataldo virá a falecer,[6] mais se adensou a atmosfera hostil a D. João II na qual, o humanista viveu os últimos anos da sua vida.

---

[6] Cf. "O Touro e a Bigorna: Quatro epigramas de Cataldo", capítulo VI, do presente livro.

4. CATALDO NO REINADO DE D. MANUEL I
(1495-1521)[*]

Cataldo nasceu na Sicília em Enna ou Sciacca, não é certo, em 1455. Ainda era vivo, mas estava muito doente, em 1516, pois é citado nesse ano, no Prólogo da Gramática latina de Estevão Cavaleiro,[1]como um dos latinistas notáveis que se encontravam nessa altura em Portugal.

Veio para Portugal em 1485, a convite do rei D. João II, sendo intermediário na sua vinda, Fernando Coutinho que então estudava em Itália e conheceu Cataldo, possivelmente em Bolonha, de onde o humanista saiu para Portugal. Fernando Coutinho veio a ser, depois do regresso à pátria, bispo de Silves e Lamego. Na correspondência de Cataldo, há cartas para ele, antes e depois da sua elevação ao episcopado.

Quando propus o ano de 1485, em substituição de 1486, antes proposto por Luís de Matos[2], logo houve quem gratuitamente afirmasse que o Sículo já residia anos antes em Portugal. Mas isso não parece possível, porque Cataldo se doutorou em Ferrara (e não em Bolonha, como se afirmava), em 21 de Fevereiro de 1484, segundo o que apurei em Itália, consultando bibliografia que não se encontrava entre nós[3].

---

[1] Cf. A. Costa Ramalho, *Estudos sobre o Século XVI*, p. 125 e seguintes.

[2] «Nótulas sobre o humanista italiano Cataldo Parísio Sículo», *A Cidade de Évora* 35-36, Évora, 1954, p. 3-13.

[3] Cf. G. PARDI, *Titoli dottorali conferiti dallo studio di Ferrara nei secoli XV e XVI*, Lucca,1900, p. 12-13.

Cataldo doutorou-se *in utroque iure,* mas há muito que ensinava disciplinas de *Humanidades,* nomeadamente Retórica, em Itália[4].

Assim sendo, viveu em Portugal entre 1485 e 1517, ano provável da sua morte, isto é, trinta e dois anos. Tinha trinta anos, quando chegou ao nosso País. Deste modo, viveu mais tempo aqui do que no país de naturalidade. E desses trinta e dois, dez passaram-se no reinado de D. João II e vinte e dois sob o ceptro de D. Manuel. Os dois lustros que viveu sob D. João II são expressamente referidos em versos seus[5].

Sobre a sua idade tem havido confusões, de que mencionarei apenas uma. Certo investigador já falecido, sacerdote meticuloso e pesquisador respeitado, sentiu-se um pouco chocado com o tom afectuoso de algumas composições em verso que Cataldo dedicou à Infanta D. Joana, a Santa Joana de Aveiro, irmã do rei D. João II. E vá de falar do velho humanista e da sua possível senilidade. O Sículo tinha então trinta anos de idade ou pouco mais, e a princesa era três anos mais velha do que ele, pois nascera em 1452[6].

Cataldo foi inicialmente contratado para ensinar D. Jorge, o filho de D. João II e de D. Ana de Mendonça. Mais tarde, no reinado de D. Manuel, D. Jorge será elevado a duque de Coimbra e mestre das ordens militares de Santiago e de Avis, datando estas últimas honrarias já dos tempos do rei, seu pai.

Além de ensinar D. Jorge, o humanista desempenhou as funções de *orator* e de secretário latino de D. João II, a cujo serviço escreveu numerosas cartas a potentados estrangeiros, muitas das quais se encontram no livro I das *Epistolae.*

A palavra *orator* merece uma nota especial, pois certo latinista nosso, ao encontrá-la referida a Cataldo, fez do humanista «pregador do rei», atribuindo-lhe um emprego eclesiástico que ele nunca teve, pois era leigo.

---

[4] Sobre as vicissitudes da carreira italiana de Cataldo, ler o capítulo «III-Algumas relações italianas de Cataldo Parísio Sículo», no meu livro *Estudos sobre a época do Renascimento,* especialmente, p. 46-50.

[5] *Rege sub elapso duo lustra peregimus...,* Poemata, fol.K 4v.°. A. Costa Ramalho, *Estudos sobre o Século XVI,* p.62, nota 10.

[6] Cf. o capítulo «Cataldo, a Infanta D. Joana e a educação de D. Jorge», no meu livro *Para a História do Humanismo em Portugal II.*

Orator, em sentido ciceroniano e humanístico, significa «orador oficial, embaixador, secretário latino». Aliás, os eclesiásticos, a quem normalmente cabiam as funções de educadores da realeza e dos nobres, não viam com bons olhos a presença de Cataldo em Portugal. Exceptuaram-se certas altas figuras do clero, como D. Fernando Coutinho, já mencionado, e D. Diogo de Sousa, bispo do Porto e, mais tarde, arcebispo de Braga, que foram amigos e protectores do Sículo.

Cataldo trouxe para Portugal os ideais de excelência do Renascimento italiano e não se limitou a ensinar a ler e traduzir latim aos seus discípulos, mas trabalhando com eles incessante e energicamente não descansava enquanto os não punha a falar e a escrever latim. Isto deve ter sido particularmente verdadeiro com D. Jorge, de quem foi o educador, trabalhando com o rapaz, como ele próprio diz, dia e noite. Por tudo o que sabemos de Cataldo, não há aqui exagero. D. Jorge leu com ele Cícero, Vergílio, Horácio e outros escritores importantes da Latinidade, e também os gregos especialmente Aristóteles, estes em traduções latinas feitas por humanistas italianos. E escritores modernos em latim, sobretudo italianos. Todavia, um dos autores preferidos de D. Jorge era Ovídio, maxime os *Amores* que lia avidamente. Numa carta ao rei, Cataldo recomenda-lhe com empenho que admoeste o filho, cujas inclinações eróticas, em matéria literária, achava que deviam ser combatidas.

Segundo o mestre, D. Jorge maravilhou o Dr. Jerónimo Münzer, um médico alemão conhecido em latim por Hieronymus Monetarius, quando este visitou Portugal e foi recebido por D. João II, no final de 1494. E as notas de viagem do Dr. Münzer, publicadas séculos mais tarde na Alemanha, e traduzidas posteriormente em Espanha e Portugal, confirmam inteiramente a boa impressão com que o viajante alemão ficou da cultura e desembaraço intelectual do rapaz. Nesta altura, em fins de 1494, menos de um ano antes do falecimento de D. João II, a 25 de Outubro de 1495, D. Jorge era o único filho do soberano, pois o príncipe herdeiro D. Afonso falecera em Julho de 1491, da queda de um cavalo.

O Dr. Münzer considerava D. Jorge um herdeiro muito capaz do trono de seu pai, graças aos dotes de inteligência e cultura. Impressionou-o, de modo especial, a facilidade com que se exprimia em latim.

Os anos que seguiram à morte de D. João II foram anos difíceis no relacionamento de Cataldo com o seu discípulo. Este sacudiu a tutela imperiosa do mestre e o Sículo queixou-se amargamente, em prosa e verso, da sua ingratidão.

Cataldo redigiu as numerosas cartas latinas em que D. João II recomendava o bispo de Ceuta D. Fernando de Almeida a altas personalidades da corte pontifícia, para o apoiarem e favorecerem em certo negócio de que ia incumbido, negócio confidencial. Era isto em 1493, quando D. Fernando de Almeida foi a Roma prestar obediência ao novo papa, Alexandre VI, em nome do rei de Portugal, D. João II. O negócio confidencial era certamente a legitimação de D. Jorge.

Mas Cataldo chegou a ser indiscreto neste apoio dado à candidatura do seu discípulo. A legitimação que D. Jorge não conseguiu do Papa, por oposição dos apoiantes da rainha D. Leonor em Roma, nomeadamente o cardeal de Lisboa, D. Jorge da Costa, conferiu-lha o seu mestre Cataldo no final do canto IV e último do poema *De Obitu Principis Alfonsi,* em que D. João II é instado por sonhos e visões sobrenaturais, quando o príncipe herdeiro ainda era vivo, a não limitar a sua descendência ao filho D. Afonso. Como a rainha D. Leonor não podia dar-lhe mais um herdeiro, o soberano era aconselhado a seduzir para o efeito uma jovem e bela dama da Corte. O rei era vivamente instado a fazer esse sacrifício pela segurança do País.

São 122 versos que se não encontram na edição feita no século XVIII por D. António Caetano de Sousa nas *Provas da História Genealógica da Casa Real Portuguesa,* vol. VI, 2ª parte, da edição de Lopes de Almeida e César Pegado (Atlântida, Coimbra, 1954). Quem os suprimiu? António de Castro em 1569, ou talvez a Inquisição? Ou o próprio D. António Caetano de Sousa? Note-se que nas *Provas* Cataldo é chamado Áquila, nome que ele nunca teve[7].

As relações distantes entre D. Jorge e Cataldo, após Outubro de 1495, estavam reatadas em 1500, quando o seu antigo educando casou com

---

[7] Cf. A. Costa Ramalho, «*Aquila:* sobrenome de Cataldo ou nome de livro?», *Estudos sobre o Século XVI*, p. 39-52.

uma alta dama da Casa de Bragança, a saber, D. Beatriz, filha do Senhor D. Álvaro, irmão do duque D. Fernando, justiçado em 1483, por ter conspirado contra D. João II. No *Epithalamium* que Cataldo compôs sobre este matrimónio principesco, D. Jorge recebe os maiores elogios, pela sua formação intelectual.

E esses elogios são reiterados no último poema de Cataldo, que chegou até nós, o *De Diuina Censura et Verbo Humanato,* composto à roda de 1515, que se encontra manuscrito na Biblioteca de Évora. Aí, D. Jorge, mestre da Ordem de Santiago, é chamado o mais culto dos seus pares na Península Ibérica.

Depois de tudo isto, surpreende a atitude de um historiador dos nossos dias que, interpretando errada e demagogicamente uma anedota do século XVI, faz de D. Jorge um símbolo da nobreza ignorante e sem letras. Segundo ele, D. Jorge teria sido incapaz de explicar a dois jovens criados seus o que significava a palavra «humanista». Mas, ao contrário do nobre ignorante, os dois rapazolas conheciam perfeitamente a resposta, e só fizeram a pergunta para disfrutar a ignorância do nobre senhor[8].

No período das relações difíceis com o seu antigo pupilo D. Jorge, Cataldo foi protegido pelo rei D. Manuel que lhe deu várias provas de consideração. Levou-o consigo na comitiva de que se fez acompanhar, quando em 1498 foi com a princesa D. Isabel de Castela, sua mulher, a Toledo para serem jurados ambos herdeiros do reino vizinho. Sabe-se como no decurso desta visita, D. Isabel deu à luz um filho em Saragoça, onde morreu de parto.

Cataldo refere-se mais de uma vez a esta honra que recebeu do rei de Portugal que, durante a visita, o apresentou ao rei Fernando de Castela de quem, aliás, Cataldo era súbdito, como siciliano. Por essa altura, estava Cataldo em contacto com outros membros da família real, como D. Dinis, seu aluno, sobrinho do rei D. Manuel *ex sorore,* e irmão mais novo do duque D. Jaime de Bragança.

É a este D. Dinis que o humanista dirige a carta inicial do livro II das *Epistolae* onde recorda os acontecimentos desse verão trágico de 1498,

---

[8] A. Costa Ramalho, *Camões no seu tempo e no nosso,* Coimbra, Almedina, 1992, p. 63-66.

lamenta a ausência de D. Dinis, mas garante a sua dedicação à Casa de Bragança e a D. Dinis em particular.

Lembra-lhe que a ele e ao duque D. Jaime, seu irmão, fez elogiosa referência na «Visão Segunda» (Visio *Secunda),* acabada de publicar, mas que já no ano anterior fora lida com evidente satisfação por D. Jaime, *doctissimus princeps,* a seu tio o rei D. Manuel[9].

Eis um hábito do Renascimento italiano que Cataldo introduziu na Corte: a celebração dos méritos dos magnates, a quem os humanistas conferiam prestígio cultural e social, pela via da poesia latina.

Data deste período também o relacionamento de Cataldo com a Casa de Vila Real. Foi o rei D. Manuel que encarregou o humanista de ensinar D. Pedro, filho de D. Fernando de Meneses, quando este era ainda o conde de Alcoutim. Em fins de 1499, por morte de seu pai, também chamado Pedro como o neto, D. Fernando tornar-se-á o 2.º marquês de Vila Real, e o jovem D. Pedro, seu filho, o 2.º conde de Alcoutim.

D. Pedro de Meneses começou a ser ensinado por Cataldo em 1498, com onze anos de idade, mas há muito que estudava Latim com o seu preceptor, chamado no latim do siciliano *Simon Valascus Tituilensis,* isto é, Simão Vaz, natural de Tentúgal. Cataldo manteve relações amistosas com o preceptor.

A acção de Cataldo teve resultados quase imediatos. Com efeito, em 1499, D. Pedro de Meneses, perante o Senado da Universidade de Lisboa, aos doze anos de idade, deu uma lição em que comentou em latim textos de vários autores latinos. O êxito parece ter sido grande, mas Cataldo não gostou do ritmo da dicção do seu pupilo e criticou-o com tanta severidade que o rapaz chorou. E sua mãe, D. Maria Freire, condessa de Alcoutim e depois marquesa de Vila Real, enviou o preceptor Simão Vaz a Cataldo, numa tentativa para moderar o rigor do mestre. Tudo isto ficamos a saber, pela leitura da correspondência do humanista.

Anos mais tarde, numa carta a D. Nuno Álvares, irmão mais novo de D. Pedro, já então conde de Alcoutim, Cataldo que fora padrinho de baptismo

---

9 *Epistolae* II, Aij. É a carta inicial do livro segundo, dirigida a D. Dinis, sobrinho do rei D. Manuel e irmão do duque D. Jaime. Sobre este e a *Visio Secunda* em que Cataldo o exalta, ver *Para a História do Humanismo em Portugal* III, p. 44 e seguintes.

de D. Nuno, estranhava que os pais ainda o não tivessem chamado para ensinar o afilhado. E não esconde que será severo, mencionando expressamente «repelões, bofetadas e palmatoadas», como argumentos convincentes para fazer trabalhar o rapaz, embora espere que não venham a ser necessários, dado que D. Nuno, segundo lhe dizem, é bem comportado *(Ep. II, B iijv.°)*. Esta severidade exemplar encontra-se expressa noutros textos em prosa e verso, por exemplo, nos poemas *Verus Salomon Martinus* de cerca de 1511/12 ou no *Angelorum et Musarum triumphus* que se encontra manuscrito na Biblioteca de Évora.

O nome de Cataldo está ligado a uma série de novidades na vida cultural e social portuguesas. Já havia anteriormente orações de abertura da Universidade, mas a primeira que chegou até nós foi impressa nas obras de Cataldo. E na forma especial que revestiu é não só a primeira, mas também a única. Trata-se da *Oratio habita a Petro Menesio, comite Alcotini, coram Emmanuele Serenissimo Rege in Scholis Vlyxbonae,* isto é, a «Oração pronunciada por Pedro de Meneses, conde de Alcoutim, estando presente o Sereníssimo rei Manuel, na Universidade de Lisboa». Apesar de todos os disparates que sobre a oração e o orador têm sido escritos, apesar de ter havido um investigador que privou D. Pedro de Meneses do título de «conde de Alcoutim» na tradução portuguesa do discurso, o orador foi de facto o filho de D. Fernando de Meneses, marquês de Vila Real.

Foi por ordem do rei D. Manuel que o jovem aristocrata de dezassete anos de idade, discípulo de Cataldo há seis anos, discursou na Universidade de Lisboa, em 18 de Outubro de 1504. A elegia intitulada *Visio tertia* do humanista descreve em pormenor tudo o que se passou nesse dia e foi com certeza Cataldo quem sugeriu ao monarca o nome do orador. Mais uma vez, uma prática corrente na Itália do Renascimento, a de confiar o principal papel da cerimónia a um jovem de boa família, era introduzida em Portugal. Sobre esta oração já falei repetidas vezes. Por isso, passo adiante.

Como na Itália do Renascimento, também na corte portuguesa surge uma latinista de alto nível, D. Leonor de Noronha, irmã do conde de Alcoutim, dois anos mais nova que ele. E isto acontece, por obra de Cataldo, cinquenta anos antes do círculo erudito da Infanta D. Maria (1521-1577) e suas Damas, estudado por D. Carolina Michaëlis[10]. Acerca de D. Leonor não temos apenas os elogios que dela faz o seu mestre, em prosa e verso, e mesmo em cartas ao soberano. Mais tarde (1550), ela publicará uma tradução feita do latim das *Enneades* do humanista italiano Marc Antonio Cocci Sabellico, uma espécie de história universal, divulgada em Itália.

Com outros membros da família, não foi Cataldo tão feliz. Assim aconteceu com D. Inácio de Noronha, filho de D. António de Noronha, primeiro conde de Linhares. Considerado, como todos os pequenos génios que o Sículo ensinou, um *puer Cato* ou *puer senex,* D. Inácio veio mais tarde a casar com a filha de Vasco da Gama, conde da Vidigueira, e saiu um valdevinos de tal ordem, que a mulher o deixou, indo para um convento. Por fim, ele escreveu uma carta ao rei, pedindo que o título passasse para seu irmão mais novo, D. Francisco. Este veio a ser o 2.º conde de Linhares, casado com D. Violante de Andrade, pais daquele D. António de Noronha, de quem Camões teria sido preceptor. Sua mãe, segundo invenção não provada dos nossos dias, teria sido amante de Camões. Hipótese improvável[11].

Que trouxe Cataldo a Portugal, com a sua actividade incessante? Era convicção sua, e disse-o em prosa e verso, que tinha libertado Portugal da barbárie gótica. E isso é em grande parte verdade.

Cataldo coloca-nos ao nível da Europa mais culta, com os dois discursos de entrada, o da Princesa D. Isabel, em Évora, em 28 de Novembro de 1490; e o da Princesa D. Maria, na sua entrada em Santarém, depois do casamento com o rei D. Manuel. Este discurso nunca terá sido pronunciado, mas impresso no volume II das *Epistolae,* espalhou na Europa a fama de Portugal e, em particular, o prestígio da Vila de Santarém e da fertilidade dos seus campos[12].

A *Oratio habita Bononiae publice a Cataldo in omnium scientiarum et ipsius Bononiae laudes* foi o modelo da oração do conde de Alcoutim

---

[10] Cf. *Para a História do Humanismo em Portugal* IV, p. 95 e seguintes.

[11] Cf. O livro citado na nota 8 deste capítulo, p. 53 e seguintes.

[12] Ver *Cataldo Parísio Sículo: Duas Orações.* Prólogo, tradução e notas de Maria Margarida Brandão Gomes da Silva. Introdução e revisão de Américo da Costa Ramalho. Cit.

na Universidade de Lisboa em 1504 e das orações pronunciadas trinta anos mais tarde na mesma escola e quarenta e cinco anos depois em Coimbra[13].

A correspondência de Cataldo é do maior interesse para o conhecimento da vida social e cultural da corte portuguesa nos finais do século XV e começos do século XVI. Traduzi e comentei algumas dessas epístolas em *Latim Renascentista em Portugal,* mas penso que os dois livros do humanista deviam ser traduzidos na íntegra. No livro acabado de referir, publiquei e traduzi a carta ao Marquês de Vila Real, D. Fernando de Meneses, em que Cataldo faz a defesa do latim literário dos humanistas contra o latim - latão dos clérigos (1499/1500).

Uma carta a Garcia Moniz em que este é elogiado como um dos fundadores da Misericórdia (1498), permite explicar o final do *Auto da Barca do Inferno* de Gil Vicente, de maneira mais favorável ao carácter de Gil Vicente, do que a tradicional, da autoria de A . Braamcamp Freire[14].

Uma carta ao conde de Alcoutim D. Pedro acompanha o poema *Verus Salomon, Martinus* (c. 1511), composto em honra de D. Martinho Castelo Branco, conde de Vila Nova de Portimão[15]: um dos genros de D. Martinho era João Rodrigues de Sá de Meneses, de quem Cataldo faz um caloroso elogio, repetido no poema. As informações tanto da carta como do poema são um argumento *ex silentio* que, junto ao testemunho do próprio Sá de Meneses, provam que ele nunca foi aluno[16] em Florença de Ângelo Policiano (m. 1494), como D. Carolina Michaëlis erradamente afirmou e hoje é rotineiramente repetido. Mas Sá de Meneses não precisou de ser

---

[13] Cf. Luiz Carlos Stammato Marcellino de Carvalho, *A Oração de Cataldo em Bolonha. Sua permanência na oratória do século XVI.* Rio de Janeiro, Universidade Federal (UFRJ), 1980 (Tese de doutoramento). Esta tese, cujo autor faleceu prematuramente, foi por mim orientada no Rio de Janeiro e em Coimbra.

[14] Ver «A feia acção de Gil Vicente», *Estudos sobre a Época do Renascimento*, p. 124 e seguintes.

[15] *Cataldo Parísio Sículo: Martinho, Verdadeiro Salomão.* Prólogo, tradução e notas de Dulce da Cruz Vieira. Introdução e revisão de Américo da Costa Ramalho.

[16] Cf. *Estudos sobre o Século XVI,* p. 199 e seguintes; sobre a impossibilidade de ter sido aluno de Policiano, *ibidem*, p. 65 e seguintes. Há muitos anos, lembro-me de ter dito nas aulas de Latim Renascentista e de ter escrito o seguinte: morreu Policiano em 1494 e, tendo nascido Sá de Meneses cerca de 1487, este só poderia ter sido aluno da Universidade de Florença, antes dos sete anos de idade.

aluno do mestre florentino para escrever o extraordinário *De Platano* de que publiquei e traduzi trechos no livro de que venho falando.

Ainda em *Latim Renascentista em Portugal* publiquei a dramática carta de Cataldo ao seu compatriota Próspero, «médico e rabi natural de Trapani». A carta foi traduzida no *Panorama* de Alexandre Herculano, e por sugestão deste, pelo latinista Manuel Bernardes Branco que, ao interpretar *prosperus* como um adjectivo, acabou por deturpar o sentido da carta e confundir os seus leitores. Citando um passo da *Visionum liber primus Cataldi,* mostrei que Próspero se converteu ao Catolicismo, tornando-se Henrique, foi médico da corte e é provavelmente o mestre Antique da *Farsa dos Físicos* de Gil Vicente[17].

Uma carta que não traduzi então, mas utilizei em diversas ocasiões, foi a que o humanista dirigiu a Martim de Sousa, que comandava tropas no Norte de África, a pedir-lhe informações para as *Crónicas* que tencionava escrever. Aí felicita Martim de Sousa, por ter mandado vir da Europa um Professor de Latim para ensinar os rapazes no intervalo dos combates[18]. Uma preocupação que revela a mudança dos tempos! Mas as cartas de Cataldo precisam de ser todas traduzidas para uso dos numerosos investigadores que não são capazes de lê-las em latim. O seu número mostra tendência para crescer, com a ignorância progressiva da língua latina. Por outro lado, os textos dos humanistas são mais difíceis de traduzir do que os dos clássicos greco-latinos para os quais há numerosos «burros» em francês e em outras línguas acessíveis. Enfim, para traduzir os humanistas não basta fingir que se sabe latim.

Isto é ainda mais verdadeiro na poesia, cuja dificuldade supera naturalmente a da prosa. Cataldo escreveu muitos milhares de hexâmetros e pentâmetros dactílicos, dos quais a parte traduzida é relativamente pequena.

Não que sejam todos esses versos poesia inspirada, mas o seu valor informativo sobre o viver e o sentir dos contemporâneos do Sículo é inegável.

Em *Latim Renascentista em Portugal* traduzi e comentei a *Arcitinge,* poema heróico sobre a conquista de Arzila e a ocupação de Tânger em

---

[17] Cf. *Estudos sobre o Século XVI,* p. 34-35, 157-160.

[18] Cf., por exemplo, *Para a História do Humanismo em Portugal* III, p. 37, 141.

1471, que Cataldo começou a escrever em Itália antes de 1485 e da vinda para Portugal. É uma homenagem a D. João II que, aos 16 anos de idade, acompanhou D. Afonso V, seu pai, nessa expedição africana.

O *Verus Salomon, Martinus,* escrito à roda de 1511, refere também a carreira militar do seu herói, D. Martinho Castelo Branco[19].

Uma pequena elegia, que não figura nas *Provas,* compara Miguel Corte Real a um herói de Homero e descreve a sua participação num ataque a Orão no Norte de África, cerca de 1501, um ano antes da sua viagem fatal às costas da actual América do Norte [20].

Cataldo pediu repetidamente ao rei D. Manuel informações, sob a forma de memorando ou comentário, que lhe permitissem tratar, nas *Crónicas* que queria escrever, as matérias africana e asiática.

Ao que parece, nunca foi atendido. E é pena, porque a partir de 1506, Pedro Mártir d'Anghiera, um humanista italiano ao serviço dos Reis Católicos, e mais castelhanizante do que os castelhanos, publicava o *De Orbe Nouo* onde a prioridade das navegações oceânicas é dada a Cristóvão Colombo e aos espanhóis.

Gaspar Barreiros no *De Ophyra regione*[21], publicado juntamente com *Chorographia,* em 1561, foi um dos que protestaram, mas em vão. *O De Orbe Nouo* de Pedro Mártir já fizera o seu caminho.

Noutras cartas do livro II das *Epistolae,* Cataldo queixa-se quer ao rei D. Manuel, quer ao conde de Alcoutim, de que, por falta de material informativo, não podendo escrever as *Crónicas,* se dedica agora à poesia religiosa. E de facto, o manuscrito de Évora confirma as suas palavras, pois termina com o poema *De Diuina Censura et Verbo Humanato,* «Sobre a Divina Censura e o Verbo Incarnado», cujo título corresponde, em parte, aos anunciados nessas cartas.

De outros poemas de Cataldo, que nos revelam acontecimentos, preocupações e boatos da vida da corte de D. Manuel, tratei em outras ocasiões e não quero aqui repetir-me. Podem ler-se nos meus livros *Estudos sobre a*

---

[19] Cf. O livro citado na nota 15 deste capítulo.

[20] Cf. *Estudos sobre o Século XVI,* p. 77 e seguintes.

[21] Cf. *Boletim de Estudos Clássicos* 9, Coimbra, Faculdade de Letras, 1998, p. 95-96.

Época do Renascimento, Estudos sobre o Século XVI, Latim Renascentista em Portugal e nos quatro volumes publicados de *Para a História do Humanismo em Portugal.* Dos três primeiros livros recomendo as segundas edições que apresentam uma real melhoria, e nalguns casos correcções, em relação às primeiras.

Mas não resisto a referir brevemente um episódio que tratei com desenvolvimento noutro lugar[22]. Para lisonjear a rainha Isabel a Católica, o poeta castelhano Anton de Montoro escreveu que se ela fosse nascida, antes «de la hija de Sanct'Ana / de vos el Hijo de Dios / reçibiera carne humana».

Estes versos adulatórios são vivamente criticados no *Cancioneiro Geral* de Garcia de Resende, publicado em 1516. Todavia, Montoro deve tê-los escrito antes de 1504, ano da morte da rainha castelhana.

Ora no *Epithalamium* de Cataldo que terá sido escrito em 1500, quando D. Jorge casou com D. Beatriz, filha de D. Álvaro de Bragança, da mãe da noiva, D. Filipa, escreveu o humanista, a concluir uma série de extravagantes elogios:

Ni Deus a lecta sunpsisset uirgine carnem,
Sola haec angelicum promeruisset aue

ou em tradução:

«Se Deus não tivesse encarnado da *(ou* de uma) virgem escolhida, / era esta que teria merecido de preferência o evangélico *ave».*

Naturalmente, este dístico e os quatro que o precedem foram suprimidos na edição das *Provas da História Genealógica da Casa Real Portuguesa:* Quando? No século XVI ou no século XVIII?

Trata-se, provavelmente, de um encómio proveniente do arsenal adulatório dos humanistas italianos. Em qualquer caso, o pensamento andava no ar, pois no *Auto da Sibila Cassandra* de Gil Vicente, que é desta época, a heroína também não quer casar, porque espera vir a ser mãe do Redentor.

---

[22] A. Costa Ramalho, *Para a História do Humanismo em Portugal,* I, p. 23-30.

O *Epithalamium* celebra D. Jorge e a Casa de Bragança. E é no seio desta família que Cataldo vai acabar, se nos não engana o testemunho dos seus últimos versos, recolhido em quatro epigramas de um códice manuscrito da Biblioteca Pública de Évora. Neles, Cataldo manifesta a sua preocupação com a educação de D. Teodósio, ainda criança, o futuro herdeiro da casa ducal. Seu pai, o duque D. Jaime, está ausente e o pequeno ficou exposto à influência perniciosa dos aduladores. Há um velho guarda que o não abandona, certamente o próprio Cataldo, mas não pode defendê-lo sempre, tanto mais que está doente de gota.

O humanista, qual velho touro, colérico mas doente e paralisado, que outrora investia contra os adversários, é agora bigorna, cepo das marradas dos outros[23].

A sua única consolação é a visita do pequeno Teodósio, *puer Cato,* que não o abandona. O elogio do futuro duque é feito ao Rei D. Manuel, *rex triumphantissimus,* com quem o humanista parece continuar em boas relações.

Cinco séculos passados, não será demais volver um pensamento reconhecido a esse italiano que tanto lutou para erguer Portugal ao nível da Europa culturalmente mais adiantada do seu tempo.

---

[23] A. Costa Ramalho, «O touro e a bigorna: quatro epigramas de Cataldo», *Humanitas* LII, (2000), p. 287-295. Artigo incluído no presente volume.

5. UMA CARTA DE CATALDO AO CAMAREIRO-MOR D. JOÃO MANUEL[*]

Algumas das cartas de Cataldo são concebidas de modo que o verdadeiro motivo da carta só é conhecido do remetente e do destinatário. Esta é uma delas:

CATALDO A JOÃO MANUEL, CAMAREIRO-MOR DO REI. SAUDAÇÕES.

Agora, o tempo pede; agora, o lugar exige; agora, a razão insta; agora, enfim, a nossa longa amizade reclama que te apresses a procurar o teu rei – para não dizer nosso – para que aquele meu assunto, há muito por ele a mim prometido, em Portugal, por tua intercessão finalmente o leveis a seu termo.

Na verdade, os frutos devem ser colhidos da árvore, então principalmente quando são reconhecidos maduros e é dada a possibilidade de os colher – não vá acontecer que nos sejam arrebatados, quer contemos quer não contemos com isso; ou que, caindo por alguma violência, ou espontaneamente, apodreçam na terra.

De muito melhor vontade eu teria querido conversar estas coisas contigo, pessoalmente. Mas uma febre repentina, há muito tempo, talvez, entranhada nos ossos, não me deixa sair de casa, a qual foi uma primeira manifestação de Deus clementíssimo para comigo, nesta cidade de Saragoça, depois de há muito ter partido de Portugal.

[*] Actas do Colóquio de Estudos Clássicos *A Antiguidade Clássica e Nós: Herança e Industrialidade Cultural*. Universidade do Minho. Centro de Estudos Humanísticos, Braga, 2006: 287-292..

Ontem, no décimo sexto dia antes das calendas de Julho, o nosso rei Manuel foi, para mim, de uma extrema amabilidade, maior do que dele pensam todos os Portugueses. Eu tinha vindo àquele pequeno terraço do último andar, depois do jogo da péla, para beijar, então pela primeira vez, a mão de Fernando, o rei vitoriosíssimo, pai e sogro. E como eu flectisse o joelho, com intenção de, depois do beija-mão, dizer algumas palavras segundo o costume diante de tão grande majestade, o candidíssimo Manuel fez jorrar a sua fonte cristalina, quando ninguém esperava, apesar da grande assembleia de magnates, condes e duques, ali sentada. E de que águas me regou, inundou e lavou por completo, contá-lo-ão os que estavam presentes, de longe, de modo mais conveniente do que eu, que fui louvado. Conveio-me ficar calado, quando falava um tão grande patrono.

Este pouco tempo tornou-me a ele tão reconhecido, quanto me não teria tornado um longo dia de atenções e inúmeras obras. Sinto-me, decerto, vaidoso com tão grandes elogios, ainda que eles não me pertencessem.

Assim, [o rei Fernando] me recebeu, com rosto não menos sereno que afável, acrescentando que, muito antes que me visse em pessoa, ele conhecera Cataldo Sículo de nome.

Faze, peço-te, por te lembrares mais das tuas virtudes, que dos meus méritos.

Ora, aquilo que pedimos é justo, honesto e louvável e coisa que não tem dificuldade alguma. E isto pedimos, em primeiro lugar para consolação de amigos e próximos nossos, para que não pensem que eu, durante tantos anos fora da pátria, ao serviço de tão grandes reis, estou morto para sempre, e, se não de morte natural, pelo menos de morte civil me julguem extinto; ou (o que está mais próximo da verdade) que eu sou de tal modo mau que nada de bom, algum dia, até agora mereci; ou que foi em vão que prestei tantos e tão grandes serviços a um povo ingrato, o qual eu sempre conheci como o mais grato, o mais santo e o melhor de todos. E testemunhei-o muitas vezes nos nossos escritos. Adeus[1].

---

[1] *Ep. I,* e 3 - e 3 v.º

As cartas de Cataldo não contêm normalmente indicação do lugar em que foram escritas nem da data da sua redacção. Esta que aqui estudamos, todavia, pode ser localizada no espaço e datada. Foi escrita em Saragoça no ano de 1498, no dia seguinte ao décimo sexto antes das Calendas de Julho, isto é, a dezassete de Junho de 1498.

Cataldo encontrava-se em Saragoça, assim como o camareiro-mor, no séquito do rei D. Manuel que fora com sua mulher, a princesa Isabel, filha dos Reis Católicos, aos reinos de Espanha para que ela aí desse à luz o filho esperado para breve. Este seria então jurado herdeiro das coroas de Castela, Aragão, etc., além de ser o herdeiro do reino de Portugal.

D. Manuel e o seu séquito chegaram a Saragoça em 1 de Junho de 1498 e a 24 de Agosto seguinte a princesa dava à luz um filho. Infelizmente morria pouco depois, nos braços do pai, de uma hemorragia que os médicos não conseguiram estancar[2]. Uma carta de pêsames de Cataldo a D. João Manuel, escrita a este propósito, foi referida no meu livro *Para a História do Humanismo em Portugal,* vol. II, p. 70, para onde remeto o leitor interessado.

A 8 de Setembro de 1498, o Rei de Portugal regressava ao seu país, entrando nele pela fronteira de Almeida.

O senhorio desta vila pertencia a D. Pedro de Meneses, 1.º marquês de Vila Real, que estava então velho e doente. Representava-o no séquito régio seu filho D. Fernando de Meneses, 1.º conde de Alcoutim e em breve *2°* marquês de Vila Real (1499).

A carta de que nos ocupamos, como pode concluir-se pelas palavras do humanista, foi escrita, durante a longa permanência em Saragoça, a D. João Manuel que aí se encontrava também.

O camareiro-mor que fora educado com D. Manuel, quando este nem de longe esperava vir a ser o futuro soberano português, gozava de total confiança do rei.

D. João Manuel era filho do bispo da Guarda, D. João, e de Justa Rodrigues, que foi ama de leite de D. Manuel. Não se sabe ao certo se o colaço do rei foi D. João ou seu irmão D. Nuno, mas é mais provável que tenha sido este último. Sobre os Manuéis e a sua prosápia genealógica

____

[2] Cf. Damião de Góis, *Crónica do felicíssimo rei D. Manuel,* Parte I, capítulos 28-30, e 32.

escreveu largamente Anselmo Braamcamp Freire no seu livro *Brasões da Sala de Sintra,* vol. III, de que há uma 2ª edição publicada pela Imprensa Nacional-Casa da Moeda em 1973.

Regressemos, porém, à carta que nos vem ocupando. Toda ela é dominada pela preocupação com o pedido de Cataldo ao rei de Portugal, feito ainda antes da viagem de D. Manuel e do seu séquito a terras do país vizinho. Nesse pedido teria colaborado junto do rei o destinatário da carta, D. João Manuel, seu camareiro-mor.

O humanista recorda que o momento presente parece oportuno para renovar e reforçar o pedido feito anteriormente. De facto, D. Manuel acabava de louvá-lo publicamente numa espécie de chuveiro de elogios que cobriu e lavou por completo o mestre siciliano, como ele pitorescamente recorda.

A menção do sogro do rei de Portugal a quem o genro apresentou Cataldo não é supérflua pois, além do seu prestígio hierárquico, Fernando o Católico era rei da Sicília e portanto o humanista era seu súbdito. Além disso, o empenho, como veremos, dizia respeito mais ao rei Fernando do que ao seu genro.

A carta de Cataldo, discretamente, omite qualquer referência explícita ao assunto em questão. Mas estamos em condições de supor qual ele fosse, graças à carta que no livro I das *Epístolas* vem colocada em seguida a esta.O título é «O Magistrado de Sciacca a Lopo de Urrea, vice-rei da Sicília. Saudações» e, como outras no Epistolário de Cataldo, foi redigida pelo humanista em nome do remetente.

Sciacca (em latim, Sacca) é uma cidade na costa sudoeste da Sicília, sobre o mar Mediterrâneo. Como se vê pelo conteúdo da epístola, era atacada frequentemente por piratas vindos do Norte de África em galés (birremes) e outros navios.

Além desta epístola ao vice-rei da Sicília, que transcrevemos adiante, há outras referências a Sciacca na Parte I das *Epístolas* de Cataldo.

Assim, em fol. e 4 v.º, a carta a *Joannes Saccanus Siculus,* a quem Cataldo chama compatriota; fol. g 2 v.º, referência a um crime cometido em Sciacca em cujo julgamento Cataldo interveio como advogado; fol. h, um pedido de D. João II a favor de um Facellius Saccensis, dirigido ao rei da Tunísia. O soberano de Portugal propõe-se resgatar o natural de Sciacca ou trocá-lo por um africano, prisioneiro dos portugueses. Esta diligência foi certamente feita a solicitação de Cataldo que tentava socorrer um patrício.

Seguidamente damos a tradução da carta ao vice-rei da Sicília, cuja identidade foi averiguada por Simão Pires Diz na sua tese de mestrado, *Humanismo Italiano e Cultura em Portugal nas* Epistolae *de Cataldo,* Coimbra, 1986 (dissertação policopiada). Trata-se de Lope Jiménez de Urrea que governava a Sicília em nome do rei Fernando, o Católico.

Eis a tradução portuguesa da carta:

O MAGISTRADO DE SCIACCA A LOPO DE URREA, VICE-REI DA SICÍLIA. SAUDAÇÕES.

Não podemos suportar por mais tempo, ilustre senhor, as ofensas dos Africanos, as quais, não sem grande dano nosso, cada dia, eles nos causam. A não ser que tu, com tua sabedoria, tomes providências, ninguém, na verdade, as tomará em nossa defesa.

Aquela gente desenfreada e destruidora não só ousa, sem obstáculo, lançar-se sobre todo o território Sacense, e devastá-lo, mas também toma à força os nossos caseiros que vivem no campo e dedicados ao trabalho rural, os quais, mesmo em troca de muito dinheiro, nunca podemos resgatar. E, além disso, eles ousam ataques maiores todos os dias.

Chegam, frequentemente, com as suas birremes perto do litoral da nossa cidade, e de lá nem pela força, nem pela astúcia, nem por meio de nenhuns instrumentos bélicos, conseguimos repeli-los, quer porque essa raça é muito obstinada, quer porque a própria Natureza não permite que cavaleiros e infantaria travem combate naval. Se nós tivéssemos navios ou birremes e outros meios deste género, teríamos esperança de os expulsar de lá. Mas porque vêem que nos faltam as armas adequadas para fazer a guerra, ganham ânimo esses cães ferozes e erguem-se quase vencedores; depois, esperam beber sofregamente o nosso sangue e o de nossos filhos.

Se tu não nos socorreres em breve, a nós e aos nossos filhos e às nossas mulheres, vemos claramente a carnificina que vai ser.

Confiam no sangue e naquele nome antigo, cartaginês, donde, não sem verdade, se vangloriam de tirar a sua origem. E, como não podem vingar a ofensa dos Romanos, praticada, outrora, contra eles, enfurecem-se contra vizinhos, frágeis em meios, não, seguramente, em coragem. E não nos maltratariam tanto, se pudéssemos obter, de qualquer lado, em nosso favor, os meios convenientes para um combate naval.

E por estas razões, suplicantes, todos pedimos e rogamos que tu, como sábio governante, não permitas, por mais tempo, que sejamos atacados por esses cães. E se isto fizeres, em primeiro lugar servirás à honra e ao teu proveito; em seguida, a nós, teus súbditos, já a ti vinculados, por este benefício, mais nos vincularás; por último, graças a esta piedade para connosco, a ti conciliarás, perpetuamente, o próprio Deus.

Mas tu (como convém a um bom pastor) já devias ter socorrido as tuas ovelhas, não pelas nossas súplicas, mas de tua livre vontade. Adeus[3].

Note-se a diferença de tom entre a última frase seca e autoritária e o resto da carta, de longe mais modesta e humilde. Cataldo, que a redigiu, parece estar seguro da intervenção de Fernando o Católico, conseguida através do seu genro Manuel de Portugal, graças aos bons ofícios do camareiro-mor.

Para D. João Manuel em *Epistolae, I Parte* há sete cartas, uma das quais a Justa Rodrigues, mãe do camareiro-mor (fol. c 6 v.°). As restantes vêm nos folia a 6; a 6 v.°; b 3 v.°; b 6 v.°; c 5 v.° ; e 3. Encontra-se ainda uma outra em *Epístolas. II Parte*[4].

Esta carta da Parte II está por assim dizer deslocada. Cronologicamente teria ficado melhor na Parte I pois o camareiro-mor faleceu antes de 4 de Fevereiro de 1499, como escreveu Braamcamp Freire nos *Brasões,* vol. III, p. 28.

Entretanto, a epístola conserva o tom geral da correspondência do humanista com D. João Manuel, isto é, trata-se de mais um pedido de intervenção para que o camareiro-mor consiga que certo almoxarife lhe pague a tença de vida. Era este um aprendiz intelectual a quem Cataldo explicava Ovídio e Plauto, sem nada receber em troca, pois o interessado

---

[3] Ep. I, e 3 v..

[4] Cf. edições citadas das *Epistolae* (2010 e 2005, respectivamente).

aluno nem sequer lhe pagava o estipêndio régio. Esta e outras queixas aparecem na *Querimonia ad Ioannem Emanuelem qua primum se excusat quod raro ei scribat (Poemata,* k 4-1) e em tom mais moderado no *Ipsiusmet Cataldi responsum eiusdem ioannis emanuelis «nomine» (Poemata, lv.°-13),* duas longas composições em dísticos elegíacos.

A prosa e o verso de Cataldo documentam a avidez cultural da sociedade portuguesa e o seu desejo de aprender latim, como meio de promoção social.

O almoxarife não pagava ao humanista para o reter, impedindo-o de partir para a casa de D. Fernando de Meneses, 2.° marquês de Vila Real, onde o aguardavam seus filhos D. Pedro de Meneses e D. Leonor de Noronha, dois dos alunos mais brilhantes de Cataldo[5].

Texto latino das Cartas:

CATALDVS IOANNI EMANVELI. PRIMO REGIO CVBICVLARIO. SALVTEM.

Nunc tempus postulat, nunc locus exigit, nunc ratio efflagitat, nunc denique diuturna amicitia nostra exposcit ut regem tuum - ne dicam nostrum - propere conuenias, quo rem illam meam iampridem in Lusitania, te intercedente, ab eo mihi promissam ad calcem tandem deducatis.

Poma quidem tum maxime ex arbore legenda sunt, cum maxime matura dignoscuntur daturque legendi facultas, ne aut inopinantibus uel etiam opinantibus praeripiantur nobis; aut ui aliqua sponteue sua collapsa humi putrescant.

Multo libentius ore quam litteris haec tecum colloqui uoluissem. Sed repentina febris, diu forte ossibus impressa, me de domo egredi non sinit, quae prima fuit clementissimi Dei erga me uisitatio in hac Caesara Augusta, post longam ex Portugalia profectionem.

Hesterno die, sexto decimo callendas Quintiles, habui Emanuelem Caesarem nostrum supra Lusitanorum omnium opinionem benignum. Veneram ad areolam illam sublimis tecti, post pilae lusum, osculaturus tune primum Ferdinandi triumphantissimi regis, patris soceri manum.

---

5 Ver, por exemplo, a carta 56 em Cataldo Parísio Sículo, *Epístolas. II Parte,* p. 170-171.

Cumque genu flecterem, ut dato osculo, paucissima quaedam ex more coram tanta maiestate exordirer, aperuit fontem nitidissimum candidissimus Emanuel, nemine opinante, multo tamen procerum, comitum, ducum coetu assidente. Et quibus liquoribus me rigauerit, perfuderit ac penitus lauerit, qui aderant, longe conuenientius me laudato referent. Oportuit me tanto patrono loquente obmutescere.

Exigua mora tam me illi gratiosum reddit, quam longa dies obsequiis innumerisque operibus minime reddidisset. Sum certe, etiamsi meae illae non fuerant, tantis laudibus gloriatus.

Excepit itaque non minus sereno quam affabilí uultu, addens multo ante quam praesentia uideret, se Cataldum Siculum nomine cognouisse.

Fac, obsecro, tuarum potius uirtutum quam meorum meritorum sis memor.

Quod autem petimus, iustum, honestum et laudabile est et quod nuliam habeat difficultatem. Idque primum quaerimus in amicorum propinquorumque nostrorum consolationem, ne me tot annos extra patriam tantis regibus seruientem mortuum prorsus reputent, si non naturali, ciuili saltem morte sublatum existiment; aut (quod magis proximum uero est) uel me adeo malum extitisse, ut nihil unquam boni Portugaliae regibus obsequens, hactenus meruerim; uel genti ingratae tot tantaque me frustra praestitisse, quam ego gratissimam, sanctissimam omniumque optimam et expertus sum semper. Et nostris scriptis saepissime testatur. Vale.

MAGISTRATES SACCENSIS LVPO GORREAE SICILIAE PROREGI. SALVTEM.

Ferre amplius non possumus, illustrissime domine, Africanorum iniurias, quas non sine magno detrimento nostro quotidie nobis inferunt. Nisi tu, sapientia tua, prospicias, nemo profecto nobis prospiciet.

Non solum effrenata gens ilia totum Saccensem agrum populabunda incurrere uastareque prorsus audet, sed etiam uillicos nostros, ruri degentes, atque operi rustico intendentes ui arripiunt, quos postea multam offerentes pecuniam, nunquam redimere possumus. Quin etiam maiora in dies audent.

Veniunt saepe cum biremibus suis prope urbis nostrae litus, atque illinc neque ui, neque

ingenio, neque ullis instrumentis bellicis arceri a nobis possunt, tum quia gens ea pertinacíssima sit, tum quia Natura ipsa non patitur equites peditesque maritimam pugnam committere. Si naues aut biremes ceteraque huiusmodi nobis essent, speraremus illos illinc expellere. At quoniam necessaria ad bellum gerendum nobis deesse uident, sumunt animos truculentissimi canes, existuntque paene uictores; hinc nostrum filiorumque nostrorum sanguinem auidissime hauriendum expectant.

Ni tu succurras breui nobis liberisque et uxoribus nostris exitium futurum perspicimus. Confidunt sanguini nominique illi prisco Carthaginensi, unde non falso iactant se originem ducere. Qui cum Romanorum iniuriam olim in se illatam ulcisci nequeant, in finítimos opibus quidem non animis debiles saeuiunt. Nec saeuirent tantopere, siquae nauali proelio conducunt, alicunde nobis parare possemus.

Quas ob res supplices omnes precamur oramusque te, sapientissime praeses, ut non sinas amplius ab istis canibus nos infestari. Quod si facies, primum honori comodoque tuo consules; deinde nos subditos tuos tibi iam deuinctos, hoc beneficio deuincies magis; postremo Deum ipsum hac in nos pietate tibi perpetuo conciliabis.

Verum tu nostris precibus, sed tua sponte (ut bonum decet pastorem) ouibus tuis succurrere iam debuisses. Vale.

6. O TOURO E A BIGORNA:
QUATRO EPIGRAMAS DE CATALDO[*]

São talvez os últimos epigramas que escreveu e encontram-se no final do manuscrito da Biblioteca e Arquivo Municipal de Évora (Ms. CXIV / I-I) que contém os dois poemas: *De Diuina Censura et Verbo Humanato,* em três cantos, o primeiro dedicado ao papa Leão X (subido ao trono pontifício, em Março de 1513) e os dois restantes ao cardeal Bernardino de Carvajal; e *Angelorum et Musarum triumphus, Gonsaluo Martini filio congratulantium,* sobre a morte de Gonçalo, filho de D. Martinho Castelo Branco, conde de Vila Nova de Portimão. Este último é celebrado outra vez no *Verus Salomon Martinus*[1].

Os quatro epigramas dão-nos o estado físico e psíquico de Cataldo nos últimos tempos da sua vida.

Retido no leito pelo reumatismo, sentia-se diminuído física e psiquicamente. Sempre fora um lutador que não hesitava em retorquir aos que pretendiam menosprezar os seus méritos, e sentia agora que o impetuoso touro antigo estava reduzido à bigorna, que sofre os golpes dos outros sem poder retribuí-los *(ex tauro incus).*

O nome de bigorna, em português, descreve a forma física do objecto, com dois cornos (*bicornua > bicorna > bigorna*) e aproxima-o do animal. A linguagem figurada é, por assim dizer, objectivada.

A comparação fora já usada, aliás com consequências desagradáveis, numa carta a Pêro Rombo, que se correspondia em latim com o *orator*

---

[*] *Humanitas* LII (2000) 287-295.
[1] Ver *Cataldo Parísio Siculo: Martinho, verdadeiro Salomão,* ed. citada.

Vasco Fernandes de Lucena[2] e pedira a Cataldo que lhe aperfeiçoasse o latim. Ao corrigir Rombo, Cataldo dissera de si próprio que era a bigorna em que batia o poderoso martelo *(malleus fortissimus)* de Lucena. Este não entendeu a graça e achou que Cataldo lhe chamara bigorna *(incus)* e a si próprio se considerava o *malleus*. Resultado: uma carta furiosa de Lucena para Cataldo, em que o velho jurista se excedeu, pelo que diz o italiano. Infelizmente, não temos a carta de Lucena[3].

Mas voltemos a Cataldo. Preso ao leito de dor, lê-se noutro dos quatro epigramas, consola-o a visita do pequeno Teodósio, filho de D. Jaime, duque de Bragança. E é a educação do herdeiro da poderosa casa ducal que parece preocupá-lo, num epigrama do poeta dirigido ao rei D. Manuel.

As relações do humanista com a Casa de Bragança vinham de longe. Cataldo fora professor de Dinis, irmão mais novo do duque D. Jaime, portanto, tio do pequeno D. Teodósio. Foi a D. Dinis que o irmão quisera deixar a casa ducal[4] e o título, quando pretendeu meter-se a frade e fugir do país e do casamento com a filha dos duques de Medina Sidónia. Em 1512, D. Jaime havia de apunhalá-la, por ciúmes.

Nessa altura, já era nascido D. Teodósio, cujo ano exacto de nascimento se ignora. Há quem pense que terá nascido em 1505.

De D. Dinis e da vida do seu palácio, temos uma descrição de Cataldo na carta a seu primo, o Dr. Francisco Parisi, inserta no vol. I das *Epistolae*[5]. Também a carta inicial deste livro é dedicada a D. Dinis. Este D. Dinis casará em Espanha na família do conde de Lemos e lá morrerá. Uma sua filha virá a ser a primeira mulher do duque D. Teodósio.

As relações do humanista com os Braganças são mais profundas, e outros membros da poderosa família aparecem tanto nas suas cartas como

---

[2] Sobre Lucena, ver A. Costa Ramalho, *Estudos sobre a Época do Renascimento,* Lisboa, 1997[2], p. 92; id., *Estudos sobre o século XVI.* Ver "Índice Onomástico"; id., *Para a História do Humanismo em Portugal,* vol. III, p. 30-34, 39, 138 e 140; id., *Para a História do Humanismo em Portugal,* vol. IV, p. 22, 28-29, 42, 76-78, 143.

[3] A carta de Cataldo vem *em Epistolae I,* Lisboa, 1500, fol. Bvj-bvjvº.

[4] A. Costa Ramalho, *Para a História do Humanismo em Portugal,* vol. III. cap. III.

[5] Cf. Cataldo Parísio Sículo, *Epistolae et Orationes.* Edição fac-similada. Introdução de A. Costa Ramalho, p. 14-15, e também Cataldo Parísio Sículo, *Epístolas I Parte,* p. 65.

nos seus versos. Assim acontece com D. Álvaro, irmão do 3º duque D. Fernando, executado em Évora, sob a influência de D. João II, em 1483. Portanto D. Álvaro é tio de D. Jaime, 4º duque de Bragança. A morte de D. Álvaro é descrita na *Visio Secunda*[6].

Um seu filho, chamado Jorge, foi aluno de Cataldo. E quando D. Beatriz, filha do Senhor D. Álvaro, como era conhecido, casou com D. Jorge, filho bastardo do rei D. João II, Cataldo dedicou-lhe um *Epithalamium,* de que já falei mais de uma vez[7]. Depois de casada com D. Jorge, *"magister et dux "*, que fora educado pelo humanista, a duquesa de Coimbra recebeu cartas suas que se encontram em *Epistolae II.*

Deste modo, foi extensa e, em alguns casos, relativamente familiar, a relação de Cataldo Parísio com a Casa de Bragança.

Mais tarde, perto dos sessenta, foi também professor do membro mais jovem, D. Teodósio, que viria a ser o 5º duque de Bragança. Deixou fama de fidalgo culto, amigo de livros e de homens letrados[8].

Vejamos agora os epigramas de Cataldo:

I

Ad triumphantissimum

    Emmanuelem Regem Dominum Nostrum

Siquis scire uelit qui sit: quantusque Cataldus

    Dum podagra in lecto uictus ab hoste gemit,

Ille sibi taurum facie cornuque minantem

    Prostratum ante oculos fingat habere tracem.

Concisus tamen ense pedes: insurgere tentat,

    Nec ualet: et cuiquam laesus obesse nequit.

Maxime rex: regumque decus: Theodosius aegrum

    Qui puer aetate est: moribus: arte senex

---

[6] Cf. A. Costa Ramalho, *Para a História do Humanismo em Portugal,* vol. III, p. 43-44.

[7] Cf. A. Costa Ramalho, «O Cancioneiro Geral e Cataldo» em *Para a História do Humanismo em Portugal,* vol. I, p. 23-30.

[8] Aires A. Nascimento, "A livraria de D. Teodósio I, duque de Bragança", separata das *Actas do Congresso de História no IV Centenário do Seminário de Évora",* Évora, 1994.

Sustinet eloquio aspectu: et nisi uisitet actum

Esset de seruo uate iacente tuo.

Ao vitoriosíssimo rei Manuel, Senhor Nosso.

Se alguém quiser saber como e quanto é Cataldo, enquanto

vencido no leito pela gota (podagra) inimiga, geme, imagine

que tem diante dos seus olhos um touro pronto a atacar com

os cornos, um touro ameaçador mas prostrado.

Ferido, todavia, por uma espada nos pés, tenta atacar e

não é capaz. E se alguém o fere, não pode fazer-lhe frente.

Muito grande rei e dos reis honra! Teodósio que na idade

é uma criança, mas nos costumes e modos um velho, dá ânimo ao

doente, com as suas palavras e presença. E se não o visitasse,

estaria perdido o poeta teu criado, preso ao leito.

Os quatro epigramas formam um conjunto em que a ideia mestra, a saber, que Cataldo é como um touro furioso, incapacitado de responder aos ataques dos inimigos, porque a podagra, que lhe inutiliza os pés, o retém no leito, tal ideia se encontra expressa no primeiro e no último dos epigramas.

No último, todavia, ao passar de touro a bigorna, Cataldo afirma a sua vontade de sobrepor-se à doença que o paralisa.

Outra ideia repetida é a do *puer Cato* ou *puer Senex,* elogio já concedido noutro epigrama ao pequeno D. Teodósio. E aqui talvez nem se trate de uma apreciação encomiástica, pois nada mais natural que a reserva numa criança que passara, há pouco, por uma terrível tragédia familiar. Se o epigrama é de 1513, ano em que D. Jaime comandou a expedição que conquistou Azamor no verão de 1513, D. Teodósio, a ter nascido em 1505, teria então oito anos. E no ano anterior, por ciúmes, seu pai assassinara sua mãe.

O pequeno herdeiro da casa ducal visita Cataldo que, ao que tudo indica, era seu mestre. E talvez estivesse mesmo instalado no palácio da Casa de Bragança em Lisboa.

O humanista estava tolhido de movimentos, certamente na fase final da podagra, de que há muitos anos se vinha queixando, como as suas cartas revelam.

II

Ad regem de Theodosio /

Contra assentatores

Surgit pulchra solo uillae tenera arbor amoenae

Quam seruat custos assiduusque senex:

Plantator uiuit felix, sed posta superno

Consensu fertur angelicaque manu,

Se uarios mostrat fructus mirosque daturam

In terris quales consita nulla dedit:

Ni folia et succum morsu mala belua damnet

Harpyia et circum foeda frequentet auis.

Nee semper uigilare potest ad talia custos,

Cum modicum cessat, turpe pecus properat.

Optime rex: haec est magnus Theodosius arbor:

Cetera tu nosces quae nocitura cano.

Ao Rei, sobre Teodósio,

contra os bajuladores

Do solo de Vila Viçosa ergue-se uma tenra e bela árvore
que é protegida por um velho e assíduo guarda.

O plantador vive feliz, mas diz-se que, assente na
opinião concorde do céu e na mão dos anjos, ela mostra

vir a dar variados e maravilhosos frutos, quais na terra
nenhuma árvore plantada deu,

se uma besta fera lhe não danar, mordendo-a,
as folhas e a seiva, a Harpia, e esta ave nojenta lhe

não andar em volta com frequência.
Em tais ocasiões, nem sempre o guarda pode estar vigilante.

Que ele se descuide um pouco, logo acorre o sujo rebanho.
Excelente rei! Esta árvore é o grande Teodósio.

Quanto ao resto que em verso proclamo que
poderá prejudicá-lo, tu o conhecerás.

Cataldo está preocupado com a jovem planta que cresce em Vila Viçosa, num período em que o plantador, isto é, o duque D. Jaime está ausente. Também parece aludir à expedição africana de 1513. O duque partiu de Azamor para Portugal, em 21 de Novembro de 1513 e no fim do ano já estava certamente nos seus domínios europeus.

A preocupação do humanista italiano com o futuro duque de Bragança, que teria então oito anos, sugere que ele era seu mestre e educador, como o fora com o duque de Coimbra, D. Jorge, filho de D. João II, e com D. Pedro de Meneses, *2º* conde de Alcoutim e 3º marquês de Vila Real.

Cataldo chama a Vila Viçosa *uilla amoena.* Anos mais tarde, quando D. Teodósio deu em casamento sua irmã D. Isabel ao infante D. Duarte, irmão de D. João III, o jurista e poeta Doutor Manuel da Costa chamará *uilla laeta* à vila ducal, no poema *De Nuptiis Eduardi, Infantis Portugaliae, atque Isabellae, Illustrissimi Theodosi, Brigantiae Ducis, Germanae Carmen*[9].

André de Resende, como é sabido, criou para Vila Viçosa um topónimo que é um composto grego: *Callipolis*[10].

Cataldo terá vivido em Vila Viçosa? É possível, tanto mais que ele esteve com a corte em Évora e fala de Évora com simpatia[11].

Mas no presente epigrama, Vila Viçosa, onde se encontra D. Teodósio, parece estar distante.

III

Ad Theodosium de ducis reditu

 Terra seges longum frustraque exculta per annum

Sicca nimis pluuia deficiente fuit:

 Maerebant homines interno corde gementes:

Pabula carpebat frigore adusta pecus.

 At simul ad nostras uenit dux inclytus oras:

Arida diuinis arua rigantur aquis.

---

[9] A. Costa Ramalho, *Para a História do Humanismo em Portugal,* Vol. II, p. 153 e segs.

[10] André de Resende, *As Antiguidades da Lusitânia.* Introdução, tradução e comentário de R. M. Rosado Fernandes. Fundação Calouste Gulbenkian, Lisboa, 1996, fol. 228.

[11] A. Costa Ramalho, «Algumas figuras de Évora no Renascimento», *A Cidade de Évora,* 65-66 (1982-83), p. 5.

Dic mihi, prisce Cato, sunt haec arcana deorum,
An patris hoc donum stella benigna tulit?

A Teodósio, sobre o regresso do Duque.

A terra estava demasiado seca, por um longo ano sem chuva, e em vão foi cultivada. Secas as searas e os frutos.

Lamentavam-se os homens que gemiam no íntimo de seus corações; o gado comia o pasto queimado pelo frio.

Mas logo que às nossas costas chegou o glorioso duque, os campos áridos foram irrigados por águas divinas.

Dize-me, ó antigo Catão: é isto segredo dos deuses, ou foi a estrela benigna de teu pai que nos deu tal presente?

O epigrama não deve referir-se a uma chegada qualquer a Lisboa, do duque, mas alude claramente a uma vinda por mar. Deve, pois, lembrar o regresso de Azamor que D. Jaime conquistou em 1513. Podemos datá-lo de 1513/14.

O pequeno Teodósio é saudado como *priscus Cato*, referência ao *puer Senex*, a criança com sabedoria de velho, elogio hiperbólico usado por Cataldo com outros alunos seus, até com um que mais tarde levou mau caminho[12].

A mudança do tempo para melhor, em coincidência com a chegada de um grande personagem, era correntemente assinalada na oratória do tempo, e ainda hoje é um tópico habitual na retórica dos oradores de ocasião.

D. Teodósio devia ter aguardado o pai vitorioso no palácio dos duques de Bragança em Lisboa, onde também estaria certamente Cataldo.

IV

Ex tauro incus Cataldus

In primo toruum me feci epigrammate taurum:
    Concisum saeuo sed tamen ense pedes.
Ferrea nunc uere geminis et cornibus incus

---

[12] Cataldo Parísio Sículo, *Martinho Verdadeiro Salomão*. Ver "Índice Onomástico", s.v. "Noronha, Inácio de".

Esse mihi uideor ictibus icta caput.

Malleus hac unus me uerberat: alter et iliac:

Caedor et innumeris undique uerberibus.

Ictus in dantes incus concussa remitto.

Vindico-proiiciens irrequieta-feros.

Cataldo, depois de touro, bigorna

No primeiro epigrama, fiz-me um touro iracundo, todavia

com os pés cortados por cruel espada.

Agora verdadeiramente uma bigorna de ferro e com dois

cornos, eu creio ser. Uma bigorna atingida por pancadas na cabeça.

Um martelo fere-me de um lado, e outro de outro lado. E sofro

por toda a parte feridas sem conta.

Eu, a bigorna batida, retribuo as pancadas aos que me batem.

Assim me vingo, repelindo sem parar as pancadas ferozes.

Cataldo gostava da imagética zoomórfíca. A imagem do touro vem já nos *Epigrammata* e outras se encontram nos seus versos. Assim, D. João II é o *agnileo,* o "cordeiro-leão", num epigrama intitulado significativamente *De Gallo pirata et agnileone* em que *Gallus* é não só *francês,* mas sugere também a ave doméstica do mesmo nome.

E Santarém, sobranceira ao vale do Tejo, é *Aquila,* nome dado a uma colecção de poemas de que fazia parte o *De obitu principis Alfonsi.* O humanista António de Castro, na segunda metade do século XVI, ao encontrar um manuscrito com versos de Cataldo, tomou *Aquila,* título de livro, por apelido de Cataldo, lendo no começo do poema *Cataldi aquilae liber primus,* como se fosse *livro primeiro de Cataldo Aquila,* em vez de *Livro primeiro da Águia de Cataldo.*

Deste modo, quando essa colectânea foi impressa no século XVIII, nas *Provas da História Genealógica da Casa Real Portuguesa,* tomo VI, 2ª parte, de D. António Caetano de Sousa, Cataldo passou a ser aí chamado Cataldo Aquila Sículo, quando não há qualquer dúvida de que o seu nome italiano era Cataldo Parisi, latinizado humanisticamente em *Cataldus Parisius Siculus.*

Sobre a imagem que constitui o cerne do presente epigrama, a do "martelo" *(malleus)* e da "bigorna" *(incus)*, já falámos no início deste artigo.

Duas são, portanto, as imagens principais: a de Cataldo touro ameaçador, mas de pés cortados, e a de Teodósio, *priscus Cato* e *puer Senex*. A primeira abre e fecha os quatro epigramas, terminando numa nota optimista: o touro mutilado do epigrama I tornou-se bigorna (uma cabeça de touro, com dois cornos) que devolve as pancadas sofridas, no epigrama IV.

Quanto ao pequeno Teodósio, é gentil com o velho mestre doente de reumatismo, visitando-o e mimando-o, no epigrama I; é a preocupação maior do *Senex custos,* certamente Cataldo, que no epigrama II se preocupa com a tenra árvore que cresce em Vila Viçosa; participa da alegria geral com o feliz regresso do duque, seu pai, no epigrama III; e só está ausente, no epigrama IV.

Assim, em três dos epigramas, fazem-se referências lisonjeiras ao pequeno Teodósio e Cataldo recomenda ao rei D. Manuel, a quem os epigramas terão sido enviados em manuscrito, o herdeiro da casa de Bragança. Outrora recomendara também, mas em prosa, ao mesmo rei D. Manuel, outros discípulos seus, como o conde de Alcoutim, D. Pedro de Meneses, e sua irmã, D. Leonor de Noronha, filhos do marquês de Vila Real, D. Fernando.

Quanto à situação psicológica do humanista, ganha relevo a linguagem figurada: depois de touro, bigorna *(ex tauro incus)*. Entre estas duas imagens, a do animal agressivo e a do animal agredido, a velhice de Cataldo.

7. A 2ª EDIÇÃO DOS *POEMATA* DE CATALDO E A INQUISIÇÃO*

Cataldo Parísio Sículo chegou a Portugal em 1485, a convite do rei D. João II. Vinha para educar o seu filho bastardo, D. Jorge, nas Humanidades, e ajudar o rei na sua correspondência internacional, então escrita em latim.

Cataldo tinha-se doutorado no ano anterior na Universidade de Ferrara, *in utroque iure,* nos dois Direitos, Pontifício e Cesáreo, mas possuía uma larga experiência como mestre de Humanidades, apesar de relativamente novo, pois não ultrapassara os trinta anos de idade.

Passaria o resto da sua vida em Portugal, onde viria a falecer cerca de 1517. A sua vida é mais conhecida pela obra literária que é, em grande parte, autobiográfica, e nos revela inúmeros aspectos da existência quotidiana da Corte, nesses trinta anos que o humanista italiano passou em Portugal.

A sua obra impressa compreende *Epistolae et Orationes quaedam Cataldi Siculi,* livro impresso em Lisboa por Valentim Fernandes da Moravia, datado no cólofon de 21 de Fevereiro de 1500. Costumo designá-lo pela abreviatura de *Ep. I.*

Anos mais tarde saiu o livro com o título de *Cataldi epistolarum et quarundam orationum secunda pars,* cerca de 1513/1514, livro que não contém o nome do impressor nem lugar e data de publicação. Costumo designá-lo abreviadamente por *Ep. II.*

---

* Luís Filipe Barreto, José Augusto Mourão, Paulo de Assunção, Ana Cristina da Costa Gomes e José Eduardo Franco (Coord.) *Inquisição Portuguesa. Tempo, Razão e Circunstância*. Lisboa, Prefácio Editora, 2007, p. 357-362.

Os dois livros foram reunidos num volume publicado em 1988 pela Biblioteca Geral da Universidade de Coimbra.

No seu tempo, Cataldo deu a lume, entre os dois livros de epístolas, uma colectânea de versos intitulada *Poemata,* que terá aparecido depois de 1500 e antes de 1513, mais perto da primeira data que da segunda.

À roda de 1513/1514, na mesma época de *Ep. II,* deve ter aparecido a segunda colectânea de versos, que compreende os cinco livros das *Visiones* e outros poemas, entre eles o *Verum Salomon Martinus*, que exalta a figura de D. Martinho Castelo Branco, conde de Vila Nova de Portimão.

Manuscritos encontram-se em Évora, na Biblioteca Municipal, vários poemas de certa extensão e alguns epigramas[1]. Entre os de maior dimensão, conta-se o *De Divina Censura et Verbo Humanato,* que estava sendo escrito em 1515, como se depreende do seu conteúdo.

Acrescente-se ainda um livro didáctico, uma espécie de estilística do latim, a que faltam as páginas iniciais e as páginas finais, publicado por Manuel Saraiva Barreto, em 1982, com o título de *Ars Eloquentiae*[2]. Tanto Saraiva Barreto, como eu próprio, por vias diferentes, demonstrámos que se trata de uma obra de Cataldo Parísio Sículo.

A comunicação de hoje tem que ver com a poesia do humanista, particularmente com a colectânea de *Poemata*.

Costumava o humanista enviar aos amigos cópias manuscritas das poesias latinas que ia compondo, para ouvir os seus comentários. O número destes apreciadores da poesia e conhecedores do latim era entre nós mais elevado do que hoje pensamos. Naturalmente, os mais interessados na poesia latina de Cataldo eram os que nela se viam celebrados. Alguns acabavam fazendo verdadeiras colecções destes manuscritos, que não restituíam.

De uma destas colecções, parcialmente em mau estado, dá conta certa carta de Cataldo a D. Manuel, então ainda duque de Beja, portanto anterior

---

[1] Ver A. Costa Ramalho, "O touro e a bigorna. Quatro Epigramas de Cataldo", *Humanitas* LII, Coimbra, 2000, p. 286-295, artigo incluído no presente volume.

[2] Ver Manuel Saraiva Barreto, "Uma *Ars Eloquentiae* dos primórdios do Humanismo em Portugal", *Boletim da Biblioteca da Universidade de Coimbra*, 37, Coimbra, 1982, p. 133-160.

a Outubro de 1495. Encontrou e restituiu a colecção a Cataldo um Jorge de Meneses, "varão não menos cultivado que nobre", no dizer de Cataldo.

Ocupei-me dessa epístola num estudo recente[3] em que afirmei não conhecer outra referência a Jorge de Meneses em Cataldo, senão essa. Acabo, porém, de dar com ele no texto de um epigrama do humanista, em que Jorge de Meneses faz figura de confidente do poeta num epigrama maldoso contra um cristão-novo da corte, conhecido pelo seu vozeirão arrogante[4].

No século XVI, muitos anos mais tarde, um humanista menor, chamado António de Castro, obteve uma colecção de versos manuscritos de Cataldo, e ficou maravilhado com as informações sobre acontecimentos da corte que nela descobriu.

Julgando os versos inéditos, resolveu publicá-los com um comentário, dedicando o trabalho à Infanta D. Maria (1521-1577), filha mais nova do rei D. Manuel, certamente com o propósito de obter o auxílio pecuniário da rica princesa, com vista à publicação.

Na carta dedicatória, lembra à Infanta que os poemas de Cataldo se ocupam fervorosamente da glória do rei seu pai. E aproveita a ocasião para evocar os dias em que D. Manuel reinava, dias de glória, de prosperidade, de alegria de viver que não mais voltaram. Em contraste com esta marcha triunfal, menciona D. João III como irmão mais velho que fizera educar a pequena infanta que ainda não tinha um ano, quando o rei seu pai faleceu. Em comparação com a glória do antecessor, D. João III recebe um único superlativo encomiástico, o de *pientissimus*.

Pela facilidade com que D. João III é descartado, suponho que a dedicatória à Infanta D. Maria foi escrita depois da morte do rei seu irmão (1557).

Barbosa Machado, na *Bibliotheca Lusitana,* data esta edição de 1509. É uma gralha evidente, visto que a Infanta D. Maria nasceu doze anos mais tarde.

---

[3] Cf. A. Costa Ramalho, "Uma carta de Cataldo ao Duque de Beja", *Habent sua fata libelli. Colectânea de Estudos em Homenagem ao Académico de Número, Doutor Fernando Guedes no seu 75° aniversário.* Lisboa, Academia Portuguesa da História, 2004, p. 317-324.

[4] «Ad Georgium Menesium», *Poemata Cataldi,* fol. 0,7v°.

Luís de Matos[5] corrigiu para 1569, mas nada impede que tenha sido em 1559, dois anos depois da morte de D. João III.

Desta edição não se conhece um só exemplar. Se não tivesse sido transcrita no volume VI, tomo II, das *Provas da História Genealógica da Casa Real Portuguesa*, por D. António Caetano de Sousa[6], nada saberíamos da compilação intitulada *Omnia Cataldi Aquilae Siculi quae extant Opera per Antonium de Castro, denuo correcta, ac nunc primum in lucem edita*.

No verso deste título vem o índice das obras reproduzidas:

De Obitu Alphonsi, Principis, Lib IV;

De expugnatione Arzillae et Tingis, Lib I;

De perfecto homine, Lib I;

Ad Ioannem Emmanuelem conquestio;

Eiusdem responsum Emmanuelis nomine;

Ad Ferdinandum Menesium super obitu Petri Patris, epistola con-solatoria;

Ad eundem de ignorantia uitanda;

Ad Aluarum Illustrissimum de Beatricis filiae nuptiis epithalamium,

Eiusdem elegiae tres;

Varia epigrammata;

Ad Mariam Virginam deprecatio.

Tanto o título da compilação como o elenco das obras nela incluídas mostram, logo de entrada, que o compilador António de Castro estava mal informado a respeito da identidade e da obra de Cataldo Parísio Sículo.

Em primeiro lugar, todos os poemas incluídos nessa compilação já tinham sido publicados pelo próprio Cataldo, mais de meio século antes, na colectânea intitulada *Poemata Cataldi*. Em segundo lugar, o humanista siciliano nunca se chamou *Aquila*. O seu nome de família era *Parisius*, em italiano *Parisi*, apelido ainda hoje corrente em Itália.

---

[5] Luís de Matos, "Nótulas sobre o humanista italiano Cataldo Parísio Sículo", *A Cidade de Évora*, 35-36, Évora, 1954, p. 3-13. O autor não entendeu os textos citados na nota 11. Também eles se referem a um livro.

[6] Cito pela edição de Manuel Lopes de Almeida e César Pegado, Coimbra, Atlântida, 1954.

Lê-se em várias cartas de *Ep. I* que Cataldo tencionava publicar uma antologia da sua obra poética com o nome de *Aquila,* título do mais extenso dos poemas que nela queria incluir, como o primeiro e mais significativo. Posteriormente, ao juntar-lhe outros poemas preferiu o título de *Poemata,* abrindo o livro com o primeiro dos quatro *libri* ou cantos de *Aquila: Cataldi Aquilae liber primus ad Emmanuelem philosophantissimum Portugaliae regem; Aethiopiae Maritimae et Indiae dominum.* Desfiz as abreviaturas e actualizei a grafia.

Temos, assim, em tradução portuguesa: *Canto primeiro da Águia de Cataldo, dedicado a Manuel, cultivadíssimo rei de Portugal, senhor da África Marítima e da Índia.*

António de Castro que não conhecia os dois livros das *Epístolas* de Cataldo (neste caso, o I), não sabia da existência de *Aquila* como nome de um poema em quatro cantos, e interpretou o latim acima transcrito como *Livro primeiro de Cataldo Áquila,* etc. e substituiu o título por *De Obitu principis Alphonsi,* dado que o tema central do poema é a morte do príncipe D. Afonso, filho de D. João II, em Santarém, a 13 de Julho de 1491.

E não contente com este disparate, substituiu o apelido de *Parisius,* o apelido real do humanista, pelo fantasioso de *Aquila.*

Durante muito tempo, acreditei que o título do poema representava uma homenagem à cidade de Santarém que domina, como uma águia, a paisagem circundante.

Mas no final do poema, entre os 122 versos suprimidos, encontra-se a águia no texto dos *Poemata,* como termo de comparação da inteligência de D. João II com a dos restantes monarcas. O soberano é uma águia, superior aos sete sábios da Grécia.

Isto é o que em sonho durante a noite vem dizer-lhe um mensageiro divino que o incita a engravidar uma das belas jovens da corte, dado que a rainha D. Leonor é estéril, e a existência de um filho único não garante a sucessão dinástica.

Segundo o mensageiro sobrenatural, a própria rainha D. Leonor, qual outra Sara que ofereceu ao marido uma criada para que ele conseguisse a desejada progénie, será a primeira a apoiar o comportamento do rei, que está a cumprir ordens divinas. Impressionado com a insistência do mensageiro sobrenatural, o soberano expõe ao Conselho de Estado a situação, e os conselheiros exortam-no a obedecer imediatamente ao mandato celestial, antes que qualquer desgraça aconteça no reino.

Toda esta fantasia sobrenatural, assim como o acolhimento afectuoso que a Virgem Maria e Jesus fazem ao menino recém-nascido, enfim, toda a legitimação do adultério de D. João II é suprimida no texto de António de Castro. Quem suprimiu os 122 versos em que este episódio se desenrola?

Penso que, ou por iniciativa do compilador ou por imposição alheia, a supressão destes e de outros versos dos *Poemata*, entre as folhas *e*5-*e*8 tem que ver com a Inquisição.

D. João II é chamado "águia" na folha *e*7, linha 4[7].

Para dar só mais um exemplo, recordemos o epigrama *Ad omnes Reges, de Ioanne Aquila et Gallo pirata* (*Poemata*, fol. *n* 6v°; *Provas*, p. 240) onde *Gallus* é simultaneamente o pirata "francês" e a ave de capoeira que será vencida pela águia.

Deste modo, o título do poema *Aquila* parece aludir também a D. João II, nele designado, como vimos, por *Iouis ales*, "a ave de Júpiter" ou "águia".

Outro cenário sobrenatural encontra-se no *Cataldi Epithalamium ad illustrissimum Aluarum, sapientissimum Hispaniae praesidem* (*Poemata*, fol. *b* 4v°, ss.; *Provas*, p. 209 ss) a propósito do casamento de sua filha D. Beatriz, noiva de D. Jorge, filho de D. João II. Também a Santíssima Virgem e o seu Filho intervêm pessoal e activamente no nascimento e criação da ilustre dama, sobrinha do rei D. Manuel.

A mãe de D. Beatriz, a senhora D. Filipa de Vilhena, filha de D. Rodrigo de Melo, conde de Olivença, teria sido escolhida para mãe do Salvador: Ni Deus a lecta sumpsisset Virgine carnem/ Sola haec angelicum promeruisset que (*"Se Deus não tivesse encarnado na Virgem que escolheu, só esta teria merecido a saudação angélica"*)[8].

Estes e outros versos foram suprimidos, num total de 82. Quem os suprimiu? Creio que a Inquisição ou o medo da Inquisição.

---

[7] *Cf. Poemata Cataldi*, fol. *e*, 7, linha 4. Ver ainda A. Costa Ramalho, "Aquila: sobrenome de Cataldo ou nome de livro?" *Estudos sobre o Século XVI*, p. 39-51.

[8] A. Costa Ramalho, *Para a História do Humanismo em Portugal*, I, p.27-28.

O mais estranho ainda é que os *Poemata,* além desta supressão sofreram outra, e essa no século XVIII.

Os versos transcritos nas *Provas* vão das páginas 57 a 276. E nesta página, em itálico, encontra-se a seguinte e inesperada declaração: *As Obras, que faltão deste Author, prometidas no Elencho pag.56, não se imprimirão por indecentes.*

A verdade é que os poemas suprimidos não são mais "indecentes" do que os impressos por Caetano de Sousa.

Penso que, se existisse realmente um livro impresso em 1559 ou 1569, seria mais natural que o autor das *Provas* remetesse sobre os restantes para esse livro.

Quanto ao facto de Barbosa Machado parecer ter tido conhecimento de um livro impresso, compilado por António de Castro, isso pouco significa.

Barbosa Machado utiliza por vezes informações em segunda mão, apresentando-as como factos verídicos. Posso citar um caso concreto e pouco conhecido, que omito por agora, para não alongar o presente trabalho.

Cataldo não era um herege como pode verificar quem ler a sua prosa e verso. Estou convencido de que era um bom cristão mas, ao mesmo tempo, um espírito independente, amigo de julgar por si.

Numa carta ao humanista Lucio Marineo, siciliano como ele, Cataldo discute com liberdade e bom senso a escolha de uma vocação religiosa, afirmando por exemplo, que um homem com obrigações familiares, que abandonasse mulher e filhos para professar, servia a Deus menos correctamente que na situação de pai de família cumpridor.

Anos mais tarde, afirmações como estas contribuíram para levar Diogo de Teive aos cárceres da Inquisição, em Julho de 1550.

Creio que foi a carta a Lúcio Marineo publicada por este em Espanha[9] que persuadiu o jesuíta Félix G. Olmedo a escrever: "la elegancia de las formas vino después, e vino principalmente de Italia con los llamados humanistas, mezclada alguna vez con excentricidades paganas, como las de Cataldo Parísio, cuyo lenguage ténia a veces resabios de impiedad,..."[10]

---

9 A. Costa Ramalho, «Duas versões de uma carta de Cataldo», *Para a História do Humanismo em Portugal,* II, p.83-94.

10 Cf. Félix G. Olmedo, S.I., *Nebrija en Salamanca.* Madrid, Editora Nacional, 1944, p.24.

Por tudo o que conheço de Cataldo Parísio, considero esta apreciação pessimista um exagero. Pobre Cataldo, que numa carta ao rei D. Manuel, queixando-se de que lhe não eram facultadas as informações de que necessitava para escrever uma crónica dos feitos portugueses em terra e no mar, informava o soberano de que estava escrevendo um poema religioso. Creio que é o *De Diuina Censura et Verbo Humanato,* manuscrito actualmente na Biblioteca Pública de Évora.

As relações do humanista italiano com o alto clero foram cordiais, amistosas mesmo, por exemplo com D. Diogo de Sousa, bispo do Porto e depois arcebispo de Braga, com D. Fernando Coutinho, bispo de Lamego e mais tarde de Silves, com D. João de Noronha, prior de Santa Cruz de Coimbra e bispo eleito de Ceuta. Todavia, com a clerezia miúda, não terão sido tão satisfatórias, porque Cataldo não escondia o seu desprezo pelo mau latim da generalidade dos frades[11].

Voltemos, porém, aos *Poemata Cataldi,* preparados para publicação por António de Castro. Até prova em contrário, isto é, até ao aparecimento de um exemplar autêntico, impresso no século XVI, considero válida a hipótese que acabo de formular, a saber, que nunca foram impressos. Atribuo, pelo menos em parte, a responsabilidade do fracasso à Inquisição.

Digo, em parte, porque pode também ter acontecido que a Infanta D. Maria, a quem o livro é dedicado, não tenha contribuído com o dinheiro necessário para a sua publicação. Bastava para isso, que na sua biblioteca existisse a obra publicada do humanista siciliano. Lendo-a ou mandando-a ler a outrem, coisa que Castro não pôde fazer, não só concluiria que os *Poemata Cataldi* já tinham sido publicados antes, mas também que Cataldo nunca se chamara *Aquila*.

Assim, Caetano de Sousa deve ter utilizado o manuscrito de António de Castro que, publicado no século XVIII, apresenta ocasionalmente lições mais antigas que as do próprio texto impresso no começo do século XVI.

Em qualquer caso, estou convencido de que a Inquisição não foi alheia ao destino da malograda edição de António de Castro.

---

[11] A. Costa Ramalho, *Latim Renascentista em Portugal*, p.40-53.

8. AINDA *AQUILA* EM CATALDO[*]

Entre a documentação publicada nas *Provas da História Genealógica da Casa Real Portuguesa*, tomo VI, ii Parte[1], encontram-se os *Omnia Cataldi Aquilae Siculi quae extant, Opera, per Antonium de Castro, denuo correcta,ac nunc primum in lucem edita.*

António Caetano de Sousa, ao que parece, encontrou o manuscrito em que António de Castro, em meados do século XVI, reunira as poesias de Cataldo Parísio Sículo que descobrira num manuscrito abandonado e em mau estado. Convencido de que nunca tinham sido publicadas, Castro empregou os seus melhores esforços para editá-las num livro que dedicou à Infanta D. Maria, filha do rei D. Manuel.

Infelizmente, foi vítima de uma série de enganos com os quais enganou, duzentos anos mais tarde, o próprio Caetano de Sousa.

Começarei por comentar o título acima, com que esses poemas latinos foram publicados nas *Provas*. Em primeiro lugar, o humanista Cataldo Parísio Sículo (c. 1455-1517) nunca se chamou *Aquila*, mas *Parisius*; depois, o livro preparado por António de Castro não contém as obras todas de Cataldo, mas apenas uma parte da Poesia. Por outro lado, omite os dois livros de *Epístolas* publicados respectivamente em 1500 e cerca de 1513. Isto é, António de Castro, não conhecendo as cartas, e só uma parte dos versos, ignorava quase tudo a respeito do humanista italiano que chegou a Portugal em 1485, para ensinar D. Jorge, o filho bastardo de D. João II

---

[*] Belmiro Fernandes Pereira/ Marta Várzeas (Coord.), *As Artes de Prometeu: Estudos em Homenagem a Ana Paula Quintela*. Faculdade de Letras da Universidade do Porto, 2009, p. 65-70.

[1] A edição utilizada foi a de Manuel Lopes de Almeida e César Pegado,Coimbra,Atlântida,1954.

e D. Ana de Mendonça. Teve o título oficial de *Orator*, isto é orador latino, encarregado da correspondência internacional, em latim, do soberano.

Voltemos, porém, aos versos de Cataldo e ao poema *Aquila*. Durante muitos anos e ainda num artigo recente,[2] acreditei que o poema recebera esse nome em homenagem à cidade de Santarém que aparece como cenário da morte do príncipe D. Afonso, em Julho de 1491. Essa é também a opinião de Mario Cosenza, *Biographical and Bibliographical dictionary of Italian Humanists*, Boston,1962, III, 2606 e segs.

Hoje, porém, estou, convencido de que o título desse longo poema em quatro cantos, tem mais que ver com a figura de D. João II, embora a comparação de Santarém com uma águia sobre a paisagem, alguma coisa possa ter contribuído para o título.

A intenção profunda de *Aquila* era consolar o soberano e sua mulher, a rainha D. Leonor, da morte do filho e também sugerir que D. João II tinha, felizmente, um herdeiro na pessoa de D. Jorge, o seu filho bastardo.

Mas o rei faleceu aos quarenta anos de idade em 25 de Outubro de 1495. A sua morte modificou por completo todo o ambiente que rodeava o humanista.

Durante cerca de quatro anos Cataldo acreditara que o sucessor seria o rapaz, para cuja educação ele fora chamado de Itália, e de quem tinha sido um verdadeiro pai.

Ainda em Novembro de 1494, quando o Dr. Jerónimo Münzer visitou Portugal, Cataldo falou-lhe de D. Jorge em termos tais que o médico alemão se lhe refere no seu *itinerarium*[3] como um jovem instruído e inteligente, bem digno de suceder no trono a seu pai. Mas a situação mudou e foi o irmão da rainha D. Leonor, primo e cunhado de D. João II, o herdeiro escolhido.

Hoje, é crença geral que D. João II não morreu envenenado. Já em fins de 1494 o Dr. Münzer, que era médico e o conheceu pessoalmente, lhe achou mau aspecto. Admite-se que foi o desgosto da morte do único

---

[2] Vide «Uma carta de Cataldo ao Duque de Beja», *Habent sua fata libelli*. Artigo incluído no presente volume e *Estudos sobre o século XVI*, Lisboa, INCM, [2]1983, p.45.

[3] Cf. Basílio de Vasconcelos *"Itinerário" do Dr. Jerónimo Münzer (excertos)*. Coimbra, Imprensa da universidade,1932, p.15.

filho legítimo e a ruína dos seus projectos de futuro para o reino que o consumiram de desgosto.

Pela minha parte, creio que outro desgosto ainda contribuiu para a sua morte prematura: a impossibilidade de o seu filho bastardo lhe suceder.

Cataldo não ignorava que era essa a vontade de D. João II pois foi o italiano quem redigiu em aprimorado latim, cada uma em seu estilo, e não repetidas à maneira de circular, as numerosas cartas de recomendação que o bispo de Ceuta levou consigo para Itália, em 1493, quando foi prestar obediência em nome do rei luso ao novo papa, o espanhol Alexandre VI.

As cartas de que atrás falo, levadas pelo bispo D. Fernando de Almeida, encontram-se no volume I das *Epístolas* de Cataldo. Como de costume em correspondência confidencial, não indicam o assunto, mas em conferência pronunciada na universidade de Aveiro em 10 de Maio de 1990,[4] exprimi a minha convicção de que a incumbência que levava o bispo de Ceuta, que ia residir por tempo indeterminado em Roma, era a de promover a legitimação de D. Jorge, para tornar fácil a sua ascensão ao trono de Portugal.

Tal não foi possível dada a oposição da rainha D. Leonor que impôs ao marido, como atrás se disse, seu irmão Manuel.[5]

A rainha encontrou aliados para os seus planos na própria Cúria Romana. Um deles foi o cardeal de Lisboa, D. Jorge da Costa, que não morria de amores por D. João II, e gozava da confiança do papa. Outro foi o próprio Sumo Pontífice que estava sob a influência dos reis Católicos, neste caso aliados de D. Leonor.

Quanto a Cataldo, não só não foi aclamado rei o seu discípulo, D. Jorge, mas este ainda se mostrou ingrato com o mestre e educador, sacudindo a sua tutela, algo imperiosa.

O humanista procurou então aproximar-se do novo soberano, por intermédio do camareiro-mor D. João Manuel, que era seu amigo e se tornou seu mecenas.

---

[4] Vide A. Costa Ramalho, *Para a história do humanismo em Portugal*, vol. II, p.66.

[5] Damião de Góis, *Crónica do felicíssimo rei D. Manuel*, Coimbra, Por ordem da Universidade, 1949 Parte I, cap. II.

Assim, vemos o rei D. Manuel levar Cataldo no seu séquito em 1498, quando foi a Castela e Aragão para que o seu filho nascituro fosse jurado herdeiro de Castela, Aragão e seus domínios. Infelizmente sua mulher, a rainha Isabel, faleceu de parto, como é sabido.

Uma carta[6] de Cataldo a D. João Manuel, escrita em Saragoça, onde ambos se encontravam, mostra o humanista desvanecido com a afabilidade do rei de Portugal, quando apresentou ao sogro, Fernando o Católico, o mestre italiano, num dia de Junho de 1498.

O novo soberano português não só confirmou Cataldo nas funções de *orator* mas também lhe arranjou novos alunos na sua própria família.

Por carta de Cataldo,[7] ficamos a saber que D. Dinis, irmão mais novo do duque de Bragança, D. Jaime, era seu aluno antes da viagem a Castela. E nesse mesmo ano de 1498, Cataldo iniciou a tarefa de aperfeiçoar o latim dos filhos de D. Fernando de Meneses, 2º Marquês de Vila Real, a saber D. Pedro de Meneses e D. Leonor de Noronha, dois dos seus alunos mais brilhantes.

O ensino de D. Dinis de Bragança introduziu o humanista no círculo desta casa ducal. E Cataldo parece ter ficado fascinado com a figura do mais prestigioso dos Braganças, o Senhor D. Álvaro, irmão do duque sentenciado em 1483 por ter conspirado contra D. João II.

D. Álvaro, depois da morte do duque seu irmão, refugiou-se em Espanha, onde Isabel a Católica, sua prima, e seu marido D. Fernando reconheceram os seus méritos atribuindo-lhe altos cargos.

No livro I das *Epístolas*, Cataldo pretexta que seu primo, o jurisconsulto Francisco Parísio, lhe teria escrito, pedindo informações sobre o seu aluno D. Dinis de Bragança, e noutra carta sobre o tio deste, o Senhor D. Álvaro. Os elogios hiperbólicos que Cataldo faz a D. Álvaro mostram que o humanista fora conquistado pelo acolhimento que recebeu dos dois membros da poderosa família dos Braganças.

---

[6] *Cataldi, Ep. I*, e3-e3vº. Cf. o capítulo V no presente volume.

[7] *Cataldi, Ep. I*, d4vº-d5.

O humanista ensinará ainda um filho do Senhor D. Álvaro, rapaz de nove anos, chamado Jorge, que virá a ter em Espanha uma carreira administrativa, de relevo.[8]

Esta entrada de Cataldo ao serviço da Casa de Bragança terá efeitos decisivos na elaboração do poema *Aquila*.

Em 1500, o rei D. Manuel promoveu o casamento de D. Beatriz, filha do Senhor D. Álvaro, com D. Jorge que nesse mesmo ano elevou a duque de Coimbra.

Cataldo escreveu sobre este matrimónio um epitalâmio que dedicou ao pai da noiva. Neste poema o senhor D. Álvaro e sua família recebem uma atenção mais demorada e mais encomiástica do que o pai do noivo. A glória principal de D. João II passa a de ter sido pai de D. Jorge, cuja inteligência e cultura são exaltadas. O poema deve ter reconciliado o humanista com o seu antigo aluno. As relações entre ambos, aliás, nunca devem ter atingido o ponto de ruptura, pois uma carta do mestre italiano a D. Jorge revela-nos que este, quando não era seu aluno, ainda lhe pedia um comentário escrito sobre as *Epistolas* de Horácio.[9]

Sabe-se que alguns criados da Casa de Bragança, após o seu regresso e restituição por D. Manuel dos bens que aos Braganças tinham sido confiscados por ordem de D. João II, continuavam a atacar o rei falecido. D. Manuel teve de os meter na ordem.[10]

Foi neste ambiente que o poema *Aquila* sofreu certamente uma reelaboração, quando Cataldo se tornou *alumnus* ou "súbdito" da casa de Bragança.

Cataldo diz que a sua publicação fora incentivada por D. João Manuel.[11] O camareiro-mor, um dos poetas mais significativos do *Cancioneiro Geral* de Garcia de Resende, devia gostar de ver a poesia latina, que era então moda nas cortes europeias, também presente na corte de D. Manuel, rei de Portugal.

---

[8] Juan Gil, "Semblanza de Don Jorge de Portugal", *D. João III e o Império. Actas do Congresso Internacional Comemorativo do seu nascimento*. Lisboa, 2004, p. 21-42.

[9] *Cataldi, Ep.1*, b2-b2vº.

[10] Damião de Góis, *op. cit.*, Parte I, cap. XIII, p. 32.

[11] *Cataldi*, Ep.1, a5-a5vº.

O humanista entregava agora aos novos ventos as velas do seu barco, e confessava na *Conquestio* ou "Lamentação" ao seu amigo D. João Manuel:

> Rege sub elapso duo lustra peregimus: et uix
>> integre laetum uidimus ire diem.

> *Sob o falecido rei, completámos dois lustros, e mal*
> *Vimos passar com alegria um dia completo.*

Mas nem sempre terá pensado assim, como documentam os epigramas laudatórios em que o humanista exalta o rei, a rainha e o príncipe herdeiro, D. Afonso.

Onde vai o tempo em que Cataldo chamava ao soberano *Ioannes Aquila*, tão superior aos restantes príncipes do seu tempo como a águia a todas as outras aves?[12]

> Cedite uiuentes Reges, concedite prisci;
>> Cedeque quod maius Regibus orbis habet.
> Et tantum nostro regi cedatis oportet,
>> Quantum Aquilae cunctas cedere fas uolucres

> Cedam os reis vivos, concedam os antigos,
>> Ceda aquilo que o universo encerra, maior do que os reis.
> E convém que ao nosso rei cedais tanto
>> Quanto é justo que cedam à águia as restantes aves.

No canto quarto e último do poema *Aquila*, quando D. João II hesita em obedecer ao ente sobrenatural que o visita durante a noite e lhe aconselha que seduza uma das belas damas da corte e nela faça um filho, porque a rainha é estéril, a misteriosa criatura increpa o Rei, dizendo:

> Vt nomen sic facta tenes Iouis alitis: anne

---

[12] *Provas* (ver nota 1), "Ad omnes Reges de Ioanne Aquila, et Gallo pirata", p.240.

Dicere non capio, nec inhaerent mentibus audes?

Verba tibi nuper nocturnas lata per auras?[13]

Assim como possuis o nome também tens acções da ave de Júpiter.

Ousas tu dizer "não compreendo" e não guardas no pensamento as palavras que, há pouco, te foram trazidas através das brisas nocturnas?

Estou hoje convencido de que o poema *Aquila* foi inicialmente escrito para celebrar os méritos de D. João II, águia entre os seus pares. Mas com a sua morte prematura e a entrada de Cataldo ao serviço dos Braganças, em cujo domicílio virá a falecer[14], tudo muda.

Acaba o projecto de uma colectânea intitulada *Aquila*, do título do poema principal, e este e outros, como *Arcitinge*, *De Perfecto Homine*, *Epithalamium* e alguns mais foram todos impressos sob o título de *Poemata*, pouco depois de 1500.

O grupo das Visiones, *Verus Salomon Martinus* e outros poemas menores foi impresso mais tarde, por altura da Parte II das *Epistolae*, cerca de 1513. Mudam-se os tempos, mudam-se as vontades...

---

[13] Cf. A. Costa Ramalho, *Estudos sobre o século XVI*, p. 49.

[14] Cf. A. Costa Ramalho, "O Touro e a bigorna: Quatro epigramas de Cataldo». Artigo incluído no presente volume.

9.VELASCO DI PORTOGALLO EM CATALDO? ANOTAÇÃO A UM PASSO DA *QUERIMONIA**

Encontram-se em Cataldo Parísio Sículo dois poemas autobiográficos, de grande significado para o conhecimento das vicissitudes do humanista em Portugal, no período seguinte à morte de D. João II, em 25 de Outubro de 1495. São eles *Cataldi Querimonia ad Ioannem Emanuelem qua primum se excusat, quod raro ei scribat*, isto é, "Lamentação a João Manuel na qual começa por desculpar-se de raramente lhe escrever" e *Ipsiusmet Cataldi Responsum, eiusdem Ioannis Emanuelis nomine*, "Resposta do próprio Cataldo em nome do mesmo João Manuel." São duas longas elegias, a primeira de 370 versos e a segunda de 150.

Darei um breve resumo da *Querimonia*:[1] Cataldo desculpa-se de raramente escrever a D. João Manuel; considera-o um dos amigos em cuja protecção mais confia. Graças ao camareiro-mor, a actividade poética do humanista chega ao conhecimento do rei D. Manuel.

Vêm seguidamente as queixas: em dois lustros passados sob o falecido rei D. João II, não recorda um único dia inteiramente feliz.

Álvaro Rodrigues é uma das causas das suas dificuldades presentes, ao negar-lhe o pagamento das diárias. Há ainda outros dois designados por Herodes e Pilatos, certamente funcionários régios que, como Álvaro Rodrigues, lhe não pagavam.

---

* *Revista Portuguesa de Humanidades*, 10 -1/2 (2006) 505-510.

[1] Chamada *Conquestio* nas *Provas da História Genealógica da Casa Real Portuguesa*, tomo VI, II Parte.

No momento em que escreve a D. João Manuel, o almoxarife do rei em Santarém há dois meses que lhe não paga as diárias; há ainda um tal Carrilho que se não porta melhor que os já mencionados. Não parecem funcionários de um rei tão justo como Manuel.

A pobreza é cruel mas, para que não seja pior, convém dissimulá-la.

Escreveu muitas obras para o falecido rei e como recompensa só teve palavras amáveis. Em qualquer outra parte teria sido recompensado com bens materiais.

Todavia, a reputação falsa de que está rodeado de ouro atrai a Portugal gente da Itália e da Sicília e aventureiros que se proclamam familiares de Cataldo, sem nunca o terem conhecido antes. Mas nada levam e acabam por partir mais pobres do que chegaram.

O seu esforço em trazer as Belas Letras a Portugal é muitas vezes incompreendido e o humanista sente o desgosto de ”ver preferido o esterco *(stercus)* à prata e ao ouro” da cultura superior.

Tem sido alvo de perseguições, injustiças e humilhações, como a do porteiro Castanheira que lhe fechou na cara as portas do palácio régio.

O louvor em boca própria fica mal, mas não é mal recordar ao ingrato o favor recebido. É um acto de justiça.

Cataldo, todavia, foi alvo da mais negra ingratidão como recompensa dos esforços feitos para expulsar de Portugal a barbárie gótica, ensinando novos e velhos e saciando a sede de cultura a uma verdadeira multidão.

Isto mesmo fez em Itália, onde entretanto não foi objecto de rixas e contendas. Sobre o prestígio da Itália, cita dois testemunhos eloquentes: o de um tal Petrus Valascus e o de Gonçalo de Azevedo, famoso professor de Direito da Universidade de Lisboa. Ambos Petrus Valascus e Gonsaluus Azeuedus se distinguiram na Pátria das Artes, da Ciência e da Cultura mais adiantadas da Europa, que era então a Itália.

Cataldo todavia ama profundamente Portugal e os portugueses, por quem trocou a sua pátria de nascimento. Pelo rei português, deixou Bolonha, *alma mater* da cultura. Deixou também a Sicília natal, rica em valores materiais e espirituais, nomeadamente em escritores de alto mérito.

Passa depois a ocupar-se veladamente das relações com o seu amigo D. João de Noronha que parece tê-lo esquecido. D. João de Noronha era prior do mosteiro de Santa Cruz de Coimbra e pertencia à família dos marqueses de Vila Real.

Tudo muda nesta vida: até aquele, cuja vontade revolvia o mundo, jaz esquecido, sem ninguém que o defenda. Possível alusão a D. João II.

Inicia depois o elogio altamente adulatório do "divino Manuel", o novo soberano de Portugal. O rei D. Manuel é superior a Alexandre e a César, pois - diz Cataldo - a estes só conhece dos livros e a Manuel conhece--o pessoalmente. D. Manuel é um deus da terra e seria grande erro não o cantar, porque até o seu nome indica que "Deus está connosco."

Veladamente refere-se, a seguir, a D. Jorge, seu discípulo, filho do rei D. João II. No meio de elogios às suas qualidades, alude à ingratidão de D. Jorge para quem o seu mestre foi um segundo pai, que o criou e educou desde a infância. Em Aveiro, defendeu o rapaz dos rigores freiráticos de sua tia D. Joana.

D. Jorge muitas vezes prometeu recompensar o mestre, quando fosse adulto. Mas agora, falecido o pai, tudo parece ter esquecido. Conta diversos episódios que provam como D. Jorge pouca importância liga ao seu antigo mestre.

Cataldo exprime, no seu habitual tom adulatório, a gratidão a D. João Manuel, pela protecção que lhe dispensa. E termina afirmando que, se o camareiro-mor for para ele Mecenas, Cataldo será Horácio para o celebrar.

Acrescento um sumário breve do *Responsum*: como complemento da Lamentação *(Querimonia)*, Cataldo escreveu em nome de D. João Manuel uma Resposta *(Responsum)*, em que desculpa e atenua o azedume da *Querimonia*. Recordando a Cataldo a atitude estóica do sábio versado nas correntes filosóficas da Antiguidade, ao mesmo tempo elogia os méritos de Cataldo, isto é, o humanista auto-elogia-se, prometendo-lhe melhores dias. E termina, aludindo ao final da *Querimonia:* "Não serei para ti Mecenas, nem serei Polião, mas um amigo seguro, ou como teu filho único eu serei."

Tratarei agora de um passo obscuro da *Querimonia:*

> Testis erit, quantum sapientia regnet ibidem
> Petrus, Vallascis anteferendus auis.

Quem non conspectu, cognoram nomine, dum ius

 Pontificum referat doctor in urbe Senis.

Hunc Bulgarinus legum doctissimus auctor

 Laudat, Felsineum dum uenit ad studium.

Paruus et in paruo cumulatus corpore quadrat,

 Gemmaque quo minor est hoc pretiosa magis.

Non adeo paruus, nequeat mediocris haberi,

 Corde giganteo grandior est animus.

Será testemunha, de quanto a sabedoria aí (em Itália) reina, Pedro, superior aos seus avós de apelido Vaz. A este eu não conhecia de vista, mas só de nome, até que, como professor, ele ensina o direito dos Pontífices na cidade de Siena. A este louva Bulgarino, doutíssimo autor de leis, quando vem à Universidade de Bolonha. É pequeno e parece bem no seu pequeno e robusto corpo. Também a pérola quanto menor tanto mais preciosa é. Não é assim tão pequeno, que não possa ser considerado de mediana estatura. E a sua coragem é maior que a de um coração de gigante.

O texto latino aqui publicado é o da *editio princeps*. A versão das *Provas da História Genealógica da Casa Real Portuguesa*, publicada por D. António Caetano de Sousa no século XVIII, apresenta uma variante: *Vallasci* em vez de *Vallascis*. Como já tive ocasião de escrever, o texto das *Provas* é provavelmente mais antigo[2] mas oferece menos confiança que o publicado sob as vistas de Cataldo Parísio, nos primeiros anos do século XVI.

Valascus no latim dos humanistas significa tanto o nome próprio "Vasco" como os apelidos "Vaz" e "Velasco".

Vespasiano da Bisticci (1421-1498), nas suas *Vite di uomini illustri dei Secolo XV,* publicadas pelo cardeal Angelo Mai em Roma (1839), ocupa--se de um Velasco di Portogallo que Vespasiano conheceu pessoalmente.

O Petrus Valascus de Cataldo, ou Pedro Vaz, em português, se ele é o Velasco de Vespasiano, era filho de um homem nobre e rico que gozava da confiança de um rei de Portugal cujo nome não é indicado nas *Vite*.

---

[2] Cf. A. Costa Ramalho, *Para a História do Humanismo em Portugal*, III, p. 58.

Como estudante em Bolonha, segundo ele próprio contou a Bisticci, levava vida folgada, lendo mais os sonetos de Petrarca que as lições de Direito, quando subitamente seu pai foi multado pelo rei de Portugal em 20.000 ducados e forçado a exilar-se.

Então, o estudante português resolveu dedicar-se ao estudo e em breve se tornou um aluno brilhante, e se doutorou com excepcional mérito. Eloquente, hábil argumentador, dotado de voz poderosa, fez sucesso como advogado e enriqueceu. O papa Eugénio IV nomeou-o advogado consistorial.

Mas o feitio arrogante e o mau génio de Valascus mais de uma vez deitaram tudo a perder. Assim, em certa ocasião, discursando na presença do papa e dos cardeais contra um abade, deixou este confundido e per-plexo com a sua argumentação. O abade, vendo-se perdido, insultou-o. E Valascus deu-lhe uma sova tão violenta que o deixou prostrado, perante a indignação do Papa que teria mandado prender o agressor, se não fosse a intervenção de alguns dos cardeais. E como este, outros episódios de grandes êxitos judiciais e cenas de pancadaria, contados por Vespasiano da Bisticci. Segundo a *Vita,* Valascus não regressou a Portugal e faleceu humilde e arrependido num convento de frades.

Os versos de Cataldo referem a pequena estatura do seu Petrus Valascus, atenuada a seguir e compensada com a sua coragem de gigante. Isto pode significar que Cataldo aludia eufemisticamente ao feitio turbulento do português. Aliás, a pequenez de estatura podia ser usada para carac-terizar depreciativamente uma figura pública, como aconteceu quando o humanista italiano Poggio Bracciolini disse de Vasco Fernandes de Lucena que ele era pequeno de corpo mas muito grande de maldade.[3]

Voltando, porém, a Velasco di Portogallo. Cataldo, ao que parece, ouviu falar de Petrus Valascus, professor em Siena, quando Bulgarino visitou Bolonha e elogiou o jurisconsulto português.

Bulgarino, que Cataldo considera uma das glórias de Itália, foi prova-velmente professor do humanista siciliano na Universidade de Ferrara, onde este se doutorou em 21 de Fevereiro de 1484.

---

[3] Cf. Ibidem, p. 33.

No livro 1 das *Epístolas* de Cataldo, há duas cartas para Bulgarino (fols e4; f2) e também referências ao jurista italiano em cartas de Cataldo a Júlio Malvezzi (fol. e3 v.º), ao poeta Gabriel (fol. e4) e a Alexandre Goziadino (fol. e4).

Sobre o Velasco di Portogallo de Vespasiano não há quaisquer referências ao seu regresso a Portugal, mas a *Vita* declara expressamente que ele faleceu em Itália. Também do Pedro Vaz de Cataldo não há quaisquer referências à sua vida em Portugal, ao passo que Gonçalo de Azevedo, a outra testemunha da superioridade de Itália, foi amigo e convivente[4] de Cataldo Parísio Sículo.

Todas estas razões podem não ser suficientes para a identificação do Velasco di Portogallo de Vespasiano da Bisticci com o Petrus Valascus[5] ou Pedro Vaz de Cataldo. Mas parece-me que constituem, pelo menos, uma hipótese aceitável, para ser talvez confirmada ou infirmada por pesquisas a fazer nos arquivos das universidades de Bolonha, Siena e Ferrara.

Agradeço à Prof. Doutora Rita Marnoto ter-me facultado a leitura do texto italiano das *Vite* que eu conhecia na versão inglesa de Myron Gilmore, *Renaissance Princes, Popes & Prelates. The Vaspasiano Memoirs: lives of illustrious men of the XVth century*, Harper Torchbooks, New York, Evanston and London, 1963.

---

[4] Ver A. Costa Ramalho, *Para a História do Humanismo em Portugal*, II, p. 20.

[5] Note-se que *Valascus* aparece com dois -ll - por conveniência métrica nos versos citados.

10. NÓTULA HORACIANA[*]

Há muito se faz sentir a falta de um livro sobre *Horácio em Portugal e no Brasil,* paralelo do que há mais de um século Menéndez y Pelayo intitulou de *Horácio en Espana,* no qual incluiu um capítulo sobre Portugal que ele considerava uma província espanhola, se não politicamente, pelo menos do ponto de vista da História e da Cultura. Trata-se afinal de um produto típico da doutrina da *Hispanidad* de Menéndez y Pelayo que em 1878, quando publicou esse livro, tinha vinte e dois anos de idade.[1]

Hoje sabemos que o Humanismo Renascentista não entrou em Portugal, por via da Espanha, mas directamente de Itália, através de numerosos portugueses[2] que aí estudaram na segunda metade do século XV, e dos italianos que ensinaram em Portugal. Entre estes, o papel primacial cabe, sem qualquer dúvida, a Cataldo Parísio Sículo.

A teoria do protagonismo espanhol no início do Humanismo em Portugal tem uma rival na crença francesa de que foram os professores vindos de França com André de Gouveia, em 1547, alguns dos quais eram portugueses, quem iniciou entre nós a nova corrente cultural. Proclamou-o Arnold Fabrice em 21 de Fevereiro de 1548, discursando em Coimbra, e

---

[*] *Humanismo para o nosso tempo. Estudos de homenagem a Luís de Sousa Rebelo.* Lisboa, Fundação Calouste Gulbenkian, 2004, p. 75-77.

[1] Cf. A. Costa Ramalho, *Para a História do Humanismo em Portugal,* vol. II, p. 193; vol. IV, p. 113-116; 165-170, 277.

[2] Cf. A. Costa Ramalho, *Para a História do Humanismo em Portugal,* vol. III, p. 30; vol. IV, p. 70.

repetiram-no séculos mais tarde estudiosos mal informados. Idêntica glória tinha reivindicado Cataldo para si próprio, mais de sessenta anos antes.

Não conheço prova do estudo de Horácio entre nós, em moldes renascentistas, anterior à presença de Cataldo Parísio.

Dos vários testemunhos que podem ler-se na prosa e no verso do humanista siciliano sobre o ensino de Horácio aos seus discípulos, utilizarei nesta breve nota apenas dois ou três.

Entre as cartas importantes sobre as suas actividades de mestre de Latim de D. Jorge, filho do rei D. João II, considero a que vem na folha bij r.º e v.º de *Epistolae et orationes quaedam Cataldi Siculi,* Lisboa, Valentim Fernandes, 1500, uma das mais notáveis[3].

A carta abre com uma referência ao Venusino, tratado com familiaridade e simpatia por *Venusinus tuus.*

Horácio teria gostado de saber que mil quinhentos e cinco anos depois da sua morte (o poeta faleceu em 8 a.C.) nos confins ocidentais do que fora o Império Romano, seria assim recordado. Aqui estava a confirmação do que ele afirmara na ode XXX do livro III, ao proclamar que o seu nome não morreria na memória dos homens.

Pelo conteúdo, a carta é datável de 1497, dois anos depois do falecimento do pai do seu aluno.

Eis o período inicial: *Vilius argentum est auro, uirtutibus aurum, ait Venusinus tuus,* isto é, «A prata vale menos do que o ouro, o ouro menos do que as virtudes - diz o teu querido Venusino».

Este começo de Cataldo reproduz o verso 52 de *Epistulae* I.1 de Horácio.

A carta de Cataldo termina com uma referência ao encontro de D. Jorge com o Dr. Jerónimo Münzer que em Novembro de 1494 esteve em Portugal e conheceu Cataldo e o seu régio discípulo.

O mestre italiano regozija-se com a excelente impressão que o jovem príncipe deixou no viajante alemão.

A língua usada pelos três, um alemão, um italiano e o seu aluno português foi o latim, e o Dr. Münzer ficou realmente bem impressionado,

---

[3] Pode ser lida em Cataldo Parísio Sículo, *Epistolae et Orationes.* Edição fac-similada. Fol. b ij-ijv.º.

como revela a descrição do encontro no seu *Itinerarium*[4]. Aí lembra o médico alemão os autores que D. Jorge conhecia, entre eles, Horácio.

Note-se que D. Jorge já foi apresentado como símbolo da nobreza ignorante por um escritor nosso contemporâneo[5].

Num epigrama escrito depois de 1490, ano do falecimento da Infanta D. Joana, que em Aveiro educara o sobrinho D. Jorge, com a colaboração de Cataldo, este descreve a D. João II certas termas onde foi curar o seu reumatismo. A descrição é realista e o italiano relata a promiscuidade em que homens, mulheres e crianças de todas as idades viviam na mais completa falta de comodidade e de higiene, e a fauna de turistas que enxameava o local: aventureiros, vigaristas e prostitutas[6].

Cataldo lembra a D. João II que, na sua ausência, vigie os estudos do filho:

> Filius interea non praetermittat Horati
> Quotidie centum carmina construere

> *Que teu filho, entretanto, não deixe de preparar todos os dias cem versos de Horácio.*

Costumo traduzir *carmina* neste dístico por «versos», mas *carmen* é a palavra latina que corresponde ao grego *ode*. E não considero impossível que Cataldo esteja a recomendar o estudo das «cem odes de Horácio». Acontece, de facto, que as odes de Horácio são cento e três, repartidas desigualmente por quatro livros.

Podemos imaginar que Cataldo explicava ao aluno as odes de Horácio, como tarefa para preencher vários meses de latim. O discípulo estudá-las-ia diariamente, uma por uma.

---

[4] Cf. A. C. R., *Estudos sobre a Época do Renascimento,* p. 64, III (n. 20 e 21).

[5] Cf. A. C. R., *Camões no seu tempo e no nosso,* p. 63 ss.

[6] *Cataldi Poemata,* o vij; D. António Caetano de Sousa, *Provas da História Genealógica da Casa Real Portuguesa,* VI, ii, p. 245 (da edição de Coimbra, Atlântida, 1954).

Todos os que as leram no original, sabem que não é um exercício fácil nem para latinistas principiantes, mas Cataldo era exigente com os seus discípulos, mesmo com os melhores, como sabemos pela sua correspondência e versos. E D. Jorge estudava latim desde os cinco anos de idade.

Em todo o caso, no Portugal latinófobo de nossos dias, o estudo das odes de Horácio, com o pouco que sabem de latim os estudantes actuais, era tarefa para os quatro anos da licenciatura em Estudos Clássicos. E talvez poucos se desempenhassem dela satisfatoriamente.

A importância conferida ao texto literário e à sua leitura e interpretação era um dado adquirido da experiência dos humanistas no ensino do latim. Cataldo defende este contacto directo com os bons autores, de preferência à memorização das regras dos gramáticos, numa carta a Fernando de Alcáçova[7] e numa epístola-manifesto ao 2.º marquês de Vila Real, D. Fernando de Meneses[8], na qual recomenda o convívio com os bons modelos, como Cícero, Vergílio, Horácio e Ovídio.

Esta primeira apologia em Portugal do latim humanístico do Renascimento é datável dos fins de 1499, começo de 1500[9].

---

[7] *Cataldi Epistolae,* I, Evj.

[8] Cf. A. C. R., *Latim Renascentista em Portugal*, p. 40-53.

[9] Com efeito, em Novembro de 1499, por morte de seu pai D. Pedro de Meneses, 1.º Marquês de Vila Real, seu filho D. Fernando herdou o título do pai. Por outro lado, *Epistolae I,* foi concluído em 21 de Fevereiro de 1500.

11. UM EXEMPLAR MEMORÁVEL DE CATALDO[*]

Chamo "memorável" ao exemplar de *Epistolae et Orationes Quaedam Cataldi Siculi,* Lisboa, Valentim Fernandes, 1500, existente na biblioteca Municipal do Porto, porque foi utilizado por quatro personagens historicamente identificáveis. São elas Juán Fernandez, Hilário Moreira, Alexandre Herculano e Manuel Bernardes Branco.

Os dois primeiros fizeram uso deste incunábulo em Coimbra, no século XVI, no Mosteiro de Santa Cruz, em cuja biblioteca ele se encontrava. Foi daí que Alexandre Herculano o levou para a Biblioteca do Porto, depois da extinção das ordens religiosas, após a vitória dos liberais na guerra civil.

Antes de 1537, ano da transferência da Universidade para Coimbra, funcionavam no Mosteiro de Santa Cruz cursos de Humanidades, de nível universitário. Foi aí que em 1537, o flamengo Clenardo assistiu a uma exibição de Grego, encenada para o impressionar, pelo helenista Vicente Fabrício e seus alunos.

Vicente Fabrício era alemão e não tem qualquer parentesco com o francês Arnaldo Fabrício que em 21 de Fevereiro de 1548 pronunciou a oração solene de abertura do Colégio das Artes, em Coimbra.

No discurso *De Celebritate Academiae Conimbricensis,* pronunciado na Universidade de Coimbra, em 17 de Julho de 1548, Juan Fernandez fala do 3.º marquês de Vila Real, D. Pedro de Meneses, ao saudar o Reitor em exercício, D. André de Noronha, filho de D. João de Noronha, irmão de D. Pedro de Meneses. Na casa de Vila Real, o primogénito usava o apelido de Meneses e seus irmãos, o de Noronha.

---

[*] *Humanitas* LIV (2002): 283-287.

Mestre João Fernandes recorda que o Marquês D. Pedro de Meneses, tio do Reitor, "o acalentara e ajudara a ele, um estrangeiro, de modo a criar-lhe possibilidade de se dedicar aos seus trabalhos literários, não menos do que outrora Mecenas aos seus amigos Horácio e Vergílio".[1]

O 3.º Marquês de Vila Real falecera cinco anos antes e estas palavras revelam um contacto pessoal entre o aristocrata e o humanista.

A comparação com Mecenas, todavia, tem um sentido mais profundo neste contexto. O Marquês não é apenas um benfeitor, mas uma figura da alta nobreza (lembremos o *Maecenas, atauis edite regibus* de Horácio) e um homem altamente cultivado, como o amigo de Augusto. Isto supõe o conhecimento de *Cataldi Epistolae I* que existia na biblioteca do Mosteiro de Santa Cruz, onde o sevilhano João Fernandes ensinava.

II. *A oração de sapiência de Hilário Moreira* (1552)

Uma leitura que em tempos fizera da *oratio* de 1552, pronunciada por Hilário Moreira, deixou-me a impressão de que ele fora influenciado pelo conhecimento da oração de Bolonha de Cataldo Parísio Sículo. Recomendei, por isso, ao Prof. Albino de Almeida Matos uma leitura atenta da *Oratio habita Bononiae publice a Cataldo in omnium scientiarum et in ipsius Bononiae laudes*, publicada no já referido livro primeiro das *Epistolae* em 1500. No seu livro *Oração de Sapiência de Hilário Moreira*, Coimbra, Centro de Estudos Clássicos e Humanísticos (INIC), 1990, que é baseado na sua tese de licenciatura, o Doutor Albino de Matos confirmou essa minha sugestão (cf. p. 103, n. 68).

A sua opinião pode colher-se de palavras como as seguintes: "Terá Hilário Moreira seguido de perto outros modelos que não os parisienses? Quanto ao elogio de Coimbra, não oferece dúvidas que lho inspirou a oração de sapiência de Cataldo Parísio Sículo, proferida na Universidade de Bolonha em 1500. Há ali também o elogio de Bolonha. E a coisa não

---

[1] Jorge Alves Osório, *M.ᵉ João Fernandes: A Oração sobre a Fama da Universidade (1548)*, Coimbra, I.E.C., 1967, p. 136.

ficou só por aqui. Como se verá mais adiante, Cataldo forneceu ao nosso autor abundância de material, particularmente no que diz respeito à retórica e ao direito." (p. 17)

Convém corrigir um mal-entendido que se introduziu no texto acabado de citar e que aparece mais de uma vez neste livro do Doutor Albino de Matos: a *oratio* de Cataldo não foi proferida em Bolonha em 1500, pois o humanista estava em Portugal, desde 1485; foi proferida de facto, em Bolonha, antes deste ano, mas impressa em Lisboa, em 1500.

O autor volta a mencionar a presença de Cataldo no discurso de Hilário Moreira, ainda nas páginas 18, 20, 36, 60, 97, 98 (*bis*), 101, 103 (*ter*), 106. Cito do "índice Onomástico".

Quanto ao exemplar utilizado, não há dúvida de que foi o de Santa Cruz, pois Hilário Moreira, quer tivesse sido o cónego regrante D. Hilário, sugerido por Albino de Matos no seu livro, quer não, frequentou certamente Santa Cruz e a sua biblioteca até se doutorar em Teologia em 1558. Por outro lado, a liberdade com que usa o texto de Cataldo mostra que o livro do humanista italiano era já então raro.

III. *Alexandre Herculano e Bernardes Branco*

No vol. I, fascículo 4, p. 165 de O *Panorama*, publicado a 27 de Maio de 1837, uma nota histórica não assinada, mas com o cunho inconfundível de Alexandre Herculano, trata de uma edição raríssima das obras de Cataldo Parísio Sículo de que existia um exemplar na Biblioteca do Porto. Referia-se em particular a certa carta do humanista a um judeu, seu compatriota, na qual intentava convertê-lo ao Cristianismo[2].

Trinta anos mais tarde, na mesma revista *O Panorama,* de 1867 (Vol. XVII, 2º da 5ª Série), o latinista Manuel Bernardes Branco atribui a menção inicial de Cataldo ao "Sr. A. Herculano" e informa que o exemplar

---

[2] A. Costa Ramalho, *Para a História do Humanismo em Portugal,* IV, p. 59-64.

de *Epistolae et Orationes quaedam Cataldi Siculi* (1500) viera da biblioteca do Mosteiro de Santa Cruz de Coimbra para a Biblioteca do Porto.

E tenta uma tradução da carta *Cataldus prospero et rabi drepanitano (...)* mas comete vários erros, logo a começar pelo título.

Em Cataldo os antropónimos são grafados geralmente com inicial minúscula, a não ser que comecem o período. O próprio Criador é designado com minúscula *"ds = deus"*. Ignorando esta prática, Bernardes Branco tomou *prospero* por um adjectivo e traduziu "Cataldo ao venturoso rabi napolitano", título que contrasta abissalmente com o conteúdo da carta, por tal forma que seria mais exacto chamar desgraçado ao pobre rabi do que venturoso.

Mas Próspero é um nome próprio, pertencente a um médico judeu da corte, que se tornou Henrique, depois de baptizado como cristão. Com efeito, no poema I das *Visiones,* publicadas cerca de 1513, escreve o humanista:

> Hic etiam Prosper, natiuo nomine Prosper,
>
> Nunc posito Henrici nomine fidus adest
>
> Iampridem Siculis qui cum discederet oris
>
> Venit in hos noster compatriota lares.
>
> (*Visionum liber I*)

Também aqui está fielmente Próspero, de seu nome originário chamado Próspero, e agora com o nome de baptismo de Henrique. Vindo há muito das costas sicilianas, este nosso compatriota, aqui se radicou.

Mestre Henrique está presente como amigo e como médico, juntamente com Mestre Rodrigo, e ambos tratam Cataldo, gravemente enfermo em sonhos.

Vim a identificar Próspero com Mestre Henrique da "Farsa dos Físicos" de Gil Vicente.

A circunstância de Próspero ser médico permitiu-me reconstituir o título da carta, acrescentando o que parece faltar, entre parênteses rectos: *"Cataldus prospero [medico] et rabi drepanitano ad ueritatem conuersionem [suadens S.]* ou, em tradução portuguesa, "Cataldo a Próspero, médico e rabi natural de Trapani, persuadindo-lhe a conversão à verdade, saudações".

Publiquei a tradução desta carta em *Latim Renascentista em Portugal*, Lisboa, FCG/JNICT, [2]1993, p. 30-39.

Tratei de Próspero, "médico e rabi drepanitano", com maior desenvolvimento, nos capítulos "Cataldo Sículo em Portugal" e "Mestre Anrique da 'Farsa dos Físicos' de Gil Vicente" de *Estudos sobre o século XVI*, Lisboa, INCM, [2]1983.

Fique, assim, lembrado este exemplar das *Epistolae et Orationes quaedam Cataldi Siculi* (Lisboa, 1500) que, com objectivos diferentes, quatro figuras da vida cultural portuguesa, duas do século XVI, João Fernandes e Hilário Moreira, e duas do século XIX, Alexandre Herculano e Manuel Bernardes Branco, leram e aproveitaram.

12. CATALDO E A DEFESA DA EUROPA[*]

Quando o humanista Cataldo Parísio Sículo chegou a Portugal, em 1485, trazia consigo um poema para oferecer ao rei D. João II, quer em homenagem a quem o convidara, quer como documento dos seus méritos de poeta latino.

Cataldo fora contratado por D. João II para desempenhar as funções de secretário latino do soberano português, com o título oficial de *orator* mas sobretudo para mestre e educador de D. Jorge, o filho de D. João II e de D. Ana de Mendonça.

Não que em Portugal não houvesse mestres competentes, algum dos quais, antigo estudante de Itália, poderia ser escolhido para ensinar o pequeno príncipe nascido em 1481. O soberano, todavia, deve ter querido eximir o seu filho bastardo a influências interesseiras e ao mundo de intrigas da corte, escolhendo para seu professor um humanista estrangeiro.

O intermediário na contratação de Cataldo Parísio foi o clérigo Fernando Coutinho, mais tarde bispo de Lamego e, posteriormente, de Silves, que então estudava, em Itália. Coutinho deve ter conhecido Cataldo por intermédio de Antonio Corsetti, professor da universidade de Bolonha e siciliano como o próprio Cataldo.

Corsetti e Cataldo tinham sido outrora rivais na candidatura a um posto de reitor- -estudante nessa mesma universidade. Corsetti vencera e seguira a carreira académica na universidade bolonhesa, em cuja Faculdade de Direito pontificava um outro siciliano, o famoso Andreas Barbazza, a quem Corsetti veio a suceder.[1]

---

[*] Nair de Nazaré Castro Soares e Santiago López Moreda (Coord.), *Génese e Consolidação da Ideia de Europa*. Vol. IV *Idade Média e Renascimento*. Coimbra – Cáceres, Imprensa da Universidade, 2009: 55-60.

[1] Ver A. Costa Ramalho, *Estudos sobre a Época do Renascimento*, p. 48.

Voltemos, porém, ao presente que Cataldo preparara para oferecer ao rei de Portugal. Tratava-se do poema *Arcitinge*, em hexâmetros dactílicos latinos.

O título *Arcitinge* é uma palavra composta, criada por Cataldo, para juntar o nome de duas cidades do Norte de África, *Arcilla* e *Tingis*, isto é, Arzila e Tânger.

O tema é a conquista das duas cidades em 1471 por D. Afonso V e seu filho D. João que na altura tinha apenas dezasseis anos de idade. É sabido que só a custo D. Afonso V consentiu na presença do príncipe herdeiro, por considerar a aventura africana demasiado arriscada.

Cataldo, ao escrever o poema pretendia homenagear os dois soberanos, pai e filho, apesar de D. Afonso V ser já falecido em 1485.

A *Arcitinge* não é um seco poema latino, em versos mais ou menos frios; tem vida e colorido.

Não pretendo dar dele aqui um resumo, por já o ter feito em outras ocasiões. Direi apenas que o poeta participa vivamente das emoções dos combatentes lusitanos. O poema pode ser lido em tradução portuguesa em *Latim Renascentista em Portugal* (1ª edição, 1985; 2ª edição,1993).

Para Cataldo, as guerras de Itália, motivadas por ambições pessoais, fora de toda a grandeza política ou religiosa, são apenas questiúnculas menores. As verdadeiras lutas de interesse para a Cristandade travam-se em África, e nelas o rei de Portugal D. João II está mais empenhado que qualquer outro soberano da Europa.

Cataldo fora certamente informado sobre as coisas portuguesas por Fernando Coutinho e, como atrás disse, deve ter trazido o poema quase redigido por completo e apenas aperfeiçoou pormenores depois de residir em Portugal.

A simpatia pelo assunto, a guerra contra os Mouros de Africa, é evidente no humanista recém-chegado. Do que ele pensava da barbárie africana e do Mouro inimigo do europeu, pode ler-se nos versos 86 e seguintes:

> *Effera nimirum gens est ac nescia cuiquam*
> *Parere imperio, nullis conterrita factis (...)*

> *É uma gente verdadeiramente selvagem que não sabe submeter-se a poder algum, e a quem nada aterroriza ( )*

O resto da diatribe pode ler-se no texto latino e respectiva tradução, do verso 87 em diante, no meu livro *Latim Renascentista em Portugal*.

Cataldo pediu repetidas vezes, aos soberanos e a nobres do seu conhecimento, informações sobre os acontecimentos de África e da Índia, ao que parece sem grande resultado, ou melhor, o humanista queixa-se de que nunca recebeu ao menos um relatório do que se passava na África e na Ásia. Um desses relatórios é pedido numa carta que envia a Aires Teles[2] para que seguramente a faça chegar às mãos do rei D. Manuel.

Quanto ao Norte de África, era mais fácil colher informações, pois as grandes famílias com quem estava em contacto e cujos filhos ensinava tinham quase todas membros seus a combater em sol africano: a Casa de Bragança onde ensinava D. Dinis, irmão mais novo do duque D. Jaime; a Casa de Vila Real onde era professor de D. Pedro de Meneses, conde de Alcoutim e de sua irmã D. Leonor de Noronha; a Casa de Tarouca a que pertencia D. Henrique de Meneses, filho do conde D. João; e outros como Martim der Sousa, comandante em África a quem escreveu uma carta memorável.

Com efeito, essa epístola desmente a visão tradicional das épocas de D. João II e D. Manuel como tempos medievos de rudes barões guerreiros e incultos. Cataldo pede a este seu amigo informações a respeito da campanha militar em que está envolvido, para a não esquecer nas crónicas que vem escrevendo sobre a actividade militar dos portugueses nos diversos pontos do mundo. E aproveita a oportunidade para felicitar Martim de Sousa por ter mandado vir de Sevilha um professor, a fim de ensinar latim aos rapazes no intervalo dos combates. Esse professor podia muito bem ter sido Estevão Cavaleiro[3] então homiziado de Portugal.

No discurso de saudação à princesa Isabel, filha dos reis Católicos, na sua entrada solene em Évora como mulher do príncipe herdeiro D. Afonso, no domingo 28 de novembro de 1490, Cataldo elogiando o rei de Portugal afirma que, sob o mando de D. João II, os portugueses já conhecem o

---

² Cf. Cataldo Parísio Sículo, *Epístolas, II parte*, p.115.

³ Ver A. Costa Ramalho, *Para a História do Humanismo em Portugal*, I, p.7-13.

caminho marítimo para a Índia. Mas esta é uma informação decerto encomendada pelo rei de Portugal "para Castelhano ouvir", isto é, dirigida aos membros da comitiva espanhola da princesa.

E afinal, decerto por falta das informações pedidas, Cataldo só fala de um navegador português, Miguel Corte-Real. E esse mesmo aparece nos versos do humanista, não como navegador, mas como guerreiro de África. Com efeito, na esquadra em que em 1501, sob o comando do conde de Tarouca, D. João de Meneses, socorreu os Venezianos contra os Turcos, ia uma flotilha encarregada da missão secreta de, no caminho, atacar de surpresa o forte que defendia Orão e apoderar-se da cidade. O ataque foi mal sucedido, e só não se tornou um desastre porque Miguel Corte-Real, com alguns companheiros, cobriu a retirada dos atacantes. Cataldo celebra o feito que é desconhecido dos historiadores num poema em que considera Miguel Corte-Real digno dos versos de Homero.

Nesse poema, que tive a honra de revelar há anos[4], Cataldo elogia as qualidades pessoais de Miguel Corte-Real, que no seu alto cargo de porteiro-mor do palácio da Alcáçova, desempenha as complexas funções que lhe incumbem com segura competência, apesar de não ter feito em devido tempo estudos literários.

Talvez em resposta a esta reserva final de Cataldo, há uma carta no volume II das *Epistolae*[5] em que Vasqu'Eanes, o irmão mais velho de Miguel, é elogiado pelo seu excelente latim que Cataldo admirou numa carta dele recebida.

Voltando porém ao tema principal do presente artigo, é o momento de perguntar por que razão o humanista siciliano dá preferência à matéria africana sobre a das descobertas marítimas.

Uma primeira resposta será a de que no caso das descobertas lhe foram negadas as informações que ele pedia. Outra, e a meu ver a principal razão, certamente a de que Cataldo vivia o problema da presença africana nas costas da sua Sicília natal.

Há uma carta do humanista para D. João Manuel, camareiro-mor do rei D. Manuel, em que Cataldo insta com o fidalgo português para que

---

[4] Ver A. Costa Ramalho, *Estudos sobre o século XVI*, p.77-94.

[5] *Vd.* o livro citado na nota 2, pág. 37.

consiga que o seu rei fale ao sogro urgentemente num assunto que o soberano português prometera resolver com Fernando, o Católico.

Num artigo[6] dedicado a este caso, cheguei à conclusão de que se tratava de conseguir que Fernando o Católico ordenasse ao Vice-rei da Sicília, seu subordinado, que tomasse medidas drásticas para impedir os ataques constantes de piratas africanos aos campos e à própria cidade de Sciacca, na costa Sudoeste da Sicília.

Por informações de outras cartas de Cataldo, chega-se à conclusão de que Sciacca era provavelmente a sua terra natal. Isto é, ao referir-se em diversas cartas aos ataques dos Mouros às costas Sicilianas, Cataldo sabia do que estava a tratar. Há mesmo uma epístola de D. João II pela qual somos informados de que o rei de Portugal interviera na libertação de um patrício de Cataldo, junto do rei de Tunis (*Ep. I*, h).[7]

Este grave problema da actividade naval e bélica de turcos e mouros no mar Mediterrâneo interessava a toda a Europa e em especial à Península Ibérica, pois temia-se uma nova invasão islâmica nas duas extremidades do continente europeu, como as de sete séculos antes. Por isso, na conquista de Granada combateram portugueses como D. Francisco de Almeida, futuro Vice-rei da Índia, e Álvaro de Bragança, personagem de relevo na poderosa casa ducal.

D. Francisco de Almeida não se encontra na prosa ou nos versos de Cataldo, mas seu irmão, D. Diogo, Cavaleiro de Rodes e futuro Prior do Crato, que foi também aio de D. Jorge, o educando de Cataldo, aí figura com preeminência. Com efeito, o seu heróico *curriculum vitae*, iniciado na guerra de África aos dezasseis anos de idade, foi composto em Latim por Cataldo e incluído no seu epistolário (*Ep 1*, c4v°-c5v°).

D. Diogo de Almeida travou ainda numerosos combates navais no Mediterrâneo Oriental em defesa de Rodes, enquanto outros navios portugueses ajudavam à conquista de Granada, impedindo a passagem de socorros, por via-marítima, aos mouros cercados.

---

[6] Cf. Cataldo Parísio Sículo, *Epístolas, I parte*, carta 80.

[7] A. Costa Ramalho, «Uma carta de Cataldo ao camareiro-mor D. João Manuel», *A Antiguidade Clássica e nós: herança e identidade cultural*, Braga, 2006, p. 287-292. incluído neste livro.

Assim, prosa e verso de Cataldo reflectem os graves problemas da defesa da Europa no último quartel do século IV e nas duas décadas iniciais do século seguinte.

Em 1991 Luís de Matos publicou o seu importante livro, *L'Expansion Portugaise Dans la Littérature Latine de la Renaissance* (Lisboa, Fundação C. Gulbenkian). A obra apresenta-se como edição da sua tese de "doctorat d'État" na Sorbonne em 1959. Isto permite ao autor não citar bibliografia publicada entre 1959 e 1991. Justificando este procedimento, o prefaciador J. V. Pina Martins escreveu: "É verdade que, acerca de Cataldo Sículo, Américo da Costa Ramalho editou algumas contribuições valiosas, mas que se situam, de maneira geral, numa área da filologia humanística e não historiográfica" (página XXVII).

Isto não é exacto. Nos meus livros *Estudos sobre a Época do Renascimento* (1969, 2ª edição, 1997); *Estudos Camonianos* (1975; 2ª edição 1980); *Estudos sobre o Século XVI* (1980, edição aumentada,1983); *Latim Renascentista em Portugal* (1985; 2ª edição 1993); *Para a história do Humanismo em Portugal*, vol. 1 (1988), todos publicados em 1ª edição antes de 1991, há referências à expansão ultramarina dos portugueses não apenas em Cataldo mas também noutros humanistas.

E o mesmo acontece em artigos dispersos como "No nono centenário da universidade de Bolonha: Cataldo e Bolonha" (1988); "Cataldo e D. João II" (1988); "O conimbricense Mem de Sá, terceiro governador-geral do brasil" (1989) e em alguns mais, encontram-se igualmente referências a África, Ásia e Brasil.

Um artigo merece nota especial. Intitula-se "Cataldo e a expansão portuguesa" e foi publicado no meu livro *Para a História do Humanismo em Portugal*, vol. III, (1998); mas no Prólogo explico: "foi entregue, há anos, aos editores de uma Miscelânea que não foi publicada". Afinal a miscelânea foi publicada nesse mesmo ano em Paris, e é o volume XXXVII dos *Arquivos do Centro Cultural Calouste Gulbenkian*, em honra da Prof. Doutora Maria de Lourdes Belchior. Aí se encontram numerosas referências a Cataldo e ao Ultramar, publicadas antes de 1991. Na verdade, o artigo fora enviado para outra Miscelânea em honra de Maria de Lourdes Belchior, antes do seu falecimento, a qual não tendo saído na altura própria, o material então reunido passou para a Miscelânea de 1998. Mas o artigo em questão fora escrito anos antes.

13. CATALDO E O DUCADO DE COIMBRA[*]

A carta de que vou ocupar-me neste artigo encontra-se em *Ep.* I, fol. B3 r.º-v.º e é dirigida ao Senhor D. Álvaro, irmão de D. Fernando, duque de Bragança, executado em 1483.

A carta é posterior a 26 de Novembro de 1500, dia em que D. Jorge, duque de Coimbra desde Maio desse ano, casou com D. Beatriz, filha de D. Álvaro. Este é o *terminus a quo*. O *terminus ad quem* é o de 25 de Setembro de 1503, em que D. Álvaro faleceu em Espanha.

O título da carta é *Cataldus illustrissimo Aluaro Lusitaniae praesidi. Saltutem*.

O qualificativo de *praeses* refere-se provavelmente às funções de "Regedor das Justiças" que D. Álvaro desempenhou antes da condenação de seu irmão mais velho, o duque de Bragança. Quando do seu exílio em Espanha, foi muito apreciado pelos Reis Católicos, especialmente pela rainha Isabel, sua prima, que o nomeou "presidente de Castela", com funções judiciais idênticas às que desempenhava em Portugal. Na verdade, tanto em Portugal como em Espanha, D. Álvaro foi provavelmente a figura mais prestigiosa da Casa de Bragança no seu tempo.

A carta de Cataldo exalta D. Álvaro nos termos mais encomiásticos, tal como fizera no *Epithalamium,* quando sua filha se casou com D. Jorge, o filho bastardo de D. João II, que o rei D. Manuel fizera duque de Coimbra, como em testamento lhe recomendara o seu antecessor.

---

[*] *Humanitas* 58 (2006) 303-308.

Sobre o tratamento que nesse poema o humanista deu a D. Filipa, filha de D. Rodrigo de Melo, conde de Olivença, e mulher do Senhor D. Álvaro, ver. A. Costa Ramalho, *Para a História do Humanismo em Portugal* I, pág. 27 ss.

Seguidamente, Cataldo ocupa-se de dois filhos do destinatário da carta, o pequeno D. Jorge, de nove anos de idade que nos poucos meses em que Cataldo o ensinou fez mais progressos do que no triénio anterior, e extasia-se perante as qualidades extraordinárias do *puer senex* ou *puer Cato*. E o futuro não desmentiu os vaticínios do mestre italiano: D. Jorge veio a ter uma brilhante carreira pública em Espanha, onde fez fortuna, foi casado com uma filha do almirante das índias, Cristóvão Colombo, e recebeu o título de conde de Guelves.[1]

Quanto ao irmão mais velho, D. Rodrigo de nome, como o avô materno, Cataldo é menos entusiasta: o adolescente parece mais interessado em cavalos e caçadas, do que nas Humanidades. Veio a ser o primeiro conde de Tentúgal e hoje é conhecido principalmente pela parte que teve na conspiração contra Damião de Góis, ao acusar o cronista de não ter respeitado os pergaminhos da Casa de Bragança na *Crónica do Felicíssimo Rei D. Manuel.*

Finalmente, vem a parte sibilina da carta em que o autor alude a prejuízos de que estava sendo vítima o seu antigo aluno D. Jorge. Foi para o ensinar que seu pai, o rei D. João II, fez vir Cataldo de Itália.

Nesta parte, o humanista parece actuar sobretudo como jurista, pois era *doctor in utroque iure,* "doutor nos dois direitos" pela Universidade de Ferrara.

Que se passava com o ducado de Coimbra?

A parte final da carta tem que ver com as relações entre D. Jorge e a cidade de que era senhor, embora Cataldo se não refira a ela explicitamente.

A urbe do Mondego foi, pela primeira vez, cidade ducal depois de 1415, quando D. João I atribuiu o senhorio de Coimbra ao Infante D. Pedro, com o título de duque.

Após a morte do Infante em Alfarrobeira, em 1449, a cidade voltou ao património real de onde nunca mais devia sair, por determinação de D. Afonso V.

---

[1] Ver Juan Gil, "Semblanza de Don Jorge de Portugal", *D. João III e o Império*. Actas do Congresso Internacional comemorativo do seu nascimento. Lisboa 2004, p.21-42.

Mas D. João II decidiu de outra maneira em testamento e o seu sucessor respeitou a sua decisão.

A cidade, porém, após breve hesitação inicial, manifestou claramente o seu desejo de continuar a pertencer ao património real, e as relações com D. Jorge tornaram-se tensas.

O rei D. Manuel, longe de se indignar com a atitude da cidade, sentiu-se lisonjeado com a preferência que esta lhe deu.

Segundo D. Fr. Nicolau de Santa Maria, *Crónica dos cónegos regrantes de Santo Agostinho,* cuja descrição é transcrita pelo Dr. José Pinto Loureiro,[2] D. Manuel veio a Coimbra expressamente para felicitar e recompensar os dois cabeças do motim, o vereador Diogo Arrais de Mendonça e o alfaiate Pedro Anes.

Pinto Loureiro, tem dúvidas sobre a veracidade deste episódio.

Pergunto a mim mesmo se a visita não terá ocorrido em Outubro de 1502, quando D. Manuel fez uma viagem a Santiago de Compostela, parando no caminho em terras como Coimbra, Aveiro e Montemor-o-Velho, pertencentes ao ducado de Coimbra. Acompanharam-no, segundo Damião de Góis,[3]

> "o bispo, da Guarda, dom Pedro, que era também prior de sancta Cruz de Coimbra, & dom Diogo lobo barão Daluito, D. Martinho Castel branco, dom Nuno Emanuel seu guarda mor, dom António de Noronha seu scriuão da puridade & dom Fernando, segundo Marquês de Vila Real,...".

Note-se a ausência do duque de Coimbra, entre os acompanhantes do rei. Pode aliás ter havido qualquer motivo que ignoramos, de saúde ou outro, para essa ausência.

Mencionámos atrás a Vila de Aveiro como incluída no ducado de Coimbra. Todavia por circunstâncias que Braamcamp Freire[4] descreve com algum pormenor, só em 1520 o duque de Coimbra tomou posse efectiva

---

[2] Cf. José Pinto Loureiro, *Coimbra no Passado,* II, Coimbra, Câmara Municipal, 1964, p.174.

[3] Cf. Damião de Góis, *Crónica do felicíssimo rei D. Manuel,* I, Coimbra, Por ordem da Universidade, 1949, p.158.

[4] Anselmo Braamcamp Freire, *Brasões da Sala de Sintra,* III, Lisboa, INCM, 1973, p. 316.

de Aveiro. Nesse ano o rei D. Manuel fez Marquês de Torres Novas o primogénito do duque de Coimbra, D. Jorge.

Esse mesmo João de Lancastre será elevado a 1º duque de Aveiro em 1535, já no reinado de D. João III.

Esta concessão do ducado de Aveiro a D. João de Lancastre, ainda em vida de seu pai, constituía uma indicação de que o filho do duque de Coimbra não seria herdeiro deste ducado.

E dois anos depois, em 1537, quando D. João III transfere a Universidade Portuguesa de Lisboa para Coimbra, ninguém parece ter-se preocupado com o facto de que, nominalmente, o senhorio da cidade do Mondego pertencia ao duque D. Jorge. Este, segundo documentos dispersos mencionados por Pinto Loureiro,[5] terá continuado a receber as rendas do seu ducado, por intermédio dos funcionários da sua Casa. Mas depois da sua morte em 1550 não mais se falou em ducado de Coimbra,[6] que só veio a ser restabelecido num filho de D. Maria II, no século XIX.

Voltemos porém ao final da carta de Cataldo ao Senhor D. Álvaro que, segundo creio, está relacionado com a recusa da cidade em querer sair do património real.

« (...) Esperávamos, com extraordinário desejo, uma carta muito eficaz desses teus Césares para este nosso, a favor da conservação da honra e do poder do duque, teu genro. Mas tu, ou não consideraste a carta necessária, ou não quiseste ocupar aqueles príncipes com este assunto, ou não quiseste consegui-la com alguma boa astúcia.

Sempre estive persuadido (toma nota do que digo) de que, se o mundo voltasse de novo ao caos antigo, tu, sozinho com a tua prudência, havias de reger e governar todas as coisas muito favoravelmente,

---

[5] Vd. nota 2.

[6] A recusa de Coimbra aceitar o ducado de D. Jorge não foi caso único no reinado de D. Manuel. Também D. Diogo da Silva de Meneses, feito conde de Portalegre, pelo mesmo rei em 5 de Fevereiro de 1498, teve a oposição desta vila que acabou por continuar na posse do rei, embora D. Diogo tivesse conservado o título de "conde de Portalegre e a alcaidaria do Castelo." (Cf. Humberto Baquero Moreno, "A Conspiração contra D. João II: o Julgamento do Duque de Bragança", *Arquivos do Centro Cultural português*, II, Fundação Calouste Gulbenkian, Paris, 1970, p.73).

sem prejuízo de ninguém e sem ninguém ser maltratado por quem quer que fosse.

Manuel, nosso senhor, é muito benigno, muito clemente e muito santo, e nunca pratica qualquer injustiça: é um segundo deus na terra. Como tal, em todas as nossas obras sempre o cantei, o celebrei, o exaltei. E, sendo deus na terra, pode, a exemplo de Deus, pelos pedidos assíduos de muitas pessoas, inclinar-se com humanidade para uma das partes, como agora se inclinou.

Se uma carta daí tivesse vindo para o rei, nem o duque, nem a filha, nem a esposa, nem, enfim, toda a tua casa estaria em aflição. Creio até que o pequenino, teu neto, soltou um gemido no berço. Não só teria levado socorro a todos eles, mas também aos que estão para vir da tua descendência. E, principalmente, terias cumprido com a tua honra. Até as próprias pedras falam deste assunto, se espantam, se doem.

Na ocasião mais própria e na circunstância mais grave, em que tu esperavas ser útil, especialmente sem qualquer trabalho, eu, um vermezinho da terra, encontrei-me com o rei que estava a almoçar e que me ouviu com semblante seguramente muito sereno, no palácio completamente cheio de magnates. E, na minha mediania, com razões aduzidas de onde melhor eu pude, tanto antigas como novas, ora brando ora quase áspero, pareceu-me que o comovi a ponto que, se eu tivesse tido um outro ajudante, mesmo fraco, facilmente teríamos sido bem sucedidos.

Tu, que não só és, de facto, o mais sábio de todos, mas também assim és considerado pela geral voz pública, sabes muito melhor o que hás-de fazer do que pode aconselhá-lo a multidão inteira de jurisconsultos. E de ti só, eu tomaria conselho com muito mais gosto do que daqueles muito famosos Sete Sábios da Grécia, se eles fossem vivos. Mas ainda que fiques aborrecido comigo, eu ousaria dizer o seguinte: demasiada, demasiada compreensão, nem sempre é útil; demasiada, demasiada condescendência, prestada aos reis e senhores, prejudica algumas vezes os que os servem e os senhores até muito mais. Não é verdade que o Nosso Redentor, que foi a perfeita compreensão em pessoa, se irritou algumas vezes e se queixou das injustiças a Ele feitas?

Mas seja aqui o fim. Eu não gostaria de te atordoar, a ti que és um senhor muito justo e muito ocupado por numerosos cuidados, enquanto eu, ao escrever-te, descarrego a minha preocupação.

Que o supremo Pai das coisas favoreça a tua posição, fama, vida, de dia para dia, segundo os teus méritos, e mais os engrandeça. Adeus.»

Os Césares de D. Álvaro a que se refere Cataldo são os Reis Católicos, Fernando e Isabel, junto de quem D. Álvaro gozava de grande prestígio. O "nosso César" é o rei D. Manuel de Portugal, genro dos Reis católicos.

Vê-se por estas palavras que Cataldo incitava o Senhor D. Álvaro a utilizar a influência dos reis de Castela sobre o nosso rei, neste caso, que é certamente o da rebeldia de Coimbra contra o projecto de transformação da cidade em ducado e da sua passagem ao senhorio de D. Jorge, genro do Senhor D. Álvaro.

Ainda uma observação quanto à data desta carta. Na parte inicial da carta, não transcrita aqui[7], o humanista refere-se ao *Epitalâmio* do casamento do duque D. Jorge com D. Beatriz, filha do Senhor D. Álvaro, como composto um ano atrás. Se o *Epitalâmio* foi escrito na altura do casamento, ocorrido em 1500, a presente carta é de 1501.

---

[7] Pode ver-se a presente carta completa em *Cataldo Parísio Sículo Epístolas, II parte*, p.133-139.

14. SOCIEDADE, CULTURA E ESTILO EPISTOLAR EM CATALDO[*]

A correspondência de Cataldo está contida em dois livros, ambos publicados em Lisboa. O primeiro é datado, pois o cólofon indica o dia da conclusão da impressão como sendo 21 de Fevereiro de 1500 e o impressor Valentim Fernandes da Morávia. O segundo não apresenta nome do impressor nem data de impressão.

Começámos a tradução pelo segundo[1], não só por ser mais homogéneo, mas também por, na sua quase totalidade, as epístolas nele inseridas serem endereçadas a portugueses. Pelo conteúdo das cartas mais tardias, nenhuma delas datada, pode considerar-se a sua impressão como ocorrida por volta de 1513. Podemos, assim, admitir que o segundo volume de epístolas do humanista é constituído por cartas escritas no reinado de D. Manuel.

Da família real, além de D. Manuel, são mencionadas a rainha D. Maria, sua segunda mulher, e a rainha velha, D. Leonor, sua irmã, viúva de D. João II.

O soberano recebe cinco cartas.

O primeiro discípulo de Cataldo, D. Jorge, o filho bastardo de D. João II, com a morte de seu pai em 1495, libertou-se progressivamente da tutela do mestre.

Talvez por isso, o rei D. Manuel, a cujo serviço Cataldo fica, arranjou-lhe alunos na sua família próxima, isto é, na Casa de Bragança.

---

[*] *Gramática e Humanismo. Actas do Colóquio de Homenagem a Amadeu Torres.* II volume. Braga, 2005, p. 157-163

[1] Cataldo Parísio Sículo, *Epístolas, II Parte.* Cit.

Assim, o livro II das *Epístolas* abre com uma carta a D. Dinis de Bragança, que se refere a acontecimentos ocorridos, quando da viagem do rei a Castela em 1498, por altura do primeiro parto da princesa Isabel, sua mulher. O casal régio foi ter o filho a Castela, para que este fosse jurado herdeiro das coroas de Castela e Portugal. Mas a jovem rainha morreu de parto e o recém-nascido príncipe Miguel poucos meses lhe sobreviveu.

Portanto, em 1498, D. Dinis, irmão mais novo do duque de Bragança, D. Jaime, estudava latim como aluno de Cataldo. D. Dinis foi sobrinho do rei D. Manuel, pois sua mãe era irmã do soberano.

Assim, foi Cataldo introduzido na Casa de Bragança que aparece frequentemente não só nas suas cartas mas também nos seus versos de poeta áulico.

O humanista fora chamado a Portugal para educar D. Jorge, o filho bastardo de D. João II. Quando, depois da morte de seu pai, D. Jorge casa com D. Beatriz, filha do Senhor D. Álvaro, membro influente dos Braganças, Cataldo era professor de um outro Jorge, então com nove anos de idade, filho de D. Álvaro.

Este senhor D. Álvaro era irmão do duque de Bragança, D. Fernando, executado em 1483, dois anos antes da chegada de Cataldo, por conspirar contra o rei D. João II. Como irmão do duque, o Senhor D. Álvaro era tio do duque D. Jaime e de seu irmão Dinis, de quem atrás falámos.

O Senhor D. Álvaro casara com D. Filipa, filha do conde de Olivença, D. Rodrigo de Melo, e foi pai, como já dissemos de D. Beatriz, mulher de D. Jorge.

Dos filhos do Senhor D. Álvaro que se encontram na correspondência de Cataldo, além de D. Beatriz casada com o seu discípulo D. Jorge, feito duque de Coimbra por D. Manuel no ano do seu casamento em 1500, há uma outra filha de D. Álvaro, chamada Filipa, como a mãe, que casará com D. Alfonso Sottomayor, conde de Benalcácer e sobrinho do rei Fernando o Católico.

Dois rapazes, filhos de D. Álvaro, aparecem também na correspondência de Cataldo, um, chamado D. Rodrigo, como o avô, virá a ser conde de Tentúgal, muito cioso dos pergaminhos da Casa de Bragança. Foi ele que atacou Damião de Góis, acusando-o de não prestigiar os Braganças na sua *Crónica do felicíssimo Rei D. Manuel*. Cataldo fala dele como de um jovem estouvado e pouco estudioso[2].

O outro é D. Jorge, ainda criança, muito aplicado ao estudo, uma daquelas figuras do *puer senex* que Cataldo não se cansa de elogiar. E por acaso acertou com o futuro do rapaz, coisa que nem sempre lhe aconteceu. Este D. Jorge veio a fazer uma brilhante carreira administrativa em Espanha, onde foi nomeado conde de Gelves[3].

Nesta carreira castelhana imitou o pai D. Álvaro que, depois da morte de seu irmão, o duque D. Fernando, se exilou no país vizinho, onde Isabel a Católica, sua prima, o fez presidente de Castela, um cargo equivalente, penso eu, ao de Regedor das Justiças que antes desempenhara em Portugal.

Também por ordem do rei D. Manuel, Cataldo foi professor dos Meneses e Noronhas da Casa de Vila Real. Nesta família da alta nobreza, então a quarta de Portugal, depois da família real, da Casa de Bragança, e do duque de Coimbra, D. Jorge, Cataldo ensinou o herdeiro, D. Pedro de Meneses, nascido em Ceuta, em 1487, quando seu pai, D. Fernando de Meneses governava aquela cidade-fortaleza.

O humanista veio aperfeiçoar o latim de D. Pedro, quando este tinha onze anos, mas o pequeno já estudava latim desde os quatro ou cinco anos de idade.

Um ano depois de Cataldo ter começado a ensiná-lo, D. Pedro de Meneses fez uma exibição dos seus conhecimentos, explicando em latim passos de alguns autores romanos perante o Senado Universitário do Estudo Geral de Lisboa. Sabedor do êxito de D. Pedro, o rei D. Manuel fez repetir o acontecimento diante da sua régia pessoa, na presença da Corte.

E cinco anos mais tarde, em 18 de Outubro de 1504, D. Pedro de Meneses, então já conde de Alcoutim, pronunciou a oração de sapiência na abertura solene da Universidade[4].

---

[2] Mas numa carta da *Parte I* dirigida *ao jurisconsulto Francisco Parísio, seu primo*, o humanista faz um elogio, sem reservas, deste mesmo Rodrigo, talvez para não desdourar o encómio de seu pai D. Álvaro e família, que é feito nessa carta. *(Ep.* I, d 5v.º d6).

[3] Ver Juan Gil, "Semblanza de Don Jorge de Portugal", *D. João III e o Império. Actas do Congresso Internacional comemorativo do seu nascimento*. Lisboa, 2004, p. 21-42.

[4] A oração intitula-se *Oratio habita a Petro Menesio comite Alcotini coram Emanuele S. rege in scholis ulyxbone*. E foi publicada com o título *D. Pedro de Meneses, Oração proferida no Estudo Geral de Lisboa*. Tradução de Miguel Pinto de Meneses. Introdução de

Tanto no caso da exibição de latinidade como no da oração de sapiência, a sugestão para estes eventos culturais deve ter partido de Cataldo, pois eram correntes em Itália as manifestações no género da primeira e as orações de sapiência verificavam-se não só em Itália mas também na França, Espanha e em outros países europeus.

Em versos de um poema de Cataldo, a *Visão III* afirma-se expressamente que o conde falou na abertura solene da universidade por ordem do rei D. Manuel.

D. Pedro de Meneses, *2°* conde de Alcoutim e futuro 3.° marquês de Vila Real, tinha então 17 anos. Cinco anos mais tarde, o jurista Salvador Fernandes, ao discursar em latim na entrada solene em Vila Real, de D. Fernando, 2° marquês, pai de D. Pedro de Meneses, proclamava que em casa do Senhor de Vila Real o português era língua muda e o latim a língua viva.

Os marqueses de Vila Real, D. Fernando de Meneses e sua mulher D. Maria Freire, senhora de Alcoutim, eram gente culta. E assim não admira que ao lado de D. Pedro de Meneses, sua irmã, D. Leonor de Noronha fosse aluna de Cataldo, tanto ou mais brilhante que o irmão, como pode ler-se na correspondência do humanista.

Quer D. Leonor quer sua mãe eram *Sibyllae,* nome que Cataldo dava às mulheres da corte que sabiam latim. D. Leonor deu provas práticas da sua latinidade, ao traduzir as *Enneades,* espécie de História Universal em latim, de Marco Antonio Cocci Sabellico para português, livro publicado em Coimbra, em 1550.

Ainda na família de Vila Real são mencionados outros membros: D. Diogo de Noronha, D. João de Noronha, não o prior de Santa Cruz de Coimbra e bispo eleito de Ceuta, que aparece na Parte I, mas um seu sobrinho; D. António de Noronha[5], avô daquele jovem do mesmo nome, morto em combate em Ceuta que teria sido discípulo de Luís de Camões.

A. Moreira de Sá. Lisboa, 1964 (na realidade, 1965). Na Introdução, o Prof. Moreira de Sá atribui erradamente a oração a um teólogo homónimo de D. Pedro de Meneses, omitindo para o efeito, a tradução de *comite alcotini* do título.

[5] Sobre D. António de Noronha, conde de Linhares, ver A. Costa Ramalho, *Para a História do Humanismo em Portugal*, IV, p. 53 e seguintes.

Além destes Noronhas, há outros da geração seguinte que não menciono para não alongar a presente comunicação.

Mais nobres referidos na segunda parte das *Epístolas* são D. João de Meneses conde de Tarouca, que Cataldo considerava um herói digno de Homero, e seu filho D. Henrique de Meneses, provavelmente aluno do humanista.

A Vasq'Eanes de Corte-Real, Cataldo dirige uma carta em que o felicita pela surpreendente qualidade do seu latim. Vasqu'Eanes era o irmão mais velho dos Corte-Reais[6], protagonista do conhecido poema «Noite» da *Mensagem* de Fernando Pessoa, aquele de quem o poeta escreveu:

«Então o terceiro a El-Rei rogou

Licença de os buscar, e El-Rei negou.»

Dos intelectuais lembremos Aires Teles, Manuel Teles e o reitor da Universidade de Salamanca; D. João Manuel, o camareiro-mor; João Rodrigues de Sá de Meneses, alcaide-mor do Porto e genro de D. Martinho Castelo Branco, conde de Vila Nova de Portimão; Mestre Rodrigo de Lucena e outros; os juristas, como os Doutores Diogo Pacheco, Lopo da Fonseca, Francisco Barradas e Vasco Fernandes de Lucena, este último na primeira parte das Epístolas; os Alcáçovas e Carneiros, altos funcionários da administração régia. E muitos outros que seria longo enumerar, mas cujas relações pessoais com Cataldo são variadas e por vezes dramáticas.

Ocupar-me-ei agora brevemente de um aspecto típico do Renascimento nas cartas da 2ª parte do *Epistolaria* de Cataldo. Trata-se do uso do paradigma greco-latino para exaltar os méritos daqueles a quem o humanista elogia.

Na tradição ciceroniana, o encómio de uma personagem envolve sempre a superlativação das suas qualidades, e superlativos não faltam em Cataldo. Mas no presente trabalho interessa-me salientar um aspecto histórico da exaltação dos destinatários da correspondência do siciliano.

---

[6] Ver «Cataldo e os Corte-Reais» em A. Costa Ramalho, *Estudos sobre o século XVI*, p. 77 e seguintes.

Assim, o 2.º Marquês de Vila Real, D. Fernando de Meneses, pai do seu aluno D. Pedro, conde de Alcoutim, é saudado na Carta 15, desta maneira extravagante: «Tu, nestes nossos dias, distingues-te como verdadeiramente romano, tu, como verdadeiramente socrático, tu, Platão, tu, Aristóteles, tu, Gaio César, tu, o famoso Alexandre».

E mais adiante, a recordação de Sócrates aparece de novo, quando o humanista escreve: «Em ti se observa o mesmo rosto, a mesma alma, como do seu marido costumava dizer Xantipa».

Numa outra carta, a nº 27, declarando-se comovido até às lágrimas pelo interesse que o Marquês dedica à educação de seu filho Pedro, o humanista exalta as virtudes de D. Fernando de Meneses, com um paradigma:

Embora sejas digno, pelos teus grandes méritos, de que a ti sirva a turba toda de filósofos, de oradores e de poetas, de melhor vontade que a Filipe, rei da Macedónia, na educação de Alexandre, bastava, todavia, a afeição e o respeito do conde para comigo, para me forçarem a ser dedicado e inteiramente servo não só dele próprio, mas também dos seus súbditos.

O 2º Marquês de Vila Real, D. Fernando de Meneses, era de facto alguém que Cataldo admirava e respeitava, apesar de o exagero dos seus encómios poder despertar em nós suspeitas de insinceridade. Com efeito, é a D. Fernando de Meneses que Cataldo dirige a epístola da parte I em que defende o latim humanístico contra os ataques dos que só conheciam o latim-latão da maioria dos frades. Incluí essa carta no meu livro *Latim Renascentista em Portugal* onde pode ser consultada.

Na Carta nº 18, dirigida à Marquesa de Vila Real, Cataldo defende-se de ter criticado a actuação do Conde durante a oração de sapiência que pronunciou na Universidade de Lisboa, a 18 de Outubro de 1504. Todavia na Carta 23, dirigida ao próprio conde D. Pedro, Cataldo escreveu:

O Mestre Martinho, não menos filósofo que teólogo, não sendo ainda bispo, afirmou-me por estas palavras: «Juro por Deus (creio eu) que, depois de Túlio, não houve alguém tão jovem e tão nobre que discursasse tão bem como o conde de Alcoutim discursou.

Seguidamente, Cataldo corrige a afirmação de Mestre Martinho, professor da Universidade de Lisboa, acrescentando o encómio com a supressão da reserva «(Creio eu)». Desta maneira, o conde é um novo Túlio, isto é, Marco Túlio Cícero. Note-se que nos versos da *Visão III*, como atrás disse, Cataldo elogia sem reservas a actuação universitária do jovem conde.

O comentário de Mestre Martinho a Cataldo mostra que o elogio exagerado e o uso do paradigma greco-latino eram correntes na vida social da época.

Uma das cartas mais interessantes é a nº 64 da *Parte II*, dirigida ao conde de Alcoutim quando Cataldo lhe enviou para Vila Real o poema *Verus Salomon Martinus*[7], escrito em louvor de D. Martinho Castelo Branco, conde de Vila Nova de Portimão, título geralmente abreviado para Vila Nova. A carta elogia D. Martinho, casado com D. Mécia de Noronha, ainda parente do conde de Alcoutim.

D. Martinho andava pelos cinquenta e cinco anos, então uma idade considerada provecta, ao passo que o conde de Alcoutim não teria mais de vinte e cinco.

Esta epístola 64 é um documento extraordinário sobre a vida social de um magnate como D. Martinho Castelo Branco, conde de Vila Nova, administrador hábil, militar, diplomata e homem de acção.

A carta cobre de elogios a mulher e os filhos de D. Martinho, dos quais Cataldo escreve:*..., todos eles elegantíssimos e muito bem educados, por forma tal que pode chamar-se às filhas verdadeiramente Ninfas e aos filhos Belerofontes.*

Sobre a vida social do conde de Vila Nova, Cataldo escreve mais adiante:

Que mais dizer? Apolo em pessoa com Calíope e a restante companhia das Musas costumam, de vez em quando, vir a esta casa muito agradável e luxuosa, e nela almoçar, jantar e repousar. Entendo por Apolo o rei Manuel e por Calíope a rainha Maria.

---

[7] Cf. *Cataldo Parísio Sículo. Martinho, Verdadeiro Salomão.* Cit.

O aparato mitológico é usado para engrandecer a figura de D. Martinho Castelo Branco.

Ainda nesta carta, uma campanha militar em África, na qual o insucesso esteve à beira de aniquilar boa parte da nobreza de Portugal, é referida em termos de paradigma. Trata-se do cerco da fortaleza da Graciosa[8], não longe da costa Atlântica que, cercada pelo rei de Fez se viu obrigada a render-se aos mouros. D. Martinho Castelo Branco conduziu-se com tal sangue frio, coragem e diplomacia que conseguiu abandonar a fortaleza com todas as honras e regressar com os seus homens a Portugal.

Cataldo conclui: *E se este feito tivesse sido praticado no tempo dos Romanos, sobre ele teriam os escritores composto uma longa história.*

Note-se como neste episódio factual a mitologia está ausente e o paralelo histórico com Roma valoriza o comportamento do conde de Vila Nova.

É ainda nesta carta que se encontra um juízo de Cataldo sobre João Rodrigues de Sá de Meneses, genro de D. Martinho, juízo sóbrio, directo, simples, sem extravagâncias de paradigma. É conhecido porque foi transcrito em parte no artigo de Barbosa Machado sobre João Rodrigues de Sá na *Biblioteca Lusitana*.

Apesar de não ignorado, vale a pena citá-lo aqui:

> *... João Rodrigues de quem eu não sei dizer em que mais se distingue, se na bela aparência física ou se no talento, boas maneiras e óptimos costumes, se na eloquência suave e na experiência dos negócios. Ele que, jovem ainda, por inclinação natural e por interesse próprio, de tal modo brilhou, que facilmente e em breve superou quantos mestres teve. E não se contenta com as riquezas paternas e dos antepassados, como é usual em quase todos os nobres nos tempos que correm, mas dedica-se às letras com tal persistência, quer lendo, quer interrogando os mais conhecedores, como se por elas tivesse de ganhar a vida.*

Outra grande figura da época, admirada por Cataldo, foi D. João de Meneses, conde de Tarouca, mais tarde, depois de enviuvar, prior do Crato.

---

[8] Segundo Rui de Pina, *Chronica D'ElRei D. João II*, capitulo 38, a salvação dos Portugueses deveu-se principalmente à actuação diplomática e militar de D. João II.

Nas *Epístolas, II Parte* é mencionado com grande simpatia em duas cartas, 2 9 e 39, a seu filho D. Henrique de Meneses, a quem na carta 29 Cataldo escreve:

> *Este é, em verdade, o famoso Camilo; este, em verdade, é Cipião.*
>
> *Não duvido: se João de Meneses, teu pai, tivesse vivido nos tempos antigos, dele os autores teriam publicado livros famosos; ou se os poetas e os oradores florescessem entre nós, eles teriam achado a mais excelente e a maior oportunidade para escrever.*

Na carta 39, Cataldo diz a D. Henrique de Meneses:

> *Aquilo que recentemente escreveste a teu amantíssimo pai, pareceu- -me inteiramente saído, não de um adolescente, mas de um ancião, seguramente não ocioso e sim muito diligente e muito douto. É que, na gravidade dos assuntos, tem o sabor da doutrina de Platão e, no ornato das palavras, da doutrina de Demóstenes.*

Aqui a atenção ao paradigma torna-se necessária. Como se atreveu o humanista a comparar um adolescente contemporâneo com Platão e Demóstenes?

Creio que a explicação pode ser a seguinte: D. Henrique de Meneses, filho do conde de Tarouca, era aluno de Cataldo. O rapaz deve ter sido incitado pelo mestre a fazer um elogio de seu pai, acabado de chegar de uma expedição naval de socorro aos Venezianos[9] contra os Turcos, em 1501. O êxito da expedição no Mediterrâneo é celebrado nesta carta.

O sucesso paterno, recordado pelo filho em latim, foi certamente composto com a ajuda do mestre que era muito cioso da sua reputação literária, de forma que, os elogios feitos ao discípulo recaem, afinal, sobre si próprio. E daí, a comparação com Platão e Demóstenes.

Enfim, pode concluir-se que o paradigma no Epistolado de Cataldo não é apenas um recurso ornamental, mas tem, ocasionalmente, intenções mais subtis que nem sempre estamos em condições de descobrir.

---

[9] Ver Damião de Góis, *Crónica do felicíssimo Rei D. Manuel*, Parte I, Cap. LI, p. 120 e seguintes.

15. CATALDO NA BODLEIANA[*]

No capítulo intitulado "Um exemplar raro de Cataldo" do meu livro *Para a História do Humanismo em Portugal II*, escrevi na p. 95 o seguinte: "Pelo meu conhecimento pessoal creio ser a Bodleian Library em Oxford que possui o maior número de obras de Cataldo, isto é, tudo quanto dele se imprimiu em Lisboa, em 1500 e anos seguintes. É conhecida a proveniência desses livros: pertenceram à biblioteca do bispo do Algarve, D. Fernão Martins Mascarenhas, que antes fora reitor da Universidade de Coimbra e inquisidor-mor. Os livros do bispo Mascarenhas foram roubados pelo Earl of Essex, quando em 1596 saqueou a cidade de Faro. Essex ofereceu-os posteriormente a Sir Thomas Bodley. Deste modo fazem parte do acervo inicial da Bodleian Library e os seus títulos encontram-se no *Registrum Benefactorum* de 1600[1].

Por uma carta do Prof. Thomas Earle, de Outubro de 2006, fiquei a saber que entre as obras de Cataldo em Oxford não figuram os *Poemata*, mas encontram-se os dois livros de *Epistolae* e os cinco livros das *Visiones*. Segundo a informação do meu prezado colega oxoniense, que muito agradeço, as obras de Cataldo foram encadernadas em Oxford na Bodleiana com as de Lúcio Marineo Sículo, um siciliano como Cataldo, com quem, aliás, teve relações epistolares. Delas me ocupei no capítulo "Duas versões de uma carta de Cataldo", incluído igualmente em *Para a História do Humanismo em Portugal, II*, p. 83-90. Este livro foi editado

---

[*] *Humanitas* 59 (2007) 405-442.

[1] K.M. P., «A Grand Inquisitor and his library», *The Bodleian Quarterly Record*, III, nº 34, Oxford, July 24,1922, p. 234-244.

pela Fundação Calouste Gulbenkian e pela Junta Nacional de Investigação Científica e Tecnológica em 1994.

Os *Poemata* foram na sua maior parte reimpressos, com um comentário do humanista António de Castro numa edição de 1509, data errada proposta por Barbosa Machado na *Biblioteca Lusitana*. Mas este livro até hoje ninguém o viu e a primeira edição dele, se existiu, foi reproduzida por António Caetano de Sousa, no século XVIII, nas *Provas da História Genealógica da Casa Real Portuguesa*, de que há uma reimpressão moderna de Manuel Lopes de Almeida e César Pegado, Coimbra, Livraria Atlântida, 1954. As poesias de Cataldo encontram-se no tomo VI, II parte, p. 56-276.

Deve notar-se que a edição de Caetano de Sousa não contém todas as poesias dos *Poemata* e que o texto impresso pela Livraria Atlântida apresenta numerosas "gralhas" que tornam mais difícil o entendimento do texto.

Sobre os poemas impressos por Caetano de Sousa, ver A. Costa Ramalho, "A 2ª edição dos *Poemata* de Cataldo e a Inquisição", *Inquisição Portuguesa. Tempo, Razão e Circunstância,* coordenado por Luís Filipe Barreto *et alii,* Lisboa – São Paulo, Prefácio Editora, 2007, p. 357-362, incluído no cap. VII do presente livro.

16. OS ESTUDOS DE CAMÕES*

Dos vários assuntos que podia abordar nesta lição inaugural, relacionados com a cultura greco-latina, em que me formei e conquistei graus académicos, e com o mundo cultural do século XVI, em que têm decorrido as minhas pesquisas de investigador, pareceu-me que era neste último domínio que devia situar-se a lição de hoje. Celebramos em 1980 os quatrocentos anos da morte do maior poeta de língua portuguesa, falecido em Lisboa, em 10 de Junho de 1580.

Aos que andam menos informados das razões por que a efeméride se encontra fixada com tanta precisão, lembrarei que numa *ementa* ou registo abreviado, existente no Arquivo Nacional da Torre do Tombo, e com data de 13 de Novembro de 1582, se manda pagar à mãe de Luís de Camões, uma quantia devida ao filho, «do primeiro de Janeiro do anno de LXXX ate dez de Junho delle em que faleceo».

Oxalá estivéssemos informados com igual segurança de outros factos da existência do poeta!

Mas se as vicissitudes do homem, numa «vida em pedaços pelo mundo repartida», como ele mesmo escreveu, nos escapam, e nos não permitem a segurança necessária para fazer uma biografia crítica, há aspectos do seu mundo espiritual que podemos colher dos versos e das cartas, com relativa segurança.

---

* "Os Estudos de Camões". Oração de Sapiência na Abertura Solene das aulas da Universidade de Coimbra em 24 de Outubro de 1980. *Separata do Anuário da Universidade de Coimbra*, Serviço de Documentação e Publicações, Universidade de Coimbra, 1980-1981.

Uma questão prévia a levantar, entretanto, é a de saber se um poeta deve ser julgado pela sua cultura.

Que há no poeta – e refiro-me em especial àquele capaz de marcar uma época–, que há no poeta de diferente dos outros artistas da palavra? É pela cultura que ele se distingue dos restantes escritores?

Não, necessariamente. Acima da cultura está aquele *quid* inexplicável, inexprimível, – usarei um latinismo –, inefável *(ineffabile)* da poesia, que os antigos qualificavam de divino e que prende e arrasta sentidos e pensamento, sem que se saiba muito bem porquê.

Os latinos diziam *poeta nascitur, orator fit:* «o poeta nasce, o orador faz-se». Este «faz-se» significa por extensão, «torna-se, devém». Entretanto, será talvez mais conforme com a realidade dizer que o poeta nasce e se faz.

Mas a poesia, seja ela qual for, reflecte sempre uma cultura, ainda quando não possa chamar-se-lhe culta e ela se proclame até avessa à cultura, o que não é o caso presente.

Em Camões, esta verdade óbvia verifica-se em toda a sua obra, na lírica tanto como na épica ou na dramática. É a cultura do seu tempo e do seu meio que espontaneamente se nos revela, mesmo quando o poeta parece não ter esse propósito. Mas há também a voluntária expressão de um saber complexo, na sequência de uma tradição que vinha de longe e nele se mantém viva. Assim procedendo, Camões não faz mais do que continuar os alexandrinistas romanos, os *poetae docti,* poetas doutos do final da República e do começo do Império e subsequentes, de Catulo e Lucrécio a Virgílio, Horácio, Ovídio e os épicos tardios da Literatura Latina.

Para esses poetas, o verso era um meio de transmissão, em ritmo e harmonia sonora e interior, do saber do seu tempo, numa época da história em que ainda era possível ao homem cultivado abranger o conjunto da tradição literária, da reflexão desinteressada e dos conhecimentos úteis, então disponíveis. Era isso que aos olhos dos contemporâneos fazia do poeta *humanissimus* um homem civilizado, noção que virá a tornar-se, no tempo de Camões, uma das componentes do conceito de *humanista.*

Falando do *Parnaso,* a colectânea dos versos que roubaram ao poeta, escreveu Diogo do Couto, no capítulo 28, da *Década* VIII:

«Em Moçambique achámos aquele Príncipe dos Poetas do seu tempo, meu matalote e amigo Luís de Camões (...) e aquele Inverno que esteve em Moçambique acabou e aperfeiçoou as suas *Lusíadas* para as imprimir, e foi escrevendo muito em um livro que ia fazendo, que se intitulava *Parnasso de Luiz de Camões*, livro de muita erudição, doutrina e filosofia, o qual lhe furtaram e nunca pude saber no Reino dele, por muito que o inquiri, e foi furto notável; (...)».

E há outros testemunhos coincidentes, alguns inéditos, do século XVII. Portanto, aos olhos dos contemporâneos, era Camões um homem de grande cultura.

A investigação moderna confirma essa opinião, pela leitura das suas obras. E neste capítulo alguns dos mais entusiastas são os estrangeiros que escreveram sobre Camões.

O alemão Wilhelm Storck, traduzido para português pela sua compatriota Doutora Carolina Michaëlis de Vasconcelos, que foi uma das glórias da Universidade de Coimbra, escrevia em 1898:

«a quantidade e variedade de saber científico manifestado nas obras de Camões causa admiração, principalmente se considerarmos a raridade de bibliotecas volumosas, e o alto valor dos códices impressos e manuscritos que naquelas eras dificultava aos estudiosos as aquisições e até mesmo o uso dos livros. Mas admiração muito mais intensa desperta a fidelidade e segurança da memória do Poeta. Quer esteja em Coimbra, quer em Lisboa, em Ceuta, Goa, Malaca, Banda, Macau ou Moçambique, quer ande na terra ou vogue no alto mar, em toda a parte dispõe de multíplices e vastíssimos conhecimentos em História Universal, Geografia, Astronomia, Mitologia Clássica, Literaturas Antigas e Modernas, poesias culta e popular, tanto da Itália como das Espanhas, aproveitando-as com a mais perfeita exactidão, como filho legítimo do período do Renascimento e humanista dos mais doutos e distintos do seu tempo».

O inglês K. G. Jayne que em 1910 publicou *Vasco da Gama and his successors*, reimpresso seis décadas mais tarde, em 1970, na prestigiosa colecção Methuen Library Reprints, escreveu :

«Na sua maior parte, os poemas escritos numa fase tardia da vida foram compostos longe de bibliotecas, numa época em que os livros eram objectos de luxo. Todavia, Camões revela um conhecimento íntimo da Literatura e da Mitologia Clássicas, de História, Geografia, Astronomia e das Literaturas de Portugal, Espanha e Itália. A sua familiaridade com, pelo menos, dezanove autores gregos e latinos foi demonstrada e alguns deles devem ter sido lidos no original, visto que nunca tinham sido traduzidos. Estes conhecimentos devem ter sido adquiridos em Coimbra e constituem o testemunho não só da sua aplicação ao estudo e memória tenaz, mas igualmente da plenitude com que Coimbra havia realizado os ideais do Humanismo».

Finalmente, e para não exceder o clássico número de três testemunhos, citarei o americano Leonard Bacon, que em 1950 publicou em Nova Iorque uma tradução inglesa em verso de *Os Lusíadas,* louvada pelos conhecedores de poesia naquela língua. O livro contém uma introdução sobre Camões, Portugal e a Europa contemporânea do poeta; um estudo sobre «Camões e a História de Portugal»; e ainda notas finais aos versos de *Os Lusíadas,* escritas com competência e, ocasionalmente, sentido de humor.

Numa dessas notas, ao comentar a precisão com que o poeta, na estância 14 do canto X, versos 1 a 4, indica os inimigos de Duarte Pacheco, depois do combate do «passo Cambalão», não resiste a comentar: «Camões is almost as pedantically meticulous as a German Ph.D.» – «Camões é quase tão petulantemente meticuloso como um doutor alemão em Filosofia». Aliás, o trecho de *Os Lusíadas* comentado tem a ligeireza de toque do descritivo camoniano:

> Chamará o Samorim mais gente nova;
> Virão Reis de Bipur e de Tanor
> Das serras de Narsinga, que alta prova
> Estarão prometendo a seu senhor.

O que mais impressionou Leonard Bacon foi que Camões se não afastou um ápice da informação dos historiadores João de Barros e Damião de Góis, utilizando-os com um rigor quase científico.

As três opiniões citadas, a saber, de um alemão, um inglês e um americano, são, como vimos, unânimes em afirmar a grande cultura do poeta. As duas primeiras, a de Storck e a de Jayne, insistem ambas na dificuldade em conseguir livros fora da Europa, nos lugares por onde Camões andou, portanto, em Ceuta e no Oriente.

Em nota publicada em Janeiro de 1979 na revista *Colóquio / Letras,* mostrei com vários exemplos, como a situação não era exactamente essa. A cultura europeia chegava ao Oriente com maior facilidade do que se pensava nos finais do século passado ou no princípio do actual. Os livros eram mais portáteis do que se julgava em 1898 ou em 1910, e circulavam na bagagem dos soldados. Também não eram a raridade nem a preciosidade de que o inglês Jayne falava.

De entre os exemplos citados em *Colóquio,* e outros podiam ser apresentados, reterei neste momento aquele que me parece o mais significativo. Trata-se de um passo da famosa crónica dos tempos do rei D. Manuel, publicada em 1571 pelo bispo do Algarve, D. Jerónimo Osório, um dos mais célebres prosadores em latim na Europa do seu tempo. Foi de 1537 a 1540 professor da Universidade de Coimbra e faleceu em 1580, passando, portanto, este ano o IV Centenário da sua morte. O livro a que me refiro chama-se abreviadamente *De Rebus Emmanuelis gestis* e teve, à data da publicação, grande eco no estrangeiro, por exemplo, em Inglaterra e na França. Foi traduzido para as línguas destes dois países, muito antes de o ter sido para português. Os *Essais* de Montaigne, para citar um caso apenas, reflectem um conhecimento da História de Portugal pouco provável sem a *Crónica de D. Manuel* escrita em latim por Jerónimo Osório.

É aí que, referindo-se à batalha naval em frente a Diu, ganha em 2 de Fevereiro de 1509 por D. Francisco de Almeida contra uma esquadra internacional, escreve o bispo Osório: «Compunha-se o exército inimigo de tão variadas nações, que nos despojos das naus se encontraram livros escritos em latim, italiano, línguas eslavas, francês e espanhol». Cinco anos antes, em 1566, na sua *Crónica do Felicíssimo Rei D. Manuel,* Damião de Góis, tinha dito que os livros eram «muitos» e acrescentara à lista dos idiomas o alemão e o português.

Isto passava-se no Oceano Índico, em 1509, portanto no começo do século XVI, e a produção bibliográfica aumentou muitíssimo nos meados do século, quando Camões andava pelo Oriente. Todavia, bibliotecas particulares abundantes seriam uma raridade, e as públicas não eram numerosas. Ainda a mais acessível, e a mais rica, me parece a do Mosteiro de Santa Cruz de Coimbra, a avaliar pelo que ainda resta, guardado por Alexandre Herculano na Biblioteca Municipal do Porto.

Mas os livros de Santa Cruz só terão sido usados pelo poeta nos anos da juventude, e a recordação de tantas e tão variadas leituras, nomeadamente de certas crónicas como as de Fernão Lopes, que estavam ainda manuscritas, supõe a posse de uma memória excepcional. Também este é mais um dado da educação humanística. Os mestres do século XVI treinavam os seus alunos na aquisição e conservação de uma retentiva poderosa e duradoura. Ainda recentemente, ao comparar as reminiscências camonianas dos poetas latinos Virgílio e Horácio, que aparecem em certos trechos da lírica do nosso Quinhentista, me dei conta da forma precisa como Camões conserva a lembrança de belos versos, aprendidos certamente na infância e primeiros anos da juventude. Pois não quero crer que, para recordar o Mantuano ou o Venusino, tivesse Camões de ir consultar à pressa as edições destes famosos poetas.

Camões na índia faz-me lembrar José de Anchieta, aluno de Coimbra, em terras do Brasil. De Anchieta, que chegou a Coimbra em 1548, estamos mais bem informados. Foi discípulo de Diogo de Teive, o que supõe ter ele atingido o curso mais adiantado de Latinidade. Mas não concluiu o seu bacharelato em Artes, não foi documentalmente um bacharel latino, embora o tenha sido pela cultura que possuía. Entretanto, a memória excepcional, cultivada desde a infância, ajudou-o a compor, decerto com menor bibliografia do que Camões, porque também menos necessária, duas longas obras em verso dactílico latino, o *Poema da Virgem Maria* e o *Poema dos Feitos de Mem de Sá (De Gestis Mendi Saa)*, este último anónimo, mas muito provavelmente escrito pelo então chamado «canário de Coimbra», futuro P.e José de Anchieta, mais tarde conhecido por Apóstolo do Brasil. E a propósito de Mem de Sá, recordemos que tanto ele como seu irmão, o poeta Sá de Miranda, eram naturais de Coimbra.

Voltando à questão das leituras de Camões e retomando a citação do inglês Jayne: «His familiarity with at least nineteen Greek and Latin authors has been demonstrated, and some of them must have been read in the original, as they had never been translated». Não sei bem o que este admirador britânico de Camões quer dizer com «alguns deles (dos autores gregos e latinos) devem ter sido lidos no original». Os latinos foram com certeza lidos no original. Quanto aos gregos, veremos mais adiante.

Hoje, possuímos informações sobre o movimento humanístico em Portugal no começo do século XVI que não estavam ao alcance das fontes bibliográficas de Jayne, nomeadamente de Teófilo Braga ou mesmo de D. Carolina Michaëlis, em 1910.

Não eram então conhecidos textos como a carta de Cataldo Parísio Sículo ao 2.º Marquês de Vila Real sobre os méritos e vantagens culturais do latim clássico, carta escrita antes de 21 de Fevereiro de 1500; não era conhecida a oração de sapiência do filho do Marquês, o conde de Alcoutim, D. Pedro de Meneses, pronunciada perante o rei D. Manuel que presidiu à abertura solene do ano lectivo na Universidade de Lisboa, em 18 de Outubro de 1504; e para me não alongar mais, era desconhecido o prólogo, fundamental e interessantíssimo, da *Virginis Mariae Ars,* a gramática latina de Estêvão Cavaleiro, saída dos prelos do alemão Valentim Fernandes, em Lisboa, no ano de 1516.

Ignoravam-se estes e outros documentos culturais importantes. E também se não conhecia a formação intelectual dos leigos do começo do século XVI que se imaginavam imersos na ignorância dos filhos d'algo e rudes barões da mais longínqua Idade Média. Não se imaginava se-quer, a educação literária recebida por homens como D. Jaime, duque de Bragança, aluno durante o exílio em Castela do humanista italiano Pedro Mártir d'Anghiera; como D. Jorge, duque de Coimbra e mestre das Ordens de Santiago e Avis, discípulo de Cataldo Parísio, também humanista e italiano; como D. Pedro de Meneses, 2.º conde de Alcoutim e futuro 3.º marquês de Vila Real, aluno igualmente de Cataldo. De D. Pedro de Meneses, deixou-nos o seu mestre italiano um retrato em versos latinos na *Visio Tertio* ou *Terceira Visão,* poema em dísticos elegíacos.

O jovem conde de Alcoutim, por volta de 1510, segundo o seu panegirista, possui todos os dotes de um homem moderno, um homem do Renascimento: toca bem harpa, canta e dança na perfeição; compõe versos latinos e discursa em latim com a mesma facilidade com que derruba os adversários no jogo das canas, e toureia a cavalo, matando o touro de uma estocada. É prudente como Catão, eloquente como Cícero. Ter-se-iam apaixonado por ele, se o conhecessem, todas as heroínas da Antiguidade grega e romana.

Quatro séculos mais tarde, em 1910, e por muitos anos ainda, pensava-se que as Humanidades Greco-Latinas haviam entrado em Portugal com os professores de Bordéus, portugueses e estrangeiros que vieram com André de Gouveia, chamados por D. João III para fundar o Colégio das Artes em Coimbra, em 1548.

Ora, a correspondência e os poemas de Cataldo, confirmados por outra documentação contemporânea, permitem antedatar a entrada do Humanismo em Portugal, de cerca de cinquenta anos, isto é, colocar o seu aparecimento entre nós no final do século XV.

E desta cultura nova, os mais ávidos alunos não eram os da nobreza, de que citei três grandes expoentes e podia citar outros ainda, como João Rodrigues de Sá de Meneses. Desejosos de valorizar-se pela aquisição do novo saber mostraram-se principalmente os elementos das classes situadas abaixo da nobreza. Desta avidez cultural que devorava os portugueses do começo do século XVI, tive ocasião de falar no meu livro *Estudos sobre a Época do Renascimento* e num artigo recente «Alguns aspectos da Introdução do Humanismo em Portugal», publicado no *Boletim da Biblioteca Geral da Universidade de Coimbra,* em 1979.

Era o tempo em que el-Rei D. João, «Segundo em nome e a ninguém segundo», falecido em 1495, mandava ensinar Latim aos meninos pretos da sua corte; e em que Martim de Sousa chamava de Sevilha um professor de Latinidade, para instruir os rapazes que combatiam sob as suas ordens no Norte de África. A carta em que Cataldo o felicita pela iniciativa é anterior a 1500. E tenho razões para crer que o mestre, ido de Sevilha, era um português e se chamava Estevão Cavaleiro, como mostrei recentemente num artigo publicado no *Festschrift fur Hani Meier,* Bonn, 1980.

Portanto, quando Camões nasceu, possivelmente em 1524, o latim clássico, veículo linguístico do Humanismo, não era uma raridade nestas plagas da antiga Lusitânia. A posse da língua latina era essencial à aquisição da cultura do Renascimento, pois todos os livros importantes de todas as ciências estavam escritos em latim e os intelectuais de um país distante como Portugal, onde se falava uma língua ignorada na Europa, os estudiosos portugueses estavam então em condições de andar em dia com a cultura contemporânea mais facilmente do que hoje.

Na verdade, um conhecimento em primeira mão do que se publica lá fora, em nossos dias, exige o domínio de duas ou três línguas, além da própria, enquanto no Renascimento, o latim, como idioma universal da cultura, servia para todas as necessidades do intercâmbio científico.

Portanto, para possuir a cultura, não apenas literária, mas também científica que *Os Lusíadas* revelam, precisava Camões de conhecer bem a língua latina. E todos os indícios confirmam a opinião de que assim acontecia de facto.

A abundância e variedade da sua informação levaram mesmo a admitir a hipótese de que o poeta não tivera um convívio directo com todos os autores de que mostra ter conhecimento. Houve quem supusesse que lhe teriam servido de guia enciclopédias então existentes, como a *Officina* de Ravisius Textor, nome latino do francês Jean Tixier de Ravisy, ou os *Antiquariarum Lectionum Libri Sedecim* do italiano Caelius Rhodiginus. Mas até esses estão escritos na língua sábia do tempo.

Pessoalmente estou convencido de que o imenso conhecimento da Literatura Latina que o poeta revela, foi adquirido directamente. Autores como Cícero e os poetas da época de Augusto, Camões devia sabê-los de cor. E ajuntar a estes um conhecimento de poetas modernos, quer italianos como Petrarca e Ariosto, quer espanhóis, como Garcilaso e Boscán, quer novilatinos, como Pontano e Sannazaro. As obras de humanistas nacionais, por exemplo, André de Resende e Jorge Coelho, ou estrangeiros como Boccaccio e Marcantonio Sabelico, dos historiadores e cronistas portugueses, Fernão Lopes, Rui de Pina, João de Barros, Castanheda e Duarte Galvão foram arroladas pelo Prof. José Maria Rodrigues nas suas *Fontes dos Lusíadas,* livro de mais de seiscentas páginas que a Academia das Ciências acaba de reeditar.

A espantosa cultura literária do poeta não lhe fechava os olhos para outras disciplinas do saber. Aliás, a curiosidade pela ciência e pela vida era muito maior no século XVI do que geralmente se julga. Não tendo as ciências atingido o desenvolvimento e a especialização actuais, não era difícil a um jurista possuir conhecimentos relativamente amplos de Medicina e a um médico estar razoavelmente informado dos dois Direitos, o Canónico e o Civil, e ambos, jurista e médico, alcançarem uma apreciável informação da rainha das ciências do tempo, mesmo em pleno Renascimento europeu, a Teologia. E médicos, juristas e teólogos haviam feito preparatórios mais ou menos extensos, conforme os casos, em cursos de Artes. Por outro lado, era normal num graduado em Artes que ele possuísse uma informação apreciável de todas estas disciplinas.

Admitindo que Camões fez estudos de Humanidades, não parece fora de propósito aceitar que por essa via tenha lançado os fundamentos para uma cultura que irá desenvolver ao longo de toda uma vida de estudo, apenas ocasionalmente interrompida por actividades militares. Já vimos que os livros circulavam mais facilmente do que se julgava no princípio do século vinte.

Acresce que o humanismo não era só culto da Antiguidade. O latim, como já tive ocasião de dizer, abria as portas para a universalidade de uma cultura que ia muito além do mundo de gregos e romanos e das tradições locais, pois englobava toda a ciência que a Europa produzia.

É bem sintomático que um dos livros que ao longo do século XVI os humanistas mais se esforçam por reconstituir no seu texto original seja a *Historia Naturalis* de Plínio-o-Velho, o mais completo repositório de observações sobre a Natureza que a Antiguidade nos legou. Na vizinha Universidade de Salamanca, funcionava uma cadeira de Plínio, e em Lisboa, quando a Universidade aí se encontrava, na segunda década de Quinhentos, leccionou sobre Plínio, com grande audiência de pessoas interessadas, universitárias e da corte, o jurista Martim Figueiredo, que fora aluno de Ângelo Poliziano em Florença, antes de 1494. Do êxito das suas aulas em Lisboa, informa-nos o Doutor Figueiredo no *Comentário ao Prólogo da História Natural de Plínio,* livro escrito em latim que publicou em Lisboa, em 1529.

Mas há outros testemunhos da curiosidade científica dos humanistas: Diogo de Teive foi uma das estrelas do Colégio das Artes de Coimbra, para onde veio do Collège de Guyenne de Bordéus. Fora um dos bolseiros, cujos estudos em França a coroa portuguesa subsidiara, durante muitos anos. Hoje, é mais conhecido pela sua *História do Segundo Cerco de Diu,* em 1546, livro que na época tornou este feito dos portugueses célebre em toda a Europa, graças à língua comum em que foi escrito. É uma obra ainda actual, traduzida para inglês, há meia dúzia de anos, mas inexistente em língua portuguesa.[1]

Teive era também poeta. Entre outros poemas, deixou-nos uma *Tragédia do Príncipe João* sobre a morte, trágica para a independência de Portugal, do filho de D. João III e pai de D. Sebastião, ocorrida em 1554. Traduziu-a do latim a Doutora Nair Soares, em 1977.[2]

Pois bem, historiador, poeta e dramaturgo, Teive, na sua infinita curiosidade de homem da Renascença, ocupava os poucos lazeres de um professor do século XVI, percorrendo os campos de Coimbra, com colegas e alunos, para recolher e estudar as plantas. Isto mesmo declarou ele, em Outubro de 1550, num depoimento autobiográfico em latim que se encontra apenso ao seu processo na Inquisição. Como se vê, as pesquisas botânicas de Garcia de Orta na Índia, não eram um caso isolado nem exclusivas da profissão médica.

Há nos *Lusíadas* sinais numerosos deste gosto pela observação da Natureza, desde o mar bonançoso com a brisa suave a enfunar as velas dos navios até os momentos dramáticos do encontro com o desconhecido, como nas estâncias célebres do canto V, em que o poeta descreve a tromba de água.

A educação livresca não prejudicou em nada a espontaneidade do poeta. A posse da cultura do seu tempo, adquirida na escola, não esmoreceu nele o surto da criatividade.

Sim, porque estou convencido de que Camões fez estudos regulares, embora, à semelhança do que aconteceu com tantos outros, não tenha a

---

[1] Desde 1995 existe a tradução portuguesa de Carlos Ascenso André, com notas históricas de Rui Manuel Loureiro, intitulada *Diogo de Teive, Relação das Proezas levadas a efeito pelos Portugueses na Índia, junto de Diu, no ano da nossa salvação de 1546.*Lisboa, CNCDP/Cotovia.

[2] Nair de Nazaré Castro Soares, *Tragédia do Príncipe João de Diogo de Teive.* Introdução, tradução e notas, Coimbra, C.E.C.H., 1977 (2ª ed. Lisboa, F. C. Gulbenkian - F.C.T., 1999; 3ª ed.: Coimbra, Imprensa da Universidade - *Classica Digitalia*, 2010).

sua escolaridade ficado registada em livros de matrículas ou de actos que chegassem até nós. Esses estudos foram provavelmente os dos cursos de Artes do Mosteiro de Santa Cruz, em Coimbra. Tê-los-á concluído? Terá sido bacharel em Artes ou bacharel latino como se dizia no seu tempo? Não há documentos que o provem. Aliás, a designação de «bacharel latino» era provavelmente usada para caracterizar uma pessoa culta, versada na língua latina, sem que o título implicasse necessariamente a posse de um diploma.

De vez em quando, levanta-se também a questão de saber se Camões conhecia ou não a língua grega. Ultimamente, a ignorância do Grego assacada a Camões, serviu ao autor de certa *Vida* do poeta para provar que este não frequentara estudos regulares e muito menos em Coimbra.

Ora a obrigatoriedade de falar grego antigo, ou mesmo de estudar grego, não existia em qualquer das constituições quinhentistas ou planos escolares conhecidos. Por outro lado, parece-me de todo contrária ao espírito curioso e indagador do poeta, a falta nele dos rudimentos de uma língua que, então, outros estudantes não ignoravam.

Em todo o caso, os argumentos que tenho lido, destinados a provar que Camões não sabia Grego, são demasiado frágeis para lograrem convencer-me. E uma coisa é certa: se me parece difícil provar a ignorância helénica de Camões, tal ignorância, em compensação, é para mim evidente no mais conspícuo defensor actual dessa tese. Mas prossigamos!

A cultura grega, os oradores, poetas, historiadores e filósofos da Grécia Antiga, cujo conhecimento era indispensável ao homem culto da Renascença, estavam então traduzidos para latim. Acresce que a substância da cultura grega fora absorvida pelos melhores espíritos de Roma e transmitida à posteridade nessa simbiose cultural greco-latina que constitui o cerne mesmo da civilização ocidental.

Em relação a Camões, vários membros da nossa Universidade discutiram no decorrer deste século o platonismo de certos poemas, como as redondilhas *Sôbolos rios*.

Nelas, o conhecimento da Filosofia de Platão é inegável. Trouxeram contributos valiosos e reflectidas sugestões, mestres da craveira de Joaquim de Carvalho e Costa Pimpão. Mas parece-me que a visão mais construtiva e original do problema das fontes do Platonismo de Camões se deve a um jovem licenciado em Filologia Clássica que, em 1942, retomou o assunto no volume XVIII da revista *Biblos,* da Faculdade de Letras da Universidade de Coimbra, com um artigo intitulado «Teria Camões lido Platão?» Chamava-se o novel estudioso Vergílio António Ferreira e é hoje o consagrado romancista Vergílio Ferreira.

Mostrou ele como algumas das ideias básicas de cariz platónico que informam o poema *Sôbolos rios* se podem encontrar nas *Tusculanae Disputationes*, as *Discussões em Túsculo* ou *Tusculanas*, diálogo filosófico de Cícero que foi um dos livros mais divulgados no fim da Idade Média e no Renascimento.

Numa altura em que o latim se começava a estudar aos seis anos de idade, quando não dois ou três anos antes, as *Tusculanas* eram leitura já feita, aos catorze anos. Estes comentários sobre idades são meus. De Vergílio Ferreira é a sugestão das semelhanças entre *Tusc. Disputationes* I, xxiv, 56-57 e os passos mais platonizantes de *Sôbolos rios*. Aliás, Cícero menciona nesse trecho repetidamente Platão e os diálogos em que o filósofo grego se ocupa de «memória» e «reminiscência».

Eis uma via de pesquisa ainda não explorada pelos nossos investigadores, esta dos intermediários latinos da divulgação da filosofia grega em Camões. Aliás, não admira que esta linha tenha sido descurada, quando tantas outras podem *a priori* ser aceites: a leitura dos poetas, italianos e espanhóis, em que ideias semelhantes podem encontrar-se, o conhecimento dos platonistas do Renascimento, enfim, todo o mundo de conceitos que então andava no ar e o latim dos humanistas tornava acessível por essa Europa fora.

Mas em que ficamos, quanto à escolaridade do poeta? Por falta de documentos, não podemos ir além de impressões. Impressões com fundamento, todavia. A cultura de Camões é séria, sólida, sedimentada. Nada denuncia nela o autodidacta, mas o homem que na altura própria adquiriu os fundamentos do saber do seu tempo e depois não deixou de cultivar-se pela vida adiante. Como já disse, lembra-me Anchieta que teve uma formação escolar igualmente cuidada, embora não tenha concluído o Curso de Artes.

Hoje, Anchieta é um dos mais famosos antigos alunos de Coimbra, do outro lado do Atlântico, por estar em marcha o seu processo de canonização no qual estão profundamente interessados os brasileiros.

Sabe-se que José de Anchieta foi aluno do humanista Diogo de Teive que regia a classe mais adiantada de Latinidade, e aluno brilhante, como provam ainda hoje os dois longos poemas latinos que nos deixou. Mas não existe nem a matrícula nem qualquer documento do Colégio das Artes a seu respeito.

Em nota publicada na revista *Humanitas,* XXIX-XXX, mostrei que se pode concluir a sua presença em Coimbra, a partir de 1548, através de um documento relativo a seu irmão mais velho Pedro, com quem o moço José de Anchieta veio para Coimbra.

Ora a respeito de Pedro, que foi aluno da Faculdade de Cânones, também não existe qualquer registo de matrícula. Mas acontece que, seis anos depois de ter chegado a Coimbra, apresentou em 1554 duas testemunhas que declararam haver ele frequentado cursos de Cânones, a partir de Outubro de 1548.

Os processos de matrícula eram tão incertos, tão irregulares que, geralmente, só quando o aluno estava para concluir o curso, concorrendo aos exames finais, provava com testemunhas ter frequentado o número de cursos necessários para se apresentar aos actos. O mesmo aconteceu com André Falcão de Resende, a quem adiante me referirei.

Existe um *Livro da Matrícula dos Estudantes* dos Colégios do Mosteiro de Santa Cruz, entre 1534 e 1540, que se encontra na Torre do Tombo e foi publicado pelo Doutor Cândido dos Santos. Todavia, admitindo que essas listas estão completas (e nada nos garante que assim seja!), apenas provam que Luís de Camões não frequentou os Colégios de Santa Cruz, entre 1534 e 1540.

Além dessa série de nomes, há outras no Arquivo da Universidade de Coimbra, por exemplo a dos alunos de Lopo Galego em 1537. Mas tudo isso é fragmentário e incompleto.

A situação dos registos escolares era tão aventurosa, já no tempo de Camões, que lembro só mais um caso. Certo dia, em 1558, o professor de Grego, o bem conhecido Vicente Fabrício, precisou de uma certidão do seu grau de Mestre em Artes, que obtivera em Coimbra. Pois teve de recorrer ao processo das testemunhas. Afirmaram os professores Afonso do Prado e Diogo de Gouveia «que haveria vinte anos que tomara o dito grau nesta Universidade».

A propósito dos estudos de Camões, um texto muitas vezes citado é a «Sátira II – A Luís de Camões» de um poeta, bacharel em Artes pela Universidade de Évora e licenciado em Cânones pela Universidade de Coimbra, chamado André Falcão de Resende.

Note-se que André Falcão, nome por que era mais conhecido no tempo, começou a frequentar Cânones em Coimbra, em 1548, e terá ficado na Universidade até 1550, interrompendo então o curso que só veio a retomar em 1567. Nesse ano não havia qualquer registo da sua presença na Universidade, dezanove anos antes, e a prova foi feita pelo próprio André Falcão, «pelo juramento dos evangelhos», apresentando como testemunha Bartolomeu Rodrigues Monteiro que termina assim a sua confirmação:

> *& sabe ele t^a q̃ hia as escolas & tinha lyuros & era estudãte & nõ se afirma ele t^a se esteue todos os Anos Jnt^{ros} mas sabe q̃ esteue A mayor parte deles & p̃ jsto ser tã Antigo & de tãtos Anos nõ se firma nas cousas miudam^{te} porẽ sabe q̃ era estudãte he hia as escolas cursar & tjnha Liuros he casa & era m^{to} amigo de seus jrmãos he tjo & asjnna*
>
> *Bertolameu roiz mõt^{ro}.*

O tio assim tão inopinadamente lembrado era o mais conhecido André de Resende e o seu nome deve ter sido aduzido para dar alguma autoridade a um testemunho, de si bastante precário.

Feito este parêntese, detenhamo-nos um pouco em alguns versos da «Sátira a Luís de Camões», composta por André Falcão de Resende que lhe juntou o subtítulo: «Reprende aos que, desprezando os doutos, gastam o seu com truhães».

O grave juiz-poeta Falcão de Resende enumera os inconvenientes a que se sujeita quem faz versos:

Logo algum vil esp'rito o nota e acusa:

«Vedes o triste» — *diz aos do seu bando* —
«Que é bacharel, latino, e nada presta,
«É poeta o coitado, é monstro nefando.   15
«Na noite, que mal dorme, ou ardente sesta
«Compõe sonetos por seu passatempo,
«E sua pequice em versos manifesta.
«Melhor lhe fora aproveitar o tempo
«Em chatinar fazenda, em conta, em caixa,   20
«Andar trás o dinheiro, andar c'o tempo,
«Gastar mil iguarias, vestir raxa,
«Cheirar, jogar, folgar, seguir pagodes,
«Que mal comer, vestir sempre por taxa.

E mais adiante:

«Ande o pobre poeta um doudo feito,   40
«Mendicando o comer e os consoantes,
«Compondo seus poemas sem proveito.
«Bem tenho eu» — *diz o vil* — *«por mais galantes*
«os truhães chocarreiros com guitarras,
«Que aplazem aos reis, aos príncipes e infantes.   45
«Estes alegres com c'roas de parras
«Festejam Baco e Ceres todo o ano,
«E o prazer tem seguro a quatro amarras.
«Nunca lhes falta o pão, calçado e o pano,
«Seja um doudo, é Dom Félix, Dom Briando,   50
«E bem que parvo, é ciceroniano.

Tem-se discutido quem é o bacharel latino, se Camões, se Falcão de Resende. Este último, sabemos nós que tinha alcançado esse grau na Universidade de Évora, sua terra natal, enquanto estivera ausente de Coimbra. Mas nada indica que, no trecho citado, o título de bacharel pertença apenas a Falcão de Resende.

Wilhelm Storck, o minucioso biógrafo alemão de Camões, pensava que o bacharel latino só se aplicava a Falcão de Resende, porque nenhum documento atribui a Camões uma formatura em Direito. Mas a verdade é que bacharel latino era uma designação de graduado em Artes, curso que, aliás, também nenhum documento atribui a Camões, e que André Falcão se licenciara em Direito Canónico. Penso ser provável – como atrás disse – que o qualificativo de «bacharel latino» se aplicasse a qualquer homem que tinha feito estudos, era cultivado e sabia o seu latim, independentemente da posse do pergaminho. E é deste modo que creio ter sido Luís de Camões estudante de Artes ou até de outra Faculdade, embora provavelmente não tenha concluído o curso. Mas a solidez e segurança da sua cultura denunciam estudos regulares, feitos cedo, como era costume então.

Onde estudou Camões? Em Coimbra? Parece mais provável do que em Lisboa. Com efeito, as próprias cartas que lhe são atribuídas, e se me afiguram autênticas, testemunham mais uma vida dissipada do que uma existência de estudioso, para o período de permanência na capital. Aliás, os estudos superiores estavam então em Coimbra.

Se nos *Lusíadas* invoca as ninfas do Tejo, é porque este rio simboliza a grandeza histórica e política e convém à majestade da epopeia, como berço das naus do Oriente. O rio que banha Coimbra, mais modesto, sugeria então a quietude dos costumes pastoris e o ambiente da bucólica, «nos saudosos campos do Mondego» (III, 120).

Além disso, para as divindades do Tejo, segundo a tradição poética greco-latina, Camões encontrou já uma palavra feita, corrente na poesia dos humanistas portugueses. As ninfas do Tejo eram as Tágides, de *Tagus,* nome latino do rio. O criador da palavra «Tágides» foi, como é sabido, André de Resende, o mesmo a quem Camões deve a palavra *Lusíadas.*

A partir de Mondego, não era possível formar uma palavra com tanta facilidade, ou o bom gosto do poeta, habilíssimo em introduzir latinismos em português, não achou conveniente formá-la do latim *Munda,* nome romano do rio. Daí que existam, por um lado as Tágides, e por outro as «ninfas do Mondego», também chamadas «filhas do Mondego» numa das mais formosas estâncias de *Os Lusíadas,* com que termina o episódio de Inês de Castro e que muitos dos que me ouvem recordarão neste momento:

> *As filhas do Mondego a morte escura*
>
> *Longo tempo chorando memoraram,*
>
> *E por memória eterna em fonte pura*
>
> *As lágrimas choradas transformaram;*
>
> *O nome lhe puseram, que inda dura,*
>
> *Dos amores de Inês que ali passaram.*
>
> *Vede que fresca fonte rega as flores,*
>
> *Que lágrimas são a água, e o nome amores.*

Mas no canto VII, a abrir uma série de considerações sobre a sua vida que constituem, ao mesmo tempo, um trecho de sentida e vibrante crítica social, Camões coloca as ninfas dos dois rios, par a par:

> *Um ramo na mão tinha... Mas, ó cego,*
>
> *Eu, que cometo insano e temerário,*
>
> *Sem vós, Ninfas do Tejo e do Mondego,*
>
> *Por caminho tão árduo, longo e vário!*
>
> *Vosso favor invoco, que navego*
>
> *Por alto mar, com vento tão contrário,*
>
> *Que se não me ajudais, hei grande medo,*
>
> *Que o meu fraco batel se alague cedo.*

As ninfas do Tejo, as Tágides, tinham sido invocadas no começo do poema, quando a tarefa do poeta se antolhava mais fácil e era iniciada com um belo entusiasmo. Mas num momento de cansaço, quando a desilusão com os homens e a indignação pelas suas injustiças faz soar uma nota de desalento, Camões recorre não apenas às Tágides, mas também às Ninfas do Mondego, deusas tutelares, que o protejam e defendam do seu próprio desânimo: «Ninfas do Tejo e do Mondego!»

As do Tejo sabemos nós ao que vêm, são as Tágides da lírica e da épica, que o poeta refere com gosto nas estâncias 4 e 5 do canto I. E as do Mondego? Não serão as que recordam a *Alma Mater Conimbrigensis*, os dias distantes em que o poeta lia o seu Virgílio, modelo do Bucolismo e da Epopeia, e sonhava imitá-lo? Elas estão presentes nas memórias do tempo passado:

Vão as serenas águas

do Mondego descendo

mansamente, que até o mar não param;

por onde minhas máguas,

pouco a pouco crecendo,

para nunca acabar se começaram.

(Canção IV)

Em 1607, um mercador de livros de Coimbra, chamado Domingos Fernandes, resolveu homenagear a Universidade que lhe dera o encargo, como ele diz, de feitorizar *a sua Liuraria Publica*. E na portada de uma edição da lírica fez imprimir este título: *Rimas de Luis de Camões. Acrescentadas nesta Terceyra impressaõ. Dirigidas à inclyta Universidade de Coimbra. (...) A custa de Domingos Fernandez mercador de libros.*

A dedicatória um tanto empolada, de que lerei uma frase, exprime o alto conceito em que o poeta era tido, cerca de três décadas após a sua morte:

«Não sabemos, que ao mais alto lugar da humana Poesia, tenha dado o Mundo mais que um Homero, Grego: um Virgílio, Latino: hum Tasso, Italiano; & hum Camões, Portuguez: como quatro immortaes columnas de tão soberano templo. Como podem logo ser defendidas columnas tão altas, & tão fortes, que ellas mesmas não sejão? sendo ellas continuamente combatidas pelos furiosos ventos dos invejosos».

Por outras palavras, Domingos Fernandes quer dizer que para defender e exaltar Camões, só uma instituição cujo prestígio intelectual se compare com o do grande poeta.

E daí parte para um elaborado elogio da Universidade em que o motivo central é a comparação da *alma Mater* com a figura feminina, cujo busto se ergue sobre o cálice no brasão da cidade de Coimbra. Ouçamo-lo:

«Pois se vós (verdadeira exposição da coroada Princesa das misteriosas armas de Coimbra) sois esta que dizíamos, para as mais propinquas e remotas partes do Universo: e per nacimento e criação, per ofício e per obrigação, fostes também, a mesma, para com o vosso grande Luís de Camões: pois nacendo elle nessa vossa cidade de Coimbra, a vosso peyto, como Mãy natural o criastes tantos annos: com vossa doutrina, como Mestra, o ensinastes alguns: e com vossos louvores, como fiel Amiga, o louvastes tantas vezes. A quem, senão a vós, se deve encomendar esta Proteição, de um vosso Filho, Discípulo & Amigo: e mais, sendo ele ja morto para se não poder defender: e ainda vivo, para poder ser ofendido.»

Até aqui a retórica sonora e fácil, e quiçá também calculista, do livreiro Fernandes. Ela sugere, todavia, a existência de uma tradição universitária de Camões em Coimbra, menos de trinta anos depois do desaparecimento do poeta.

A naturalidade conimbricense é, a seguir, substituída pela de Lisboa na edição dos *Lusíadas,* comentada pelo Lic.º Manuel Correia e publicada em 1613. Aí vem a primeira biografia do poeta, da autoria de Pedro de Mariz, que copia a informação de Manuel Correia sobre o nascimento em Lisboa, mas se não refere aos estudos do poeta, nem em Coimbra, nem em qualquer outra parte. Mariz, aliás, era muito mais jovem que Camões, pois nascera pela mesma altura em que se pensa residir o poeta em Ceuta.

O editor é igualmente Domingos Fernandes, que passa agora a dedicar o livro a D. Rodrigo da Cunha, «Inquisidor Apostólico do Santo Ofício de Lisboa». Sabe-se que Fernandes esteve preso nos cárceres da Inquisição. É possível que as relações do livreiro com a Universidade tenham sofrido mudança, pois num outro livro camoniano, uma nova edição das *Rimas,* em 1616, também dedicada a D. Rodrigo da Cunha, já então «bispo de Portalegre e do Conselho de Sua Majestade», Fernandes diz em louvor do célebre prelado : «foy servido appadrinhar a restauração da minha honra e vida, que eu tinha tão perdida, & acabada, que para desesperar de todo remédio dellas, me via algũas vezes em o último termo».

Se nos lembrarmos de que D. Rodrigo da Cunha fora «inquisidor» e, de que a Inquisição tinha que ver com a censura e aprovação dos livros, talvez o livreiro-editor que era Domingo Fernandes, alguma razão encontrasse para preferir um patrono concreto a uma entidade relativamente vaga e impessoal como a Universidade.

A próxima vida, quarenta e quatro anos após a morte de Camões, é a de Manuel Severim de Faria, publicada em Évora, em 1624. Aí se diz que Camões nasceu «na cidade de Lisboa, como o testifica Manoel Correia seu comentador, que o conheceu, & foi seu familiar amigo e não em Coimbra, como alguns cuidaram, pela vivenda antiga que seus Avôs ali tiveram». E acrescenta: «Sendo moço, foi estudar a Coimbra, que então começava a florecer em todas as sciencias por beneficio d'El Rey Dom João III...».

A tradição da escolaridade coimbrã continua posteriormente. A sua refutação aparece como um fenómeno tardio, baseada na ausência de documentos que confirmem a presença do poeta nas escolas conimbricenses. Razão de peso, porque a História faz-se sobre documentos, mas, depois do que para trás ficou sobre as vicissitudes do acaso na conservação das memórias académicas do século XVI, razão, afinal, menos convincente do que *a priori* podia parecer.

A verdade é que, se existe subjectivismo em admitir que Camões estudou em Coimbra, não são menos subjectivas certas opiniões em contrário, como a mais recente que vou apresentar.

Ainda há pouco, num livro muito falado, e talvez menos lido do que falado, se declarava a propósito da estância 97 do canto III de *Os Lusíadas,* dedicada ao rei D. Dinis e à Universidade que ele fundou: «E naquela única referência à cidade universitária e às insígnias académicas não se encontra qualquer inflexão de ternura, saudade ou orgulho, sentimentos que nunca faltam em quem estudou em Coimbra».

O autor destas palavras não foi, evidentemente, estudante de Coimbra. Para opor à sua opinião, citarei outra de um categorizado filho da *alma Mater Conimbrigensis.* Será ele D. Francisco Alexandre Lobo, que em 1787 aqui se doutorou em Teologia e foi professor entre 1808 e 1819, ano em que deixou o magistério universitário para ir ocupar a Sé de Viseu.

A sua *Memoria Histórica e Critica acerca de Luiz de Camões, e das suas Obras,* publicada em 1821 pela Academia das Ciências, e reimpressa em 1848, é um trabalho, cuidadosamente elaborado e bem escrito, que ainda hoje se lê com proveito. Tratando dessa mesma estância, escreveu D. Francisco Alexandre Lobo: «... (Camões) bem parece fallar com a paixão e fogo de hum alumno, que se recorda saudosamente agradecido, da escola em que tomou lições e formou seu espírito na mocidade». E, em nota, comentava: «Se destes argumentos não resulta inteira certeza, a crítica mais dificultosa em se dar por satisfeita, não pode ao menos negar, que resulta muito alto grau de probabilidade».

Seja-me permitido, Magnífico Reitor, fazer minha tão sensata observação, e terminar estas palavras com a leitura da mesma estância 97 do canto III de *Os Lusíadas:*

> *Fez primeiro em Coimbra exercitar-se*
> *O valeroso ofício de Minerva*
> *E de Helicona as Musas fez passar-se*
> *A pisar do Mondego a fértil erva.*
> *Quanto pode de Atenas desejar-se,*
> *Tudo o soberbo Apolo aqui reserva,*
> *Aqui as capelas dá tecidas de ouro,*
> *Do bácaro e do sempre verde louro.*

Tenho dito.

17. O POEMA *DE AGNETIS CAEDE* SERÁ UMA FONTE DE *OS LUSÍADAS*?[*]

O episódio de Inês de Castro é um dos mais poéticos trechos de *Os Lusíadas*, muitas vezes traduzido fora do contexto do poema, como uma das mais inspiradas peças líricas de toda a literatura em língua portuguesa.

Em 1872, durante as comemorações do terceiro centenário da publicação de *Os Lusíadas*, a Imprensa Nacional publicou um pequeno volume com a tradução do episódio camoniano em treze idiomas, aqui enunciados em grafia actual: «Latim, Espanhol, Italiano, Francês, Inglês, Alemão, Holandês, Sueco, Dinamarquês, Húngaro, Boémio, Polaco, Russo».

Um século mais tarde, em 1972, esse volume foi reimpresso para as comemorações do quarto centenário da publicação do poema de Camões. Recebi um exemplar, primorosamente encadernado, durante um voo internacional num avião da TAP, que foi quem tomou a iniciativa desta luxuosa reimpressão, a julgar pelo nome da companhia aérea, impresso a letras de ouro na contracapa.

A versão latina é de Frei Tomé de Faria, um dos tradutores de *Os Lusíadas* para latim, datada de 1745[1].

As traduções latinas em verso, de que apenas citarei mais duas, são em hexâmetros dactílicos, o metro heróico, como é natural tratando-se de um poema épico.

---

[*] *Península. Revista de Estudos Ibéricos* 1 (2004): p. 113-121.

[1] Esta é a data do *Corpus Illustrium Poetarum Lusitanorum*, vol. V, onde foi reproduzida a versão latina de Frei Tomé de Faria. A edição original saiu dos prelos de Gerardo da Vinha, em Lisboa, no ano de 1622. Sobre as edições latinas de *Os Lusíadas*, ver o artigo de Amadeu TORRES, «O Ms. Baiânico da versão latina de *Os Lusíadas* e a sua próxima edição crítica», *Miscelânea de Estudos em honra do Prof. A. Costa Ramalho*. Lisboa, Instituto Nacional de Investigação Científica, 1992, 455-467.

As duas traduções escolhidas são, além da já citada, de Frei Tomé de Faria, as de Francisco de Paula Santa Clara, «professor de língua latina na cidade de Coimbra», aí publicada em 1875; e a de Antonio José Viale, latinista e helenista italiano residente em Portugal, editada em Lisboa, em 1878[2].

As três versões mencionadas são em hexâmetros dactílicos, como já disse.

A versão de que vou ocupar-me, de autor desconhecido, é provavelmente do final do século XVI, e encontra-se no manuscrito 2209 da livraria do Arquivo Nacional da Torre do Tombo. Consta de 24 estâncias de quatro versos: três hendecassílabos sáficos terminados por um adónio. Este é um dos esquemas líricos mais correntes entre os humanistas portugueses da segunda metade do século XVI. O poema toma assim o esquema métrico de uma ode sáfica horaciana.

Nos últimos anos, o australiano Prof. John Martyn tem-nos brindado com algumas «descobertas» de poemas de André de Resende (?), insertos anonimamente em manuscritos conhecidos dos investigadores portugueses.

Um desses poemas anónimos é o presente *De Agnetis Caede*, valorizado por Martyn não só como da autoria do humanista eborense, mas ainda como fonte do episódio de Inês de Castro em *Os Lusíadas*.

Começaremos por uma tradução portuguesa, da nossa autoria, feita sobre o texto publicado por John R.C. Martyn. Este texto foi editado, pelo menos, três vezes: num artigo na revista *Euphrosyne*, volume XV, 1987, p. 206-209; e nos seus livros *António Ferreira. The Tragedy of Inês de Castro*, Coimbra, 1987, p. 339-343 e *André de Resende's Poemata Latina /Latin Poems*, Lewiston, N. Y., 1998, p. 76-79, em ambos com tradução inglesa e, no caso do primeiro, ainda com tradução francesa, p. 344-347.

---

2 Cf. Ibidem, p. 459.

De Agnetis Caede

1. Nunc canam casus, Erato, minaces;
Nunc aquae Mondae renouate dirum
Virgines fatum rigidoque saeuos
   Ense ministros.

2. Diua praeclarum subitura caelum
Cedit insigni facie coruscans,
Cui parens Phoebus, genetrixque prima
   Nuntia lucis.

3.Pulchra iucundis fruebare, Virgo,
Fructibus Mondae recreantis agros,
Edocens flores resonare clarum
Nomen amantis.

uel
Principis cogens uiolas referre
   Nomen amati.

4. Nunc legis canos fluuii lapillos,
Nunc uides fluctus placide fluentes,
Nunc tuo nectis capiti coronam
   Flore decentem.

uel
Nunc pede incedis niueo per undam,
Nunc comis aptas rutilis decentem
   Flore coronam.

5. Nunc cies fletus lacrimis pudicos
Quae rigant pulchras facies gementis,
Cum tuas pandis philomela tristes

Da morte violenta de Inês

1. Agora, ó Érato, cantarei a tremenda infelicidade;
agora, ó ninfas do Mondego, recordai-me
o cruel destino e os ferozes ministros com
sua espada implacável.

2. A deusa que irradia luz da face insigne
e está para subir ao céu resplandecente, parte.
Ela é filha de Febo e sua mãe é a mensageira
do dia.

3. Formosa, tu gozavas, ó Donzela, dos aprazíveis
frutos do Mondego que fecunda os seus
campos, e ensinavas as flores a repetirem o
nome ilustre do teu amante

ou
Obrigando as violetas a repetir o nome
do Príncipe teu amado.

4. Ora juntas as pedrinhas brancas do rio,
Ora contemplas as suas águas suavemente ondulantes,
Ora entrelaças para a tua cabeça uma
graciosa coroa de flores

ou
Ora caminhas pela água com teus níveos pés,
Ora cinges aos teus ruivos cabelos graciosa
coroa de flores.

5. Ora choras discreta com lágrimas
que banham as tuas belas faces, e gemidos,
quando magoado rouxinol, derramas as tuas

Maesta querelas.

uel

Nunc cies questus miseranda maestos,
Nox ubi nostri negat ora cerni,
Qualis amissis philomela natis
   Maesta reclamat.

6. Fama pennato fugiens uolatu
Et ciens clarum monitis parentem,
Infimos nati thalamos et ignes
   Exprobat imos.

uel

Regias patris simul implet aures
infimos nati thalamos et imos
   Exprobat ignes.

7. Tum pater duros acuens furores
Virginem uita potuit priuare,
Quo facem firmi stabilem necaret
   Prorsus amoris

uel

Fila crescentis penitus reuincta
Rumpere et constans abolere tentat
Pignus amoris.

8. Quae furens cogit rabies, ut ensis
(Qui truces debet superare Mauros)
Candidos artus penetretque collum
   Virginis insons?

9. Crinibus passis trahebatur ecce

tristês queixas.

ou

Agora, pobre de ti soltas tristes queixumes,
quando a noite não deixa ver as nossas faces,
como o rouxinol que perdeu os filhos,
tristemente chama por eles.

6. A Fama, fugindo em alado voo,
e excitando com os seus avisos o ilustre pai,
censura o ínfimo tálamo do filho e a sua
baixa paixão.

ou

E ao mesmo tempo enche os régios ouvidos
do pai, censurando o ínfimo casamento do
filho e os seus baixos amores.

7. Então o pai acirrando o duro furor,
pôde privar da vida a donzela,
para assim extinguir por completo
a tocha perene dum firme amor.

ou

tenta romper a trama profunda
e destruir o penhor constante dum amor
crescente.

8. Que raiva furiosa impele a espada
(que deve vencer os Mouros violentos) a atravessar
os cândidos membros e o colo inocente
de uma donzela?

9. Eis que pelos cabelos em desalinho

A feris uirgo pauitans ministris
Ante praetorem moribunda saeuo
      Ense minacem.

uel
Ecce promissis trahebatur insons
Crinibus uirgo rigido satelles
Ore quam terret ferus; ante regem
Sistitur Agnes.

10. Qualiter mites aquilam columbae
Et lupos agnae metuunt cruentos,
Sic feros horrent gladios puellae
      Pectora mitis.

11. Tum polum tendens oculos ad altum
(Arta nam palmas teneras ligabant
Vincla), sic regem lacrimans seuerum
      Ore precatur:

12. «Quid iuuat mitem laniare seruam?
Vtere o mecum pietate regis!
Te pium praesta, miserere raptae
      Ipse iuuentae.

13. Quid iuuat pectus famulae cruenta
Caede foedari? Merui quid atris
Ensibus dignum misera? Aut quid ille
      Exserit arma?

14. Quae (nefas dictu) miseram trucidat
Causa? Quid cogit laniare supplex
Pectus (ut uerum fateamur)? Esto

arrastavam os ministros ferozes a aterrorizada
donzela moribunda
ante o juiz ameaçador com sua espada cruel.

ou
Eis que pelos cabelos longos era arrastada
a inocente donzela a quem aterroriza um feroz
soldado de rosto carrancudo;
Inês está de pé diante do Rei.

10. Como as mansas pombas temem a águia
e aos lobos sanguinários as cordeiras,
assim o peito da mansa donzela sente horror
da espada feroz.

11. Então para o céu erguendo os olhos
(porque apertadas amarras lhe ligam as
tenras mãos),
assim, com lágrimas, implora ao rei severo:

12. «Para quê manietar a tua mansa escrava?
Oh! Usa comigo da piedade de um rei!
Mostra-te compassivo, tem compaixão da
juventude de que me privas!

13. Para quê sujar o peito da tua serva com
morte sangrenta? Que fiz eu, pobre de mim, que merecesse
a negra espada?
Ou porque desembainha aquele a sua arma?

14. Qual a causa (pergunta abominável) que leva a trucidar
uma pobre mulher? O que é que força a
dilacerar (para dizer a verdade) um peito suplicante?

Criminis insons.

uel

Quod necis causam scelus auget atrox?
Quaeue commisso latitat sub isto
Poena? Dilectum subii coacto
    Serua pudore.

15. In feram mittas Scythiam precamur;
Namque uentorum rabie gelatur
Aequor, et terrae; uariique Getae
    Bella minantur.

16. Hic nec halantes uiolas ministrat
Terra, nec uernum labefacta tempus
Corda solatur; uacui patescunt.
    Floribus agri.

17. Aut Africanos rapidis calentes
Solibus cernam, moriensque semper
Hic tibi; dulci uenient nepotes
    Semper amore.

18. Inter horrendos moriar leones,
Aut feras inter miseranda tigres
Virginis iusta pietate cernam
    Bruta moueri».

uel

Dummodo uitam retinere detur,
Quae martens natos alat immerentes,
Nulla securae grauis imminebit
    Poena puellae,

Sê inocente de tal crime!

ou

Que crime atroz aumenta a causa do assassínio?
Ou que castigo está oculto sob este segredo?
Como uma escrava submeti-me ao amado
forçando o meu pudor.

15. Manda-me - eu te peço - para a Cítia selvagem,
porque lá com a fúria dos ventos gelam
os mares e as terras. E os Getas inconstantes
ameaçam com a guerra.

16. Aqui a terra nem produz odoríferas violetas
nem a Primavera consola corações amargurados.
Vazios de flores se mostram
os campos.

17. Ou que eu veja os Africanos
que se aquecem ao sol violento; eu, morrendo,
sempre aqui a ti virão os netos, sempre
com doce amor.

18. Que eu morra entre leões ameaçadores
ou que, digna de compaixão, entre tigres ferozes,
eu veja os brutos animais movidos de justa
piedade por uma donzela.

ou

Desde que me seja concedido guardar a vida,
que, permanecendo, crie os filhos sem culpa,
nenhum castigo se revelará pesado para a
donzela sem cuidados.

19. Vulgus at magnis fremebundus instans
Vocibus, regis simul implet aures
Cogit et rursus dubium relictas
   Sumere poenas.

uel

Tum ferox urget fremitu parantem
Turba paulatim dare terga regem,
Cogit et dudum posita nouare
   Mente furorem.

20. Tum ruunt strictis pariter ministri
Ensibus saeui; gremio trahentes
Virginis duro miseranda ferro
   Pectora rumpunt.

uel

Ensibus saeui gremio reuellunt
Matris infantes, miseram trucidant
   Vulnere crebro.

21. Antra plorarunt uiridesque luci,
Et piis fatum lacrimis acerbum
Flere conualles sonituque rauco
   Flumina flerunt.

22. Tum decus mundi, radians Apollo,
Cuius ad primos Hecate calores
Fessa nocturnae leuat ora bigae,
   Lumina clausit.

23. Iura quae nectis uarium per orbem
Cuncta, quae sceptrum retines iniquum

19. Mas a multidão enfurecida, protestando
enche de grandes clamores os ouvidos do Rei,
ao mesmo tempo que o força, na sua indecisão,
a renovar o castigo que tinha abandonado.

ou

Então a feroz multidão com gritos compele o rei
que se preparava com passos lentos para ir
embora, e força-o, apesar da decisão há pouco
tomada, a renovar o seu furor.

20. Então os cruéis ministros, desembainhando
por igual as espadas, precipitam-se.
Arrastando-a pelo seio, rompem com o duro
ferro os peitos da infeliz donzela.

ou

Selvagens, armados de espadas,
arrancaram da mãe as crianças,
trespassaram a infeliz de feridas sem conta.

21. Lamentaram-se as grutas e os verdes bosques,
e com piedosas lágrimas os vales choraram o
amargo destino, e com rouco som os rios
choraram.

22. Então a glória do mundo, o radiante Apolo,
a cujos primeiros calores Hécate alivia
as bocas fatigadas da sua biga nocturna,
fechou os raios.

23. Tu (ó deusa) que coordenas todas as leis
através do orbe inconstante, tu que conténs o

Legibus diuum, tibi causa gentis

    Restat iniquae.

uel

Iura fortunas metuenda laetas

Tristibus casus uariant ruinis;

Nunc leuat fessos, modo premit alto

    Culmine raptos.

24.Virginis mortem sociae gementes

Impiam tristes lacrimis in undam

Candidam versis, posuere nomen

    'Fontis amorum'.

ceptro iníquo com as leis dos deuses, contigo
fica a causa de um povo injusto.

ou

Leis dignas de temor alternam as alegres fortunas
com tristes ruínas do Acaso, que ora levanta
os abatidos, ora oprime os que derrubou
de alto cume.

24. A morte ímpia da donzela choraram as
companheiras, tristemente; às lágrimas, que
se tornaram água clara, puseram o nome de
«fonte dos amores».

O poema latino sobre o assassínio de Inês de Castro é uma imitação ou adaptação modesta do episódio famoso do canto III de *Os Lusíadas*.

A invocação da ninfa Érato, que se não encontra em Camões, constitui uma inovação significativa. Érato, musa da poesia lírica, assim invocada no início da ode latina, sugere que o poeta vai tentar exprimir num ritmo lírico (o verso sáfico) aquilo que fora dito num outro ritmo, o verso heróico camoniano, a que no latim corresponde o hexâmetro dactílico. Supõe, portanto, a experiência anterior de um tratamento épico do mesmo tema.

Não se trata, porém, de uma tradução, mas de uma peça lírica latina em que são aproveitados alguns tópicos camonianos. O tom é o mesmo, a saber, o da simpatia por Inês, vítima de morte cruel e injusta. A palavra *caedes* do título é significativa: «morte violenta, assassínio». E no final do poema, na estrofe 24, *mortem ... impiam*.

A morte de Inês que, como se sabe, teve causas políticas, é no poema latino atribuída à desigualdade social entre o príncipe e a amante: *infimos thalamos et ignes ... imos* (estr. 6).

É certo que, por estas palavras, se pode entender também a situação moral do adultério. Mas isso não era então matéria de tanta gravidade na conduta de um rei como pode supor-se. A própria Casa de Avis, que reinava quando o poema foi escrito, descendia de mais uma aventura do rei D. Pedro I, pois o seu fundador, o mestre de Avis, o futuro rei D. João I, era filho bastardo de Pedro e de D. Teresa Lourenço. E socialmente, Inês de Castro pertencia à alta nobreza, pois era parente do próprio príncipe D. Pedro.

Camões não caiu neste erro histórico de considerar Inês uma ínfima plebeia.

As muitas semelhanças e as poucas diferenças entre as duas composições são facilmente detectáveis para quem leu o episódio de *Os Lusíadas* e, a seguir, o poema anónimo do Ms. 2209 da livraria do Arquivo Nacional da Torre do Tombo. Estas semelhanças começam na estrofe inicial e acabam na última, com a referência à Fonte dos Amores, memória perene da tragédia de Inês de Castro.

A ode latina sairia valorizada se não existisse o modelo camoniano, mas seria menos inteligível sem ele.

Algumas estrofes apresentam uma segunda proposta para o total dos quatro versos ou só para alguns deles. De um modo geral melhoram o texto, mas sobretudo na estrofe 23, em que a Justiça, mencionada pela primeira vez na estrofe 2, volta a surgir mais insuficientemente caracterizada do que na primeira aparição.

A ode tem todo o ar de uma tentativa de emulação do texto camoniano, pouco conseguida. É possivelmente obra de um discípulo dos jesuítas, mestre ou aluno, de um dos Colégios da Companhia de Jesus, em Coimbra, Lisboa ou Évora, por exemplo.

No manuscrito da Torre do Tombo este poema sáfico é precedido de uma ode triunfal que conta a glória do rei D. Sebastião, quando regressar triunfante da guerra de África contra os Mouros.

A ode respira furor marcial e entusiasmo juvenil. É também em versos sáficos e deve ser igualmente obra de aluno dos Jesuítas. Parece-me datável de uma época posterior a 1574, quando D. Sebastião regressou de uma aventura nas costas de África, concluída com o retorno apressado do imprudente soberano, após breves escaramuças com o inimigo.

Esta aventura, condenada por todos os militares experientes, deu ao insensato monarca e aos seus jovens aduladores, a impressão de que a guerra de África seria empresa fácil. O resultado viu-se em 4 de Agosto de 1578 nos campos de Alcácer-Quibir. Portanto, a ode triunfal anónima pode colocar-se entre os anos de 1574 e 1578.

Nessa altura, já tinha falecido André de Resende (1573) a quem são atribuídos a ode triunfal, o *De Agnetis Caede* e mais de duas centenas de novos poemas (218) «descobertos» pelo Prof. John Martyn. Ver o seu livro *André de Resende's Latin Poems,* citado no começo deste artigo.

Mas voltemos ao *De Agnetis Caede.* Num seu livro anterior também atrás citado, *The Tragedy of Inês de Castro,* (p. 102), escreveu o Prof. John Martyn: «The next literary version of her story is in Latin of great significance [...] originally composed, it seems, some time before 1532. [...] Its author was Lúcio André de Resende ...».

Na realidade a ode é um fraco poema latino e nada prova que tenha sido escrito por André de Resende, quer antes de 1532, quer noutro ano qualquer. O mais provável é que seja um exercício poético de um aluno dos colégios jesuítas, como outras das composições «descobertas» pelo Prof. Martyn[3].

Para se poder apreciar o real valor literário do poema, é preciso lê-lo no latim original, repetitivo, pobre de vocabulário e sintaxe, com ocasionais faltas na métrica. A tradução do Prof. Martyn tende a embelezá-lo, emprestando-lhe um halo literário que ele não tem.

Seria ocioso gastar muito tempo com tal poema.

Dou um exemplo tirado do começo do texto latino.

Camões escreveu:

Estavas, linda Inês, posta em sossego
De teus anos colhendo o doce fruito (III, 120, 1-2)

O poeta latino imita puerilmente:

Pulchra, iucundis fruebare Virgo
Fructibus Mondae recreantis agros (estr. 3)

«Bela, tu gozavas, ó donzela, dos agradáveis frutos
do Mondego que fecunda os campos».

Afinal, quais são os frutos do Mondego de que a donzela goza? Serão também os frutos do campo, visto que o Mondego o fecunda? Note-se que o primeiro verso está errado na métrica.

Para não gastar mais cera com um ruim defunto (o poema latino), passarei à estrofe última, uma das mais escorreitas no tocante ao binómio sintaxe/métrica:

---

[3] Cf. a recensão ao livro *André de Resende's Latin poems* feita por Aires A. NASCIMENTO em *Euphrosyne,* vol. 18 (2000), 441-443. Ver ainda Jean-Claude MARGOLIN, «À l'approche de la mort: Rhétorique et Émotion dans deux poèmes attribués à André de Resende (texte suivi d'une rétractation partielle)-, *Cataldo e André de Resende* (Congresso Internacional do Humanismo Português. Coimbra-Lisboa-Évora, 25 a 29 de Outubro de 2000). Lisboa, Centro de Estudos Clássicos, 2002, 66-67.

Virginis mortem sociae gementes

Impiam tristes lacrimis in undam

Candidam uersis, posuere nomen

Fontis amorum.

«A morte ímpia da donzela choraram as companheiras,
tristemente; às lágrimas que se tornaram água clara
puseram o nome de fonte dos amores».

É uma das melhores estrofes do poema latino, como atrás disse. Assim mesmo, não se compara com o final camoniano:

As filhas do Mondego a morte escura

Longo tempo chorando memoraram,

E por memória eterna em fonte pura

As lágrimas choradas transformaram.

O nome lhe puseram, que inda dura,

Dos amores de Inês que ali passaram.

Vede que fresca fonte rega as flores

Que lágrimas são a água, e o nome amores. *(Lus.* III, 135)

A ode *De Agnetis Caede* não é digna de André de Resende, a quem certamente não pertence; e ainda menos, fonte do episódio camoniano de Inês de Castro.

Da época da ode *De Agnetis Caede,* mas posterior a ela, deve ser a écloga *Conimbrica,* em que dialogam a principal das ninfas do Mondego, chamada *Conimbrica,* e Apolo, deus da poesia que, com sua irmã Minerva, são particularmente honrados na Universidade de Coimbra.

Conimbrica era filha de Hércules, gerada quando este levantava as muralhas da cidade.

O deus promete à ninfa que ela e as companheiras estão seguras, «seja qual for a opinião odiosa de Marte, por muito que agora chame às armas, com a intenção de conduzir todos os portugueses aos campos africanos e os incite ao combate e exalte os incêndios da guerra»[4].

A Universidade *(sacra ... mea templa)* ficará segura também.

A ninfa desculpa-se da modéstia da recompensa que oferece ao deus: «Dar-te-emos purpúreas flores e violetas frescas, banhadas pelas águas saídas das lágrimas de Inês. E todos os anos o Mondego dar-te-á as primícias dos seus frutos e as nossas vítimas pesarão sobre os altares de Apolo: muitas lampreias reluzentes mancharão com o seu sangue o teu cutelo»[5].

A menção inopinada de Inês e dos frutos do Mondego que tinham ficado por explicar no poema *De Agnetis Caede* parecem ligar a ode e a écloga, como produtos da mesma oficina de um colégio jesuíta.

As duas produções devem ser contemporâneas, pois este final alude claramente ao *De Agnetis Caede*. São meros exercícios escolares, escritos para certames poéticos entre os mestres e alunos dos colégios da Companhia. Nenhuma das três poesias aqui mencionadas, todas atribuídas a André de Resende pelo Prof. John Martyn[6], deve ser da autoria do humanista eborense.

Por outro lado, *De Agnetis Caede* não é fonte d' *Os Lusíadas,* mas um modesto sub-produto da epopeia camoniana.

---

[4]   quidquid sententia Martis
inuidiosa uelit, quamuis nunc euocet arma,
Lusiadasque omnes libycos ducturus ad agros
excitet ad pugnam bellique incendia iactet.
(André de Resende's Poemata Latina, p. 326, vs. 80-83).

[5]   Purpureos dabimus flores uiolasque uirentes,
quas latices lambunt lacrimis quos fecerat Agnes.
Primitias fructusque dabit tibi Monda quotannis,
nostraque Apollineas onerabit uictima mensas;
multa tuos felix maculabit lampetra cultros.
Ibidem, p. 326, vs. 92-96.

[6] *André de Resende's Latin poems*: «Ad Regem Sebastum» p. 94, nº 7; «De Agnetis Caede» p. 76, nº 19; «Écloga Conimbrica» p. 325, nº 3.

18. D. SEBASTIÃO NA LITERATURA NOVILATINA DO SEU TEMPO: ANDRÉ DE RESENDE E D. SEBASTIÃO*

A Literatura Novilatina do Renascimento não é uma ocupação pedante de eruditos de gabinete, como alguns pensavam, mas o resultado da tendência para a unidade espiritual da Europa, através dos mais variados cismas e dissidências. É uma literatura para as classes dirigentes com a preocupação de aproximá-las por meio da língua universal da época, o Latim.

A poesia, sobretudo, floresce nas universidades e nas cortes europeias.

Entre nós, D. Sebastião torna-se um tema predilecto desde o seu nascimento.

Assim, Inácio de Morais no poema "Ad nascentem prolem Serenissimae Ioannae", isto é, "À nascente prole da Sereníssima Joana" coloca o nascituro na posição do menino miraculoso da Quarta Bucólica de Vergílio, aquela criança que havia de trazer a paz e a prosperidade a Roma e ao seu império. Imitando os versos vergilianos, Morais escreve:

Nascere parue puer, solio sessurus auito,
Ductor Lysiadum! Nascere, parue puer!

"Nasce, pequenino, que hás-de sentar-te no trono de teus avós, / Ó guia dos Lusíadas! Nasce, pequenino!".

---

* Colóquio *O Sebastianismo. Política, Doutrina e Mito (Sécs. XVI-XIX)*. Lisboa, Edições Colibri/Academia Portuguesa da História, 2005, p. 349-358.

E na *Tragoedia Ioannes Princeps* de Diogo de Teive, quase no final do quinto e último acto, num diálogo pungente entre o rei D. João III e a rainha D. Catarina, quando o filho de ambos, o príncipe D. João acaba de falecer, toda a esperança do futuro se concentra no fruto do parto próximo da princesa Joana. Nas palavras do rei, era a esperança de uma vida nova:

> *Nobis nepotem, regni et heredem dabit* - 1359
> ”A nós um neto, e ao reino dará um herdeiro”[1]

Um dos humanistas mais afeiçoados ao príncipe ainda menino foi o eborense André de Resende que usava o nome latino de Lucius Andreas Resendius.

Quando Sebastião tinha treze anos, portanto em 1567, escreveu um longo poema num metro pouco frequente entre os poetas novilatinos e, por isso, considerado dos mais selectos, o hendecassílabo falécio. São 230 versos.

O poema faz a história do pequeno príncipe desde antes do seu nascimento, cobrindo quase o mesmo período cronológico que a tragédia de Teive.

A dedicatória é altissonante: *Sebastiano huius nominis primo, Lusitaniae Regi, Africo, Atlantico, Aethiopico, Arabico, Persico, Indico, Taprobanico, L. Andreas Resendius S.D. humillime* ou em português, ”Lúcio André de Resende saúda com a maior humildade, Sebastião, primeiro Rei de Portugal com este nome, Rei de África, do Atlântico, da Etiópia, Arábia, Pérsia e Índia e da Taprobana”.

Sobre a megalomania pretensiosa destes títulos, e uma recente tradução em inglês, direi alguma coisa adiante.

SEBASTIANO, HVIVS NOMINIS PRIMO, LVSITANIAE REGI, AFRICO, ATLANTICO, AETHIOPICO, ARABICO, PERSICO, INDICO, TAPROBANICO, L. AND. RESENDIVS S.D. HVMILLIME

Regni delicium, Sebastiane,
regum floscule, quotquot aut fuere,

---

[1] Nair de Nazaré Castro Soares, *Diogo de Teive: Tragédia do Príncipe João*. Cit..

aut sunt, aut aliis erunt in annis,

rex diuinitus impetrate uotis,

5 et crebris date lacrimis tuorum,

ac luce orte bona, bonique diui

lucescente die auspicate uitam,

rex et Lusiadum tuorum ocelle,

et spes unica, cuius expetita

10 regni uertitur in salute cardo,

cuiusque ingenii indolem stupemus,

et laeti omine, gloriamur omnem

persuasi patriae beatitatem

uenturam duce te, statumque rerum

15 florentem incolumemque publicarum.

"Delícias do Reino, ó Sebastião, florinha dos reis, de quantos existiram, ou existem, ou existirão em anos futuros, Rei alcançado da divindade pelas súplicas, e dado pelas lágrimas frequentes dos teus, nascido com boa luz, cuja vida começou sob os auspícios dum presságio favorável, ao romper do dia.

Oh Rei, menina dos olhos e esperança única dos teus Lusíadas, rei, cuja saúde é como o eixo em torno do qual gira ansiosamente o reino, e perante cujo talento natural pasmamos de admiração e alegres com este presságio nos gloriamos, convencidos de que sob o teu ceptro há-de chegar a plena felicidade da Pátria e uma situação florescente e segura das coisas públicas».

O momento mais alegre da existência de D. Sebastião na vida da sua pátria foi sem dúvida o do seu nascimento, alguns dias depois da morte do pai, o príncipe João.

Era o primeiro parto de sua mãe, acontecimento sempre arriscado no século XVI em que não só as outras mulheres, mas também as princesas morriam frequentemente do primeiro parto. Por falta de exercício físico, morriam mais do que as camponesas que davam à luz sem assistência médica.

Depois, havia a incerteza do sexo da criança que então, não se conhecia antecipadamente.

Ora em 20 de Janeiro de 1554, dia de São Sebastião, nasceu uma criança do sexo masculino, aparentemente saudável, sem riscos para a princesa Joana, sua mãe.

Uma onda de emoção percorreu o País, à medida que a notícia era conhecida. E a explosão emocional foi particularmente forte em Lisboa, onde as boas novas foram divulgadas antes do resto do país. André de Resende foi extremamente sensível a esse acontecimento.

Um outro texto relevante é o poema latino em cento e vinte e cinco hexâmetros dactílicos, do qual, como do anterior, apenas traduzirei o começo.

AD SEBASTIANVM, LVSITANIAE REGEM SERENISSIMVM, OB REGNI ACCEPTVM REGIMEN

Sceptra bono auspicio cape, rex auguste, tuique
    ponderibus regni iam nunc assuesce ferendis.
    Satque superque datum tutoribus. Incipe fortes
    pubertate humeros submittere tute, minores
5   nec regno praetexe annos. Nihil indole tanta
    indignum facies, tua cum praetexta, senili
    cum grauitate, togae laudem superarit honestae.
    Non solis matura uenit sapientia canis,
    et sua primoris uirtus diuina iuuentae
10   munera partitur. Sapiunt quibus inditus aurae
    plenior aetheriae uigor, aut sublimius adflat
    ingenium magnas ad res mens prouida mundi.
    Haec tibi quam prono placidi clementia caeli
    numine contulerit, probat admirabilis ortus,
15   et nox illa pio fletu uigilata tuorum,
    usque ad Matutae properantia sidera nobis
    felicem radiare diem natalis herilis.
    Tam diuo comitata bono lux fulgida, nostras
    quae lacrimas luctumque metumque extersit, et orbi
20   mussanti occiduo Lusi quis regna uetusti
    sumeret, ac rerum trepidis, per gaudia uera

sollicitam exemit curam, periturane rapto

cum genitore tuo, et decus amissura tiarae.

A Sebastião, Sereníssimo Rei de Portugal, na sua Elevação ao trono

"Recebe o ceptro com bons auspícios, rei augusto, e habitua-te desde já a suportar o peso do teu reino. Tempo bastante e mais que bastante tem estado entregue a tutores. Começa a vergar os teus ombros que a adolescência torna fortes. E não pretextes a menoridade para não reinar. Nada farás indigno do teu grande engenho, quando a tua toga pretexta, com gravidade de ancião, superar a glória de uma toga ilustre.

A sabedoria não é privilégio das maduras cãs e a divina força dos primores da juventude partilha dos seus dons. São sábios aqueles a quem foi concedido vigor mais amplo da aura celeste ou a mente providencial do mundo lhes inspira um engenho mais sublime para as grandes coisas.

Quanto a clemência de um céu favorável com seu poder divino e benfazejo a ti concedeu, é prova o teu admirável nascimento, aquela noite velada com o choro piedoso do teu povo até que no seu curso ligeiro as estrelas da deusa da manhã fizeram raiar o feliz dia natal do nosso rei. Luz brilhante, acompanhada de um bem divino, a qual dissipou as nossas lágrimas e o nosso medo e o nosso luto e ao mundo ocidental que murmurava sobre quem ia herdar os reinos do antigo Luso e aos temerosos do futuro, com verdadeiro júbilo, tirou o cuidado mordente se o reino acabaria com a morte de teu pai e se perderia a honra de uma coroa real própria".

Estes vinte e três versos iniciais, de um poema de 125 hexâmetros, que começa com um frio jogo de palavras entre o verbo *praetexere* (pretextar) e *toga praetexta,* símbolo da idade viril, termina num tom emocional muito diferente. Com efeito, a evocação da madrugada de Janeiro em que D. Sebastião nasceu, cheia de luz e de esperanças, em breve tomou conta da inspiração poética de Resende.

Todavia, a emoção é ainda mais explícita em dois textos em prosa do humanista eborense, um em latim e outro em português.

O texto latino é tirado da *Conuersio Miranda D. Aegidii Lusitani, Doctoris Parisiensis, Ordinis Praedicatorum,* isto é, *A Conversão Maravilhosa do Português D. Gil, Doutor Parisiense da Ordem dos Pregadores.*

Trata-se de um livro de André de Resende, publicado postumamente por Frei Estêvão de Sampaio em Paris *apud Thoman Perier,* em 1586. Examinei-o no meu livro *Estudos sobre o século XVI* apenas na 2ª edição aumentada (INCM, Lisboa, 1983), p. 341 e seguintes, para onde remeto o ouvinte interessado[2].

Conversam André de Resende, o médico Luís Pires e o humanista Inácio de Morais. O diálogo recai sobre relíquias e seus poderes sobrenaturais, e diversos santos especializados na cura de várias doenças. Tirei o trecho do meu livro atrás citado, p. 360-361, onde pode ser visto o latim.

Diz Resende a propósito:

«Quanto o nosso Portugal decerto deve a São Sebastião, hão-de compreender aqueles que se lembrarem das epidemias de peste e da devastação das cidades, quarenta anos atrás, até que no saque da cidade de Roma, sob o comando de Bourbon, um soldado qualquer que na pilhagem dos templos deparou com o braço de Sebastião, tocado de devoção, fez o contrário do que era hábito entre os soldados que pisavam aos pés (oh sacrilégio,) as relíquias dos santos: com esse nobre espólio veio para Portugal e ofereceu o braço a D. João III, rei dos Portugueses, por quem foi generosamente recompensado.

«O Rei contou o acontecido ao Papa Clemente VII, ao mesmo tempo que enviava um régio presente ao templo saqueado, e conseguiu autorização para guardar o braço do santo mártir, decidindo fazer anualmente uma procissão, com solene cerimónia, no dia aniversário. Daí que somos muito ingratos, se não referimos à recepção da relíquia a extinção entre nós da peste que até então era epidémica. Ouçam, entretanto, os piedosos, estas palavras, e com elas se alegrem, e calem a boca os iníquos heréticos: o seco osso de um santo mártir exilou de nós a peste».

---

[2] A *Conuersio Miranda* foi publicada com texto crítico, estudo introdutório, tradução e notas por Virgínia Soares Pereira, *André de Resende: Aegidius Scallabitanus, um diálogo sobre Fr. Gil de Santarém.* Lisboa, FCB/FCT, 2000.

«E não passarei em silêncio o que considero ingratidão calar: falecido, há pouco, João, filho de D. João III, rei de Portugal, com tão grande suspeita, por parte dos estrangeiros, de desgraça para o reino e de mudanças políticas, quando eles já se gabavam de que acabara entre nós o nome de rei próprio, começaram as dores de parto a Joana, jovem filha do imperador Carlos V, à qual deixava grávida o jovem marido, acabado de falecer. Isto, na própria noite que antecedia a festa anual do santo mártir.

«E ela, em parte abatida pela tristeza da morte do marido, em parte cheia de receio do primeiro parto que estava iminente, poucas esperanças nos deixava, para não dizer que duvidávamos de que as forças lhe chegassem. Depois, além do parto, havia ainda a questão do sexo, em torno do qual girava o problema de mantermos ou perdermos a preeminência e o nome de reino. Por isso, nessa noite, toda a cidade de Lisboa, anunciando súplicas de todos os géneros, corria de velas acesas aos templos e forçava o céu com as suas preces. Ia-se em triste procissão às relíquias do santo mártir e passava-se a noite insone entre lágrimas e clamores.

«Ora, eis que estando todos suspensos de expectativa, foi a jovem aliviada, e a luz de um dia formoso se espalhou, com o parto de uma formosa criança, o nosso futuro rei, a quem por isso foi dado o nome de Sebastião, nome novo e primeiro entre reis, que eu saiba.

«Alonguei-me com mais liberdade, ó Pires e Inácio, para calar a boca aos heréticos que ladram que não deve prestar-se culto aos santos nem às suas cinzas».

E em 5 de Novembro de 1569, André de Resende ao saudar em nome da cidade o jovem Rei, na sua entrada solene em Évora, não conseguiu esconder a emoção, agora em português.

Iniciando o seu discurso com as saudações tradicionais, "Muito alto muito poderoso Rei nosso Senhor", logo se desculpou deste começo

«per palauras costumadas a se dizerem a outros Reis, pois ij ha outras proprias e particulares de Vossa Alteza. Emendome pois & digo assi. Miraculoso Rei nosso Senhor, Rei filho das lagrimas de todo nosso pouo, com non menos gemidos pedido a Deus, que com alegria grandíssima delle impetrado».

Os dois poemas mais longos sobre D. Sebastião merecem que neles nos detenhamos um pouco.

No poema escrito em 1567, aquele que começa com os títulos imperiais aí atribuídos ao rei de Portugal, há talvez nessa imponente enumeração geográfica uma intenção pedagógica. Ao rapaz de 13 anos de idade que era Sebastião, o humanista, ao chamar-lhe "Rei de Portugal, Africano, Atlântico, Etiópico, Arábico, Pérsico, Índico, Taprobânico", queria acima de tudo - creio eu - inculcar-lhe a grandeza e a responsabilidade da missão que o aguardava.

Não que Resende acreditasse no conteúdo meramente simbólico desses cognomes de Africano, etc.

A parte de África que os portugueses ocupavam ou dos outros lugares mencionados não permitia que o Rei Lusitano se considerasse senhor deles. Na generalidade, a ocupação consistia numa fortaleza ou feitoria na costa, de existência precária e insegura, para apoio da navegação.

Quanto ao último cognome, Camões nem sequer o menciona nas palavras irónicas do Velho do Restelo em *Lusíadas*, IV, 101, 8. E na estância inicial do poema limita-se a dizer que os seus compatriotas "passaram ainda além da Taprobana".

Note-se que em latim a palavra "Taprobane" é proparoxítona *Tapróbăne*. A deslocação do acento para a penúltima sílaba em português ocorre por influência da rima com "Lusitana" em *Os Lusíadas*. Taprobana em Camões é a ilha de Ceilão. Há também quem tenha tomado a palavra como designação da ilha de Samarra. E neste caso, a alusão seria às navegações dos portugueses que foram os primeiros europeus a chegar ao Japão em 1543.

Mas parece-me exagerada a tradução por "rei do Japão", como faz o Prof. John Martyn no seu livro *André de Resende's Poemata Latina /Latin poems*, que assim verte o epíteto *Taprobanicus*, aplicado a D. Sebastião.

Quem traduziu do latim o *De Missione Legatorum Iaponensium ad Romanam Curiam... Dialogus* de Duarte de Sande, S.I., acha ridícula tal tradução. Lá porque em 1567, havia alguns missionários jesuítas, de nacionalidade portuguesa no Japão, não façam de D. Sebastião "Taprobanicus", "senhor do Japão". No inglês do Prof. Martyn, "King of Japan".

A propósito, Barbosa Machado, na sua *Bibliotheca Lusitana* mostra nunca ter visto o livro do padre Sande, pois pensa que ele foi publicado em português, quando a tradução portuguesa só apareceu em 1997.

Ainda sobre os títulos atribuídos por André de Resende a D. Sebastião, recorde-se que George Buchanan, saído dos cárceres da Inquisição e fora de Portugal, troçou dos cognomes de D. João III num famoso epigrama, intitulado *In Polyonymum* que correu a Europa[3].

Mas voltemos ao poema publicado em 1567 por Resende, quando D. Sebastião fez treze anos.

O poeta refere o pensador bíblico que exclamava "Ai das terras cujo rei é uma criança"[4] (vs. 142-148).

Seguidamente, exprime a sua satisfação pelo favor divino concedido a Portugal, pois Sebastião foi educado por dois tutores de alto nível, sua avó D. Catarina e seu tio avô, o cardeal-infante D. Henrique.

Além disso, o Santo Ofício encarregava-se de fazer respeitar as leis do reino e de impedir as divisões resultantes da proliferação das seitas religiosas (vs. 152-158).

Os treze anos que Sebastião acaba de perfazer excedem em prudência e costumes os anos de cabelos brancos dos mais velhos. Assim podemos considerar feliz o reino a cujos destinos preside, não obstante a sua pouca idade.

Tudo isto o rei deve a Deus a Quem o poeta aconselha a prestar culto caloroso, assim como aos santos, especialmente a São Sebastião. Também deve excluir do seu convívio todos aqueles cuja fé é duvidosa e revelam sinais de terem sido contaminados por doutrinas estrangeiras. A estes, deve exilá-los do território nacional.

Por outro lado, aconselha o soberano a governar o seu povo sem rigores excessivos (vs. 176-194).

Finalmente, entrando no capítulo da guerra de Africa, recorda a Sebastião a brilhante vitória alcançada, anos antes, contra os que cercavam Mazagão.

---

[3] Traduzi-o em *Latim Renascentista em Portugal*, p. 180-181.

[4] *Eclesiastes 10*, 16. Devo esta informação ao Dr. Isaías A. Hipólito.

Aconselha seguidamente a repelir as incursões dos Africanos e impôr-
-lhes pesados tributos (vs. 198-211).

E se nas costas do Oriente há ainda reis rebeldes, que eles submetam
a Sebastião as suas coroas. E se o rei português vencer, o poeta compará-
-lo-á aos felizes santos do Céu, acima dos heróis da Antiguidade, visto que
não poderão igualar-se a ele, nem Baco, nem Alexandre, nem Hércules.
E Deus chamá-lo-á ao fim de uma longa velhice, depois de cumulado com
triunfos diários e despojos dos inimigos vencidos (vs. 212-230).

Até aqui, um resumo do poema. Nos versos 227-228,

> *Et quem cotidie nouis triumphis*
> *Affectum ac spoliis adoreaque.*

Affectum construído com os ablativos *triumphis, spoliis adoreaque*
supõe uma situação de beneficiário dos "triunfos, despojos e sua recompensa", mais do que a do agente directo na obtenção desses êxitos. Isto é,
D. Sebastião era o recipiendário das vitórias dos seus homens de guerra.

Vejo nestes versos de André de Resende a sugestão de que o jovem
Rei devia imitar seu avô D. João III, o seu bisavô D. Manuel, e não expor
a vida aos azares dos combates.

Com efeito, os dois reis mencionados receberam frequentemente dos
humanistas os títulos de *uictoriosissimi, triumphantissimi, inuictissimi* sem
nunca terem comandado pessoalmente as tropas. Esta situação impunha-
-se ainda mais no caso do jovem soberano que não tinha descendentes
que o substituíssem no trono.

Um exemplo significativo do Rei como símbolo da pátria a quem se
devem todos os resultados favoráveis da acção dos portugueses, atitude
típica da época, pode ver-se no título da Crónica de D. Manuel, de Jerónimo
Osório: *De Rebus, Emmanuelis Regis Lusitaniae Inuictissimi Virtute Et
Auspicio Gestis Libri Duodecim*, isto é, *Acerca dos feitos realizados pelo
valor e sob o auspício do invictíssimo Manuel rei de Portugal, doze livros*.

Num poema como este de André de Resende, há que ter em conta sub-
tilezas do latim nas afirmações, e não menos o significado das omissões.
Repare-se que no começo foram dados como responsáveis na educação

do príncipe os dois avós, D. Catarina que era simultaneamente avó e tia-
-avó e o tio-avô, cardeal D. Henrique. Mas o panegirista de D. Sebastião
omite qualquer referência aos professores do soberano, designadamente
ao preceptor, padre Luís Gonçalves da Câmara, S.I.

Ressentimento por não ter sido ele, Resende, o escolhido para dirigir
os estudos do futuro monarca? Méritos não faltavam a Resende, mas não
esqueçamos dois humanistas que, por escrito, assumiram esse pesado
encargo. Refiro-me a D. Jerónimo Osório, autor do *De Regis Institutione et
Disciplina,* isto é, *Sobre a Educação e Instrução do Rei*[5], livro dedicado *Ad
Serenissimum et Inuictissimum Portugaliae Regem Sebastianum* em 1571;
e ainda Diogo de Teive, que editou em 1565 uma *Institutio Sebastiani
primi felicissimi Lusitaniae Regis* no seu livro *Epodon siue Iambicorum
Carminum Libri Tres,* traduzida para português por Francisco de Andrade,
no mesmo livro.

São duas obras notáveis, cada uma no seu género, mas duvido de que
o rei as tenha alguma vez lido, no intervalo das suas caçadas, cavalgadas
e correrias.

Aliás, promovido pela adulação colectiva a génio incomparável, para
que precisava Sebastião do conselho de pobres mortais?

O segundo poema extenso, dedicado a D. Sebastião, cujo início tra-
duzimos, foi escrito em 1568 na entronização do soberano, aos 14 anos
de idade, como já dissemos. Não é menos encomiástico do que o escrito
no ano anterior, ao qual nos referimos até aqui, se é que, por vezes,
o não excede em adulação cortesã, talvez sincera.

A ambos se refere uma ode de Diogo Pires, poeta latino português
de reputação internacional, enviada de Ferrara a André de Resende.

Na ode de Diogo Pires, o jovem soberano de Portugal é chamado
Virginius, talvez alusão à austeridade sexual de D. Sebastião a quem se
atribuía pouco interesse pelo estado matrimonial em que todos deseja-
vam vê-lo ingressar com a maior urgência. Publiquei o texto latino e a

---

[5] Cf. Nair de Nazaré Castro Soares, *O Príncipe Ideal no Século XVI e a Obra de D. Jerónimo Osório*. Lisboa, INIC, 1994. A autora trata desenvolvidamente o problema da educação
do rei D. Sebastião. Ver o "Índice Onomástico", s.u. "Sebastião, Rei D."

tradução portuguesa da ode de Didacus Pyrrhus Lusitanus ao seu conterrâneo Lucius Andreas Resendius, em *Latim Renascentista em Portugal* (p. 212-215); e estudei o poema mais detidamente em *Para a História do Humanismo em Portugal* I (p.139-153).

No primeiro dos livros acabados de citar, traduzi também, a páginas 219, "A Silva que no exército africano com o rei Sebastião morreu. Epitáfio" da autoria do mesmo Diogo Pires.

Mais dois ou três epigramas encomiásticos sobre D. Sebastião completam o acervo poético resendiano a respeito do malogrado rei.

Quanto aos poemas anónimos sobre D. Sebastião, que o Prof. John Martyn, no seu livro *André de Resende 's Poemata Latina / Latin Poems* publicou em 1998, não creio que o humanista eborense seja o seu autor, como já escrevi noutro lugar[6]. Eles são, porém, um testemunho da importância do temário sebástico na literatura em latim da segunda metade do século XVI.

---

[6] Cf. A. Costa Ramalho, "O poema *De Agnetis Caede* será uma fonte de *Os Lusíadas?*" *Península,* Porto, Faculdade de Letras, 2004, p. 113-121. (Cf. cap. XVII do presente volume).

19. ANOTAÇÕES A UM POEMA DE ANDRÉ DE RESENDE[*]

Num artigo intitulado "Lucius Andreas Resendius Lusitanus"[1], a grande romanista Carolina Michaëlis de Vasconcelos provou que o "L." que antecede o nome em latim de André de Resende é uma abreviatura de *Lucius* e não de *Licenciado,* como alguns opinavam.

Mas juntava o comentário: "A razão por que preferiu Lúcio entre os prenomes mais usados na Roma antiga, adivinhe-a quem quiser ou puder."

Há muito que eu sabia que Lúcio estava associado à ideia de "luz" na opinião dos outros humanistas e dos familiares e amigos de Resende. Com efeito, em 1942, quando lia os manuscritos de André Falcão de Resende, para elaborar o *Catálogo dos Manuscritos da Biblioteca da Universidade de Coimbra,* relativos à Antiguidade Clássica[2], encontrei neles versos referentes a Lúcio André de Resende, seu tio, isto é, primo direito de seu pai, Jorge de Resende[3].

Citarei o começo da "Satyra ao Doutor Mestre Lucio André de Resende", actualizando a grafia:

> Claríssimo Doutor entre os Romanos,
> Dos que em Parnaso mais estão no cume,
> Lúcio Resende, e luz dos Lusitanos.

---

[*] *Humanitas* LV (2003) 309-314.

[1] *Dispersos. Originais Portugueses, I Varia* (1º volume). Edição da Revista "Ocidente", Lisboa, 1969, p. 415-434.

[2] Coimbra, Faculdade de Letras, Instituto de Estudos Clássicos, 1945.

[3] A. Costa Ramalho, *Estudos sobre a Época do Renascimento*, p.223.

Quando escrevi o *Catálogo,* era estudante de Filologia Clássica na Faculdade de Letras de Coimbra, mas não esqueci os Resendes, como provam artigos vários publicados posteriormente.

Entretanto, no Ms. FG. 6368 da Biblioteca Nacional de Lisboa encontrei uma ode latina de André de Resende na qual o humanista eborense convida o seu amigo Julião de Alba a vir jantar a sua casa, no dia em que celebrava o seu trigésimo quinto aniversário. Este dia é o da festa de Santa Lúcia ou Santa Luzia, a 13 de Dezembro.

Deste modo, fiquei a saber que "Lúcio", prenome latino de André de Resende, vem de "Lúcia". Assim sendo, o prenome tem significado cristão.

Escrevi então o artigo "Lucius Andreas Resendius. Porquê Lucius?" que saiu em *Humanitas* XXI-XXII, 1969-70, p.353-364 e foi reimpresso nas duas edições de *Estudos sobre o século XVI* (1980, 1983).

Antes de ser publicado, o artigo fora lido na Associação Portuguesa de Estudos Clássicos, numa sessão realizada em 24.02.1970.

Nesse tempo, os jornais costumavam publicar notícias das conferências realizadas, com os respectivos resumos que lhes eram enviados pelos autores. Foi o que sucedeu. E a informação sobre a data do aniversário natalício de André de Resende conheceu ampla divulgação e despertou algum interesse nos meios cultivados.

Anos mais tarde, o Prof. Paul Teyssier, catedrático da Sorbonne, publicou em *Humanitas,* XXXI-XXXII, 1979-80, um artigo com o mesmo título do meu, "Lucius Andreas Resendius. Porquoi Lucius?" em que não só concordava com as minhas conclusões, mas as reforçava com novos exemplos. Recentemente, o Prof. Aires A. Nascimento citou a ode resendiana no seu estudo intitulado "Aspectos da *pietas* em André de Resende", *Cataldo e André de Resende. Actas do Congresso Internacional do Humanismo Português (Coimbra, Lisboa, Évora)* Lisboa 2002. Na p. 263, n. 33, Aires do Nascimento acha desnecessária a emenda que eu propusera nos versos 15/16 *(Calliopem... ueridicam)* preferindo manter o texto original *(Calliope...ueridica).*

Também, como regra geral, sou de opinião que o texto original deve ser mantido, sempre que possível. E neste caso, a opinião do Prof. A. Nascimento é também a minha, há muitos anos, embora tenha deixado escapar uma oportunidade de a formular, quando reeditei a tradução da ode na segunda edição de *Latim Renascentista em Portugal* (p. 204--205) em 1993. Aliás, não alterei a lição do manuscrito.

Na verdade, tanto o asclepiadeu menor (verso 15), como o glicónico (v. 16), exigem que a vogal final de *Cālliopē* e de *uēridicā* sejam longas. São portanto dois ablativos do singular [4], colocados em posição paralela nos dois versos: *Calliope* forma o primeiro coriambo do asclepiadeu menor (v. 15) e *ueridica* o coriambo do glicónico (v. 16).

Esta posição paralela facilita a sua ligação *(Calliope... ueridica)* no mosaico de palavras, à maneira de Horácio, da estrofe resendiana.

Podemos mesmo considerar esta sequência como um "ablativo absoluto", embutido separadamente no conjunto da frase e dar-lhe em português as traduções habituais: *Calliope... ueridica,* "sendo Calíope...verdadeira"; "se Calíope diz a verdade"; "porque Calíope diz a verdade".

A ambiguidade, resultante do "ablativo absoluto", valoriza o discurso poético, como veremos na tradução com que termina a presente nota.

Concordo, portanto, em conservar o texto tal como nos é apresentado pelo manuscrito de Lisboa.

Mas já não me parece necessária a emenda que o Prof. Aires do Nascimento propõe no verso inicial da ode, substituindo *Numae* por *Capri.*

Reconheço que *mensis Numae* em Ausónio e Sidónio Apolinar é o mês de Fevereiro que era o mês final do calendário tradicionalmente atribuído a Numa Pompílio[5]. Mas no calendário juliano, em vigor no tempo de Resende, o último mês era então, como hoje, o de Dezembro.

Dada a facilidade com que os humanistas adaptavam expressões antigas às realidades modernas, e tomado *mensis Numae* por "último mês do ano", teremos o mês de Dezembro. E os "Idos de Dezembro" são de facto no dia 13, data da festa de Santa Luzia.

Dou agora o texto da ode e a sua versão portuguesa, como apareceu em *Latim Renascentista em Portugal* (p. 204-205) com ligeira alteração na tradução dos versos 15/16.

---

[4] Note-se que *Calliope* podia ser igualmente nominativo do singular, noutras circunstâncias.

[5] Cf. A. Costa Ramalho, *Estudos Sobre o Século XVI*, p.208.

L. RESENDIVS IVLIANO ALBIO

Idus mense Numae, Lucia quo die
Inter Sicelides prima nitet deas
Septem retro mihi lustra uolubili
Defluxisse monent rota.

5 *Primum hac luce caput Lucius extuli,*
Emersique nouas aetheris in uagi
Auras, excipiens quem dea protinus
Blando Calliope sinu,

Musaeoque lauens amne, meus meus
10 *Hic hic dixit erit. Diuitias licet*
Saturni astra negent, non ego pauperem hunc
Mutem diuitibus decem.

Albi, quemque tenet caecus amor sui,
Solaturque famem Delphicus hic furor.
15 *Sed tu Calliope stamina currere*
Nobis ueridica putas.

Natali ergo meo neu tenueis opes,
Neu mensam tenuem sperne potentior,
Quin ipso uenias tempore cum tribus,
20 *Non ingrate, sodalibus.*

Est hoedus mihi, iam cornua cui caput
Tuber reddiderunt, hornotina et scrofa
Nec dum mater, et ex corte auiaria
Gliscens pullities cibo.

25 *Nec Pomona aberit diuite copia*
Nec deerunt facilis munera Nysii,

Curas quae anxiferas eluerint, data
Nigris pernicie cadis.

Vltra haec, carminibus fercula condiam,
30 *Flacci Daedalios pone sequens modos,*
Quamuis inferior, non tamen horridae
Inuentus fidicen lyrae

(Biblioteca Nacional de Lisboa, MS. EG. 6368, fol. 328v°.-329v°.)

LÚCIO RESENDE A JULIÃO DE ALBA

Os Idos do mês de Numa, no dia em que Lúcia brilha
como primeira entre as santas da Sicília, avisam-me de
que sete lustros ficaram para trás em veloz carreira.

A esta luz, eu, Lúcio ergui a cabeça pela vez primeira e
surgi para as auras novas do éter flutuante. E a divina
Calíope logo me recebendo em seu brando regaço,

Enquanto me lavava na corrente das Musas, disse: "Meu,
meu será este; ainda que os astros de Saturno lhe neguem
riquezas, não trocarei este pobre por dez ricos".

Álbio, a todos possui um cego amor próprio e consola a
ambição esta inspiração poética. Mas tu crês que, sendo
Calíope verdadeira, os fios correm a meu favor.

Por isso, no meu dia de anos, ainda que mais poderoso,
não desdenhes meus pobres recursos nem mesa pobre.
Antes vem, tu que não és ingrato, com três
companheiros, na hora justa!

Tenho um cabrito, cuja cabeça já engrossam as hastes, e

uma porca de um ano, que ainda não foi mãe, e da capoeira
vem um frango que lá engorda.

Também Pomona não estará ausente com a sua
abundância. E não faltarão os dons do fácil Niseu, que
hão-de dissipar os cuidados ansiosos, se esvaziarmos
negros pichéis.

Além disso, adubarei de versos os pratos, seguindo na
esteira dos ritmos hábeis de Flaco, decerto inferior a ele,
mas não julgado poeta de lira destemperada.

20. NÓTULA SOBRE MARTIM OU MARTINHO (DE) FIGUEIREDO E ANDRÉ DE RESENDE[*]

No Prefácio do importante livro da Doutora Virgínia Soares Pereira[1], escrevi:

"Em 1529, o desembargador do Paço e professor da Universidade de Lisboa, Doutor Martim de Figueiredo, publica o seu *Commentum in Plinii Naturalis Historiae Prologum,* cuja importância tem sido exagerada por alguns. Trata-se de um comentário modesto, feito ao nível dos alunos, de um texto que, apesar de estabelecido por Ângelo Policiano (m. 1494), já se encontrava desactualizado, quando foi impresso. Cinco anos mais tarde, na abertura solene das aulas do ano lectivo de 1534-35, André de Resende não menciona sequer Martim de Figueiredo."

Gostaria de juntar algumas considerações a estas palavras.

O silêncio de André de Resende é tanto mais notável, quanto é certo que nesse discurso público (que é o que *Oratio pro Rostris* quer dizer), o humanista eborense faz o elogio dos mais significativos professores passados e presentes da Universidade de Lisboa. Ora Martim de Figueiredo tinha falecido há pouco, se de facto faleceu em 1530. E não era todos os dias que em Portugal se publicava um livro com as pretensões do *Commentum in Plinii Naturalis Historiae Prologum,* um livro que parecia

---

[*] *Humanitas* LIII (2001) 337-341.

[1] *André de Resende, Aegidius Scallabitanus. Um Diálogo sobre Fr. Gil de Santarém*, p. 10.

confirmar aquela renovação nos estudos das Humanidades que o orador postulava para o País. A verdade é que o silêncio de Resende é intencional.

Também desejo explicar as palavras "escrito ao nível dos alunos", para quem não tenha lido o livro, isto é, a quase totalidade dos estudiosos, pois alguns que sobre a sua excelência se pronunciaram, nunca o leram. Isto, aliás, não é raro em Portugal.

Mas as palavras "ao nível dos alunos" querem dizer que o latim da exposição didáctica de Figueiredo não é o mesmo elegante latim humanístico de que o autor faz gala em duas cartas do seu livro que traduzi e comentei em *Latim Renascentista em Portugal*, 2ª edição, (p. 136-153).

As duas cartas são: *Ioanni Serenissimo Lusitanorum Regi Martinus Figueretus S. D.* e *Martinus Figueretus humanissimis atque acutissimis Lectoribus S. P. D.* e são a fonte da maior parte do que sabemos sobre o seu autor.

As duas cartas, de bom nível literário, são escritas num estilo muito diferente do latim coloquial, desataviado, da comunicação oral que caracteriza os comentários a Plínio do livro de Figueiredo.

Isto faz supor que as aulas eram dadas em latim. Também, como supõe a Drª Maria José de Araújo Ferreira Lopes, não é improvável que o texto de Figueiredo seja baseado em notas tiradas nas aulas pelos alunos. Como conclui a referida investigadora: "Creio ser patente que a intenção de ser útil a todos fez Martinho de Figueiredo passar de comentador de Plínio a professor de Latim..."[2].

Mas voltando à omissão de Martim Figueiredo do número dos professores notáveis da Universidade de Lisboa, no discurso de André de Resende em 1 de Outubro de 1534: haveria da parte de Resende qualquer hostilidade contra Figueiredo? É difícil sabê-lo, mas tal não parece o caso. Aliás, o jurista era pessoa amável, avesso a procurar querelas (isso vê-se no próprio *Commentum)* e até gozava da reputação de louvaminheiro.

---

[2] «Martinho de Figueiredo, editor crítico de Plínio? Algumas considerações sobre as perspectivas filológicas dos seus comentários», *Actas do I Congresso Internacional Humanismo Novilatino e Pedagogia (Gramáticas, Criações Maiores e Teatro)*, Universidade Católica Portuguesa, Faculdade de Filosofia, Braga, 1999, p. 320.

Assim o considera Henrique Caiado, que o conheceu em Itália, e dele fala num epigrama publicado em Bolonha, em 1501.

Não querendo alongar esta nota, remeto para o capítulo "Um epigrama de Henrique Caiado", *Para a História do Humanismo em Portugal III*, (p. 49-52).[3]

André de Resende falará de Figueiredo, mas a outro propósito, no *De Antiquitatibus Lusitaniae,* que saiu póstumo, muitos anos mais tarde, em 1593. Trata-se até de assunto de grande actualidade, neste mês de Março de 2001: a corrente indomável do rio Douro.

Conta André de Resende:

> *"Nobis adolescentibus, Martinus Ficaretus iurisconsultus et Latinarum Litterarum non imperitus, quibus operam non ignauam sub Politiano Florentiae dederat, cum intelegeret, amota cataracta, posse cymbas usque ad maxime frumentarios Sarabris Senticaeque agros, paruo negotio subuehi, et frumento onustas prono amne redire, non minima laxioris annonae praetenta spe, patriae emolumento, rege permittente, priuatus ipse, et impari tantae rei censu, moliri opus attentauit, bonamque obstaculi partem summo labore irruperat."* (De Ant. Lusit., fol. 73).

Em tradução literal: "Era eu adolescente, Martim Figueiredo, jurisconsulto e não desconhecedor das letras latinas a cujo estudo se dedicara diligentemente em Florença guiado por Policiano, compreendendo que, removida certa catarata do rio, podiam as barcaças subir com pequeno esforço até os campos ricos em trigo de Toro e de *Sentica*[4] e voltar, descendo a corrente, carregadas de cereal, com o engodo não pequeno de um mercado mais barato para proveito da pátria, obtida a permissão do rei, ele, um simples particular, cujos rendimentos não estavam à altura da empresa, tentou realizar os trabalhos, e rompera já, à custa do maior esforço, uma parte do obstáculo."

---

[3] Inicialmente publicado em *Miscelânea de Estudos Linguísticos, Filológicos e Literários In Memoriam Celso Cunha,* Rio de Janeiro, Nova Fronteira, 1995, p. 699-703.

[4] Cf. Maurice Besnier, *Lexique de Géographie Ancienne.* Paris, Klincksieck, 1914, *s.v.,* que não identifica o nome latino com o de qualquer povoação moderna.

Seguidamente, conta André de Resende que rivais e invejosos se meteram de permeio e malsinaram Figueiredo perante D. João III, apresentando-o como semilouco e perdulário, a tal ponto que o monarca não só negou qualquer ajuda económica mas ordenou a suspensão da obra. Esta só veio a ser concluída no século XVIII, no reinado de D. Maria I[5].

Quanto a Martim de Figueiredo, note-se que André de Resende o trata com simpatia, não isenta, por ventura, de alguma ironia (ao chamar-lhe no trecho aqui omitido *optimus uir),* mas esquece aspectos relevantes da biografia de Figueiredo, como o seu magistério universitário e a autoria do livro pliniano. Exactamente o que fizera na *oratio* de 1534. E isto, apesar de *Commentum* e *Oratio* terem sido impressos na mesma oficina de Lisboa, a de *Germanus Galhard* ou *Germanus Galliardus Gallus,* no curto intervalo de cinco anos.

E no entanto a *Naturalis Historia* do *Plinius Maior* está de contínuo presente no *De Antiquitatibus Lusitaniae.*

Da extensa peregrinação pelo estrangeiro, de que regressara a Portugal em 1533, Resende conhecia certamente edições da *Naturalis Historia,* anteriores à lisbonense de 1529, e mais perfeitas do que esta[6]. Embora se tratasse apenas do livro I e faltasse o corpo da obra, os começos prenunciavam a fraca qualidade do resto. E, naturalmente, o humanista eborense a uma condenação extemporânea preferiu o silêncio.

---

[5] Cf. R. M. Rosado Fernandes, *André de Resende, As Antiguidades da Lusitânia.* Introdução, tradução e comentário de (...). Lisboa, Fundação Calouste Gulbenkian, 1996, p. 259 n. 106. O texto latino transcrito no presente artigo é o de Évora, 1593, reproduzido em fac-simile por Rosado Fernandes.

[6] Citei uma edição de Veneza, 1513, em *Para a História do Humanismo em Portugal,* IV, p. 24.

21. DOIS EPIGRAMAS ATRIBUÍDOS A ANDRÉ DE RESENDE[*]

A atribuição é da autoria do Prof. John R. C. Martyn no seu livro *André de Resende's Poemata Latina/Latin Poems*[1]:

Corneliae Victoriae, de obitu coniugis Piscariae principis

"Te sine non uiuam, mi Brute," exterrita dixit
  Porcia, et ardentes sorbuit ore faces.
"Dauale, te extincto", dixit Cornelia "uiuam,
  ut possim longos maesta uidere dies."
Vtraque Romana est, sed in hoc Victoria maior.
  Viua dolere potest, mortua nulla potest.

«A Cornelia Vittoria sobre a morte do marido, marquês de Pescara"

"Sem ti não viverei, meu querido Bruto," disse aterrorizada
  Pórcia, e engoliu brasas em fogo.
"Dávalos, falecido tu, viverei" - disse Cornélia - "para que
  eu possa, em tristeza, ver longos dias".
Ambas são romanas, mas neste caso, Vitória é maior.
  Viva pode sentir a dor que morta alguma pode sentir.

---

[*] *Humanitas* 56 (2004) 425-431.
[1] Lewiston - New York, 1988, 41-42.

A palavra *princeps* em latim aplica-se a qualquer pessoa principal e não apenas ao "príncipe" como título nobiliárquico. No Latim Renascentista usou-se de qualquer magnate ou titular. Neste caso, o *Piscariae princeps* é Ferrante D'Avalos, marquês de Pescara. E Cornélia Vitória é a famosa Vittoria Colonna, bem conhecida em Portugal, nos meados do século XVI.

O Prof. Martyn que, segundo parece, não sabe nada disto, traduz *Piscariae princeps* por "Prince of the Fishmarket", inesperadamente "Príncipe do Mercado do Peixe".

A julgar pelo manuscrito quinhentista do Colégio de Santo Inácio, no Rio de Janeiro, onde também se encontra, o epigrama é provavelmente obra de um jesuíta.

Com efeito, este manuscrito, trazido em tempos de Roma por um jesuíta, é constituído, na quase totalidade, por poemas da autoria de membros da Companhia. Na primeira metade encontram-se os cinco coros de *Achabus,* a segunda metade contém o texto de *Saul Gelboaeus,* duas tragédias de Miguel Venegas, S.J.

O título no manuscrito do Rio de Janeiro é *De Cornelia Victoria comparata cum Portia uxore Bruti, in obitu eius uiri,* "Acerca de Cornélia Vittoria, comparada com Porcia, mulher de Bruto, na morte do seu marido".

O epigrama compara o destino de duas mulheres, ambas romanas, que perderam os maridos: Pórcia, a da Roma da época de César, ter-se-ia suicidado depois da morte do cônjuge, o Marco Bruto que assassinou com outros Júlio César. Derrotado em combate pelas forças de Octávio e Marco António, suicidou-se em 42 a.C.

Vittoria Colonna (1492-1547), a romana moderna, limitou-se a sobreviver ao marido, Ferrante d'Avalos, marquês de Pescara, falecido em resultado de ferimentos recebidos na batalha de Pavia, no ano de 1525, na qual foi feito prisioneiro pelos espanhóis o rei Francisco I de França.

Vittoria Colonna, de uma nobre família romana, viveu ainda vinte e dois anos, depois da morte do marido. Foi poetisa admirada, centro de um círculo de intelectuais e artistas, o mais célebre dos quais foi Miguel Ângelo, escultor e pintor, também poeta, de quem Vittoria se tornou a Musa inspiradora.

Olhando objectivamente o *Fatum* das duas mulheres, o de Pórcia parece bem mais trágico. Mas no Renascimento, quando o paradigma da Antiguidade Clássica estava sempre diante dos olhos dos poetas, a comparação de um contemporâneo com uma figura do mundo antigo era sempre favorável ao moderno.

Neste caso, porém, a comparação parece assentar numa falsa tradição, posta a circular por Valério Máximo. Na verdade, Pórcia (felizmente para ela!) não precisou de engolir carvões em chamas, porque já teria morrido, quando Bruto se suicidou. Ver a esse respeito o *Oxford Classical Dictionary,* s.u. "Porcia".

Vittoria Colonna foi também conhecida no meio cultural português do seu tempo. A linhagem dos Sás, a que pertenceram João Rodrigues de Sá de Meneses e Francisco de Sá de Miranda, conservava a memória de um antepassado distante que casara com uma senhora desta nobre família romana. E Sá de Miranda terá sido bem acolhido por Vittoria durante a sua estadia em Itália (1521-1525).

Dirigidos a João Rodrigues de Sá, Francisco escreve os conhecidos versos que começam:

"Dos nossos Sás Coloneses/Gram tronco, nobre colunna".

E no brasão de Mem de Sá, impresso na portada do poema *De Gestis Mendi de Saa* (1562), lá figura, bem ao centro, a coluna que evoca a memória dos Colonnas romanos.

Também o arquitecto e pintor Francisco de Holanda, durante a sua viagem de estudo em Itália (1538-1547), frequentou o círculo erudito de Vittoria Colonna onde conheceu e ouviu Miguel Angelo, como conta no seu livro *Da Pintura Antiga.*

A respeito do nível desses diálogos, recheados de memórias eruditas da Antiguidade Clássica, ver o episódio narrado em A. Costa Ramalho, "Sobre um passo de Francisco de Holanda", *Para a História do Humanismo em Portugal,* II, p. 189-191.

Um admirador italiano e panegirista de Vittoria Colonna esteve em Lisboa no começo da década de quarenta do século XVI. Trata-se de

Girolamo Britonio, natural de Sicignano, que usou o nome humanístico de Hieronymus Britonius Sicinius. Eram conhecidas as suas relações com Diogo Sigeu e sua portentosa filha, Luísa Sigeia.[2]

Em três oitavas de um poema em italiano, publicado em Veneza em 1550, o poeta recorda, além dos Sigeus, pai e filha, alguns portugueses que conheceu, durante o seu exílio em Portugal: o duque de Aveiro (certamente D. João de Lencastre), Simão da Silveira, Jorge Coelho, António Pinheiro, André de Resende, "o nobre Sago com o seu douto pai".

Li estas três oitavas no artigo de Eugenio Asensio, "El italiano Britonio, cantor de la Lisboa de D. João III".[3] Asensio confessa não ser capaz de identificar os dois homens de apelido Sago. Creio que se trata de Francisco de Sá de Meneses, o futuro conde de Matosinhos, poeta do Leça, e de seu pai, o mais famoso João Rodrigues de Sá de Meneses, tradutor em verso de Ovídio, e autor do diálogo latino *De Platano*.

Britonio é apenas um autor possível, porque nada impede que o epigrama incluído, como vimos, no códice jesuítico do Rio de Janeiro, seja obra de um discípulo dos Jesuítas.

Com efeito, o extraordinário prestígio social, religioso e até político de que desfrutou Vittoria Colonna, sobretudo depois de 1525, quando viúva de Ferrante d'Avalos, marquês de Pescara, se correspondeu com o imperador Carlos V e os papas que então ocuparam o sólio pontifício, torna-a numa das mulheres mais notáveis da Itália do seu tempo. Não ficaria mal, por isso, a um membro da Companhia de Jesus, nessa altura em progressiva ascensão, escrever o epigrama laudatório em honra da marquesa de Pescara.

O segundo epigrama do presente artigo, atribuído categoricamente a André de Resende, pelo Prof. John R. C. Martyn, é o famoso *De Roma*

---

[2] Cf. A. Costa Ramalho, «A propósito de Luísa Sigeia», *Humanitas* 21-22 (Coimbra, 1969-1970), reimpresso em *Estudos sobre o Século XVI*. Sobre Britonio, consultar o "índice Onomástico" deste Livro.

[3] Publicado inicialmente em *Arquivos do Centro Cultural Português,* vol. V (Paris, Fundação Calouste Gulbenkian, 1972) e reproduzido em Eugenio Asensio, *Estudos Portugueses* (Paris, Fundação Calouste Gulbenkian, 1974) 248.

Antiqua que conheço, há muitos anos, e de que fiz menção no meu *Catálogo dos Manuscritos da Biblioteca Geral da Universidade de Coimbra, relativos à Antiguidade Clássica,* publicado em 1945. Encontrei-o anónimo na miscelânea manuscrita nº 334 da dita biblioteca.

O manuscrito da B.G.U.C. é do começo do século XVIII, o que constitui uma prova da difusão do epigrama. Nesse mesmo século encontramos versos do pequeno poema, acompanhados do nome do seu autor, Ianus Vitalis, a servir de *motto* a uma composição poética em inglês de John Dyer, e Ianus Vitalis, expressamente citado como autor do *De Roma Antiqua* pelo crítico literário Dr. Johnson na *Life of Johnson* de James Boswell. Tudo isto vem citado em pormenor no artigo "Um epigrama em latim, imitado por vários" que publiquei em *Humanitas* 4 (1954) e 5-6 (1955-56) e reproduzi mais tarde em *Estudos sobre a Época do Renascimento* (1ª edição, Coimbra, IAC/CECH, 1969; em *2ª* edição melhorada, Lisboa, FCG/ JNICT, 1997), como capítulo XVIII, com o título de "As Ruínas de Roma".

A versão publicada foi transcrita de Io. Matthaeus Tuscanus, *Carmina Illustrium Poetarum Italorum,* vol I. (Lutetiae, 1576) p. 283. Aí o seu autor é Ianus Vitalis. Consultei este livro na Bodleian Library, em Oxford.

Na altura, talvez com uma opinião optimista sobre os conhecimentos de latim, então correntes neste país de latinófobos que é Portugal, deixei de dar uma tradução. Mas sabe-se cada vez menos a língua de Roma e acho melhor, depois do texto original, dar a versão portuguesa.

DE ROMA

Qui Romam in media quaeris nouus aduena Roma,

    Et Romae in Roma nil reperis media,

Aspice murorum moles, praeruptaque saxa,

    Obrutaque horrenti uasta theatra situ:

Haec sunt Roma: uiden uelut ipsa cadauera tantae

    Vrbis adhuc spirent imperiosa minas?

Vicit ut haec mundum, nisa est se uincere: uicit,

    A se non uictum ne quid in orbe foret.

Nunc uicta in Roma uictrix Roma illa sepulta est?

    Atque eadem uictrix, uictaque Roma fuit

Albula Romani restat nunc nominis index,

Qui quoque nunc rapidis fertur in aequor aquis.

Disce hinc quid possit fortuna: immota labascunt,

Et quae perpetuo sunt agitata manent.

ACERCA DE ROMA

"Recém-chegado que procuras Roma no meio de Roma,

e de Roma no meio de Roma nada encontras,

contempla a grandiosidade dos muros, os penedos a pique

e caídos em ruína horrorosa os imensos teatros.

Tudo isto é Roma. Não vês, como se eles fossem o cadáver de

tão grande cidade, que respira ainda imperioso e ameaçador?

Qual ela venceu o mundo, assim foi forçada a vencer-se a si

própria. Venceu, para que nada no universo ficasse por vencer.

Agora na Roma vencida está sepulta a famosa Roma vencedora

e foi a mesma, a Roma vencedora e a vencida.

Sinal do nome romano só resta o Tibre que ainda agora é

levado com suas águas rápidas ao mar imenso.

Aprende daqui o que pode a Fortuna: o que é imóvel desliza

em ruínas, e o que perpetuamente se move, é o que fica".

Métrica e estilisticamente, o epigrama é fraco. Mas a ideia central de transitoriedade das coisas humanas, expressa numa série de contrastes, impressionou os leitores e fez que esta pequena elegia, sob a forma de epigrama, fosse a origem de alguns sonetos que se tornaram famosos.

A autoria de Ianus Vitalis não pode ser posta em dúvida. O epigrama aparece em 1553 no seu livro *Iani Vitalis Panormitani Sacrosanctae Romanae Ecclesiae Elogia* (Romae apud Valerium Doricum Aloysium Fratres Brixien. Anno Domini. 1553) p. 3.[4]

---

[4] G. H. Tucker, «Sur les *Elogia* (1553) de Janus Vitalis et *Les Antiquitez de Rome* de Joachim du Bellay», *Bibliothèque d'Humanisme et Renaissance* 47 (Librairie Droz S.A., Genève, 1985) 103-112.

A autoria de André de Resende é uma fantasia do Prof. John Martyn. As colectâneas manuscritas de versos latinos contêm composições variadas, algumas delas escolhidas apenas pela sua voga ao tempo, e geralmente transcritas sem indicação do autor.

A atribuição a André de Resende, por parte de Martyn, tem por base o aparecimento do epigrama em manuscritos que ele atribui a André de Resende. Mas essa opinião não assenta em qualquer prova concreta. Os manuscritos referidos pelo professor australiano contêm composições anónimas, de autores diversos, na sua maioria da Companhia de Jesus.[5]

Também a estadia de André de Resende em Roma, cerca de 1533, quando acompanhava D. Pedro de Mascarenhas, seu aluno, então embaixador de D. João III junto do imperador Carlos V, não está comprovada por qualquer facto ou documento concreto. E mesmo que lá tivesse estado, isso não quer dizer que o epigrama seja necessariamente da sua autoria. Havia em Roma muitos poetas latinos.

Assim, afirmar categoricamente a autoria de Resende, como Martyn fez, em nota ao epigrama no seu livro *André de Resende's Latin Poems*, p. 41, constitui uma atitude acrítica e fantasista.

---

[5] A. Costa Ramalho, «O poema *De Agnetis Caede* será uma fonte de *Os Lusíadas?*». Artigo incluído no presente volume.

22. HUMANISMO NA CORTE DE D. MANUEL: DAMIÃO DE GÓIS E O TESTEMUNHO DE CATALDO[*]

Em 1967, a investigadora americana Elisabeth Feist Hirsch publicou *Damião de Góis. The Life and Thought of a Portuguese Humanist*, The Hague (Netherlands), Martinus Nijhoff, livro de que fiz recensão em *Humanitas* XIX-XX (1967-68) reimpressa posteriormente em *Estudos sobre o Século XVI* (1980 e 1983).

Nessa recensão, entre as deficiências do livro, apontei como uma das principais a ignorância da Autora a respeito dos estudos publicados nos últimos anos em Portugal, e sobretudo em Coimbra, acerca da vida cultural portuguesa nos finais do século XV, no reinado de D. João II e primeiros anos do reinado de D. Manuel.

Vinte anos mais tarde, surgiu a tradução portuguesa, de Lia Correia Raitt, publicada pela Fundação Calouste Gulbenkian, Lisboa, 1987. Nesta altura, o livro da professora americana estava ainda mais desactualizado, pois a investigação sobre as origens e início do Humanismo Renascentista em Portugal tinha prosseguido incessantemente nas duas décadas que medeiam entre a edição em inglês e a sua versão portuguesa.

Foi a ignorância do que se passava na corte portuguesa que levou a Professora Hirsch a atribuir ao rei D. Manuel pouco interesse pela cultura literária mais avançada do seu tempo. Ora a corte portuguesa na época de D. Manuel foi a impulsionadora da renovação cultural que se estava efectuando no nosso país.

---

[*] Separata de *Damião de Góis e o seu Tempo (1502-1574)*. Lisboa, 2002, p. 1-14.

Eram inúmeros os estudantes portugueses na Itália, fonte do Humanismo Renascentista em toda a Europa. Segundo Armando Verde[1], só em Florença, entre 1473 e 1503, foram alunos do *Studio* 54 portugueses. E há humanistas italianos na corte portuguesa, desde a regência do infante D. Pedro.

Aqui interessa-nos especialmente Cataldo Parísio Sículo, chegado a Portugal em 1485, para exercer as funções de *orator* do rei, isto é, secretário latino, orador político e embaixador, mas sobretudo para dar uma educação moderna a D. Jorge, filho de D. João II e de D. Ana de Mendonça.

Assim, muitos anos antes do nascimento de Damião de Góis (1502), temos o latim oficialmente instalado na corte.

Na presente comunicação, tenciono ocupar-me de alguns alunos de Cataldo Parísio e da sua presença na *Crónica do Felicíssimo Rei D. Manuel* de Damião de Góis, que começa exactamente com a morte de D. João II e a apresentação de D. Jorge como possível sucessor de seu pai.

Comecemos pelo aluno inicial de Cataldo, aquele cuja educação provocou a sua vinda para Portugal em 1485.

A crónica abre com a notícia do falecimento de D. João II em Alvor, no dia 25 de Outubro de 1495. E logo no segundo período da mesma página escreve Damião de Góis:

> «E porque antes do seu falecimento havia vários pareceres e opiniões de a quem deixaria a sucessão do Reino, se a D. Emanuel, duque de Beja seu primo com irmão, se a D. Jorge seu filho bastardo, me pareceu necessário declarar logo aqui no começo desta Crónica algũas cláusulas do que ordenou em seu testamento, 26 dias antes que falecesse, pera que se saiba quão bem despôs de todalas cousas que a sua alma e consciência convinham» (p. 3-4).

Em Cataldo há provas de que a opinião de que D. João II deixaria o trono a seu único filho vivo, pois o herdeiro legítimo D. Afonso falecera em 1491, era corrente na corte.

---

[1] Armando Verde, O.P., *Lo Studio Fiorentino (1475-1503)*, Pistoia, 1977, III, p. XXIII.

E quando em 1494, o Dr. Hieronymus Monetarius, um médico alemão chamado Jerónimo Münzer, esteve em Portugal, Cataldo, que o apresentou a D. João II, fez-lhe conhecer também o filho do rei, o seu pupilo D. Jorge.

Münzer chama a Cataldo *orator regius* que Basílio de Vasconcelos[2] na sua versão portuguesa traduz erradamente por «pregador». Cataldo era *doctor in utroque iure* e nunca foi padre.

Falando de D. Jorge, escreve o Dr. Monetarius:

«Tem este rei (D. João II) um filho bastardo, D. Jorge, adolescente de 13 anos, dotado de tanto engenho, tão douto em recitar poetas, para a sua idade, que mais não pode desejar-se. Tem o mesmo Jorge como preceptor o doutíssimo Cataldo Parísio Sículo, orador notabilíssimo que me prestou infinitos obséquios. Seria bem digno este rapaz do ceptro real, devido à excelência do seu talento e costumes. Quando era pequeno e rebelde ao preceptor, Cataldo tratou-o com mais rigor do que o habitual, com ameaças e pancadas, e quebrou nele as más tendências. Agora é ele quem diz para quem o quer ouvir: a dureza de Cataldo fez-me bem. Que mais dizer? É um adolescente cultíssimo, para a sua idade. Bom conhecedor de Horácio, Ovídio e outros. Era também muito hábil em compor versos».

Esta tradução é da minha autoria, utilizando o texto latino impresso por Basílio de Vasconcelos.

Pelo que diz respeito aos versos que D. Jorge compunha, sendo Cataldo italiano e Münzer alemão, os versos que ambos podiam apreciar eram certamente em latim, visto que a composição de versos latinos fazia parte da educação humanística.

Apesar de tudo isto que acabamos de ouvir, o Dr. José Hermano Saraiva no seu livro *Vida Ignorada de Camões,* interpretando mal uma anedota quinhentista, faz de D. Jorge um símbolo da nobreza ignorante e iletrada[3].

---

[2] Basílio de Vasconcelos, *«Itinerário» do Dr. Jerónimo Münzer (Excertos),* Coimbra, 1932, p. 14.

[3] Cf. A. Costa Ramalho, *Camões no seu tempo e no nosso,* p. 63-66.

Voltemos, porém, a Damião de Góis. A próxima vez que encontramos D. Jorge na *Crónica d'El rei D. Manuel,* refere-se à morte de seu pai D. João II, um ano depois da visita do Dr. Münzer, quando D. Jorge, órfão, vai beijar a mão de D. Manuel, primo e cunhado de seu pai, que acabava de ser aclamado rei de Portugal.

Neste capítulo II da Parte Primeira da sua *Crónica,* falando da rainha viúva D. Leonor, irmã do rei D. Manuel, Damião de Góis não deixa escapar a oportunidade de mencionar o papel de D. Leonor na sucessão, «a qual Senhora foi causa única, de ele (D. Manuel) ficar nomeado na sucessão destes Reinos».

Nesta prestação de obediência e menagem ao novo rei, foi D. Jorge acompanhado pelo seu aio, D. Diogo de Almeida, prior do Crato, gloriosa figura de guerreiro, de cuja vida heróica Cataldo compôs um relatório em latim para o papa Inocêncio VIII, que se encontra em *Epistolae I,* fol. C4v°, publicadas em 1500.

Vimos atrás como D. Jorge, em conversa com o Dr. Münzer se mostrou grato à severidade do seu mestre Cataldo.

Mas um ano depois, quando o rei seu pai faleceu, D. Jorge logo começou a sacudir o jugo imperioso de Cataldo, seu preceptor.

Há nas cartas e nos versos do humanista, abundantes queixas sobre a nova situação.

Em Damião de Góis, a referência seguinte a D. Jorge, na sua *Crónica d'El Rei D. Manuel* diz respeito ao seu casamento.

No testamento do rei D. João II, este recomendava ao sucessor que, se não tivesse descendência, escolhesse D. Jorge para lhe suceder, e que, tendo filhas, desse uma em casamento a D. Jorge.

Em 1500, o Rei casou D. Jorge com D. Beatriz, filha do Senhor D. Álvaro, irmão do duque de Bragança, D. Fernando, decapitado por traição em 1483. Durante o exílio dos Braganças, após a condenação do duque, D. Beatriz ficara em Portugal, ao cuidado da rainha D. Leonor que a criou em sua casa como filha a quem muito queria.

Damião de Góis (I, cap. XLV) refere com pormenor o interesse pessoal que a rainha viúva mostrou neste casamento, como se de filha sua se tratasse. E conta que o casamento se realizou a 31 de Maio de 1500, e como, dias antes, a 25 do mesmo mês, «deu el-Rei título a D. Jorge de duque de Coimbra e Senhor de Montemor-o-Velho, além dos que já tinha de mestre das ordens de Santiago e de Avis».

Damião de Góis enganou-se na data do casamento, pois a 31 de Maio foi a assinatura do contrato nupcial, mas o casamento terá lugar, mais tarde, a 26 de Novembro de 1500.

As relações entre Cataldo Parísio e seu discípulo D. Jorge parecem ter-se recomposto por esta altura. Com efeito, o humanista dedicou ao acontecimento um *Epitalâmio* em latim que assinala a entrada na corte portuguesa da poesia novilatina em celebrações oficiais, à maneira das cortes de Itália, na época do Renascimento. Este epitalâmio, um poema nupcial, é um texto extremamente interessante, não tanto pelo seu valor poético como pelo testemunho sobre a vida social da corte[4].

O panegírico dos nubentes e suas famílias era de regra nestas composições e os méritos intelectuais e culturais de D. Jorge não são esquecidos.

Quanto à cronologia, o *Epithalamium* corrige Damião de Góis que confundiu a data da assinatura do contrato nupcial (25.V.1500) com a do casamento efectuado em 26 de Novembro de 1500. E não é esta a única vez em que o poeta novilatino italiano corrige o historiador português.

Em 1498, o rei D. Manuel mandou Cataldo ensinar os filhos de D. Fernando de Meneses, primeiro Conde de Alcoutim, netos do 1.° marquês de Vila Real, D. Pedro de Meneses. A D. Fernando de Meneses dedicou Cataldo a primeira defesa do latim humanístico, feita em Portugal, numa carta que veio a ser publicada no vol. I das *Epistolae* do humanista italiano, em 1500, mas é anterior a este ano.

O jovem D. Pedro de Meneses nasceu em Ceuta, em 1487, quando seu pai D. Fernando governava aquela praça africana. Tinha em 1498 onze anos de idade, mas há muito que começara a estudar latim com o seu preceptor Simão Vaz, natural de Tentúgal.

---

[4] Sobre o epitalâmio, ver A. Costa Ramalho, «O *Cancioneiro Geral* e Cataldo» in *Para a História do Humanismo em Portugal,* I, p. 23-30.

Cataldo tomou a sério as suas funções e em 1499, com doze anos de idade, D. Pedro de Meneses fazia uma exibição pública, perante o senado da Universidade de Lisboa, comentando em latim trechos de vários escritores da Roma antiga. O êxito da sessão levou o rei D. Manuel a pedir a sua repetição perante a Corte. É um acontecimento cultural que não figura na *Crónica* de Damião de Góis, mas reflecte uma prática da Itália do Renascimento, certamente introduzida por Cataldo.

Outro acontecimento cultural, e este de maior importância, de que foi protagonista D. Pedro de Meneses, já então 2º conde de Alcoutim, teve lugar na Universidade de Lisboa, nos edifícios das novas escolas, mandados construir pelo rei D. Manuel. Com efeito, dia de São Lucas, 18 de Outubro de 1504, o jovem conde, aos dezassete anos de idade, pronunciava a oração inaugural do ano lectivo de 1504-1505, por ordem do rei D. Manuel, como nos informa Cataldo na *Visio Tertia,* um poema em metro dactílico, dedicado a este acontecimento. Na «Visão Terceira» e na correspondência inserta no volume segundo das *Epistolae* de Cataldo, há abundantes referências a este acontecimento cultural.

Acresce que Cataldo resolveu incluir a *oratio* do conde[5], em cuja elaboração certamente participou, no referido volume de *Ep.II.* Esta oração de sapiência é do maior interesse para o conhecimento do ambiente de epopeia que se respirava na sociedade portuguesa, sessenta e oito anos antes da publicação de *Os Lusíadas*[6].

Também sobre este episódio cultural, que interessava à corte e à Universidade, Damião de Góis fez silêncio completo.

Mas refere o casamento de D. Pedro de Meneses, 2º conde de Alcoutim, talvez pela pitada de coscuvilhice social que ele envolve. Cito da parte I, cap. LXXXII que começa assim:

«Atrás fica dito como o condestabre D. Afonso casou com D. Joana de Noronha, filha de D. Pedro de Meneses, primeiro marquês de Vila

---

[5] A «Oratio habita a petro menesio comite alcotini coram Emmanuele S. rege in scholis ulyxbone», *Cataldi Ep. II,* fol. D e ss. foi traduzida por Miguel Pinto de Meneses. Cf. Supra, Cap. 14, nº 4.

[6] Cf. A. Costa Ramalho, *Estudos Camonianos,* Lisboa, INIC, ²1980, p. 8 ss.

Real, o qual condestabre, estando em Beja, moço, e na frol de sua idade, veio a adoecer de doença de que morreu, no mesmo lugar no mês d'Outubro nest'ano de MDIV, de cuja morte el Rei mostrou grande sentimento, por lhe ser muito afeiçoado. Deixou ũa só filha per nome D. Beatriz, que além de ser muito discreta, foi ũa das fermosas e bem dispostas mulheres que em seu tempo houve nestes Reinos, com as quais partes, e nobreza de sangue, e bom dote que tinha, trouxe sempre opinião de casar com o Infante D. Fernando, filho terceiro d'el-Rei D. Emanuel, posto que fosse muito mais moço qu'ela, mas por lhe isto não suceder, à vontade, casou depois com D. Pedro de Meneses, seu primo com irmão, conde d'Alcoutim, filho herdeiro de D. Fernando, segundo marquês de Vila Real, como se ao diante dirá».

Tenho algumas dúvidas sobre este pedaço de má língua cortesã de Damião de Góis. Os pais de D. Beatriz, o condestável D. Afonso e D. Joana de Noronha, casaram em 1500. D. Afonso faleceu em 1504, portanto D. Beatriz, filha única, nasceu entre 1500 e 1504. Imaginemos que era 1501-1502.

O infante D. Fernando nasceu em 1507 e D. Beatriz teria, portanto, cinco ou seis anos mais do que o infante. Braancamp Freire, *Brasões*[7], cita um documento em que D. Fernando de Meneses já falava do casamento de seu filho D. Pedro, com sua sobrinha D. Beatriz em 1515, quando esta teria 13 ou 14 anos. E Cataldo já se refere à possibilidade desse casamento antes de 1513, data possível da publicação de *Epistolae II,* quando a noiva teria onze ou doze anos. Vieram a casar em 1520, já depois da morte de Cataldo que, aliás, não gostava da noiva. Numa carta algo indiscreta diz a D. Pedro que fora da família podia encontrar partido melhor que a *amitina* ou filha da sua tia *(Ep.II,* fol. A5).

O condestável D. Afonso, filho bastardo do duque de Viseu, D. Diogo, irmão do rei D. Manuel, e de uma aristocrata espanhola, a marquesa de Villa Hermosa, tem uma história dramática que merecia ser contada, mas não é aqui o lugar apropriado.

---

[7] A. Braancamp Freire, *Brasões da Sala de Sintra,* INCM, Lisboa, 1973, vol. III, p. 387.

Quanto a sua filha D. Beatriz, não parece ter sonhado muitos anos – ao contrário do que deixa supor Góis – com o casamento do infante D. Fernando, pois casou aos 18 ou 19 anos, ou ainda antes, com seu primo D. Pedro, conde de Alcoutim, então em 1520, nos seus trinta e três anos de idade.

D. Pedro foi o melhor aluno de Cataldo e não faltam os elogios ao herdeiro da casa de Vila Real na correspondência do humanista, a ele e a sua irmã D. Leonor. Conta Cataldo numa carta à marquesa de Vila Real, D. Maria Freire, mãe de ambos, que, tendo-lhe perguntado o rei D. Manuel qual dos dois era melhor latinista, o mestre teve dificuldade em responder. E da correspondência de Cataldo conclui-se que o soberano não se limitara a mandar-lhe alunos da mais alta nobreza, mas que também se interessava pelos progressos daqueles que recomendava aos seus cuidados. Isto desmente a afirmação de Elisabeth Feist Hirsch de que D. Manuel não se interessava pela cultura dos seus súbditos.

D. Leonor de Noronha foi assim uma das *sibyllae* de Cataldo, nome que o humanista dava às senhoras a quem enviava cartas e versos em latim, como D. Leonor de Noronha, sua mãe D. Maria Freire, marquesa de Vila Real, a princesa D. Joana, irmã de D. João II, a rainha D. Leonor, sua mulher, a rainha D. Maria, esposa do rei D. Manuel, D. Beatriz, duquesa de Coimbra, e outras. À cultura destas senhoras ilustradas da alta nobreza não há qualquer referência nas duas crónicas de Damião de Góis.

D. Leonor de Noronha[8] publicou em Coimbra, no ano de 1550 e seguintes, a *Crónica Geral de Marco Antonio Cocci Sabelico* que traduziu do latim.

Cataldo Parísio Sículo escreve em termos entusiásticos sobre estes seus dois alunos, D. Pedro e D. Leonor. E os seus encómios são confirmados pelo humanista Salvador Fernandes, ao saudar o marquês, D. Fernando, pai dos dois estudantes, na sua entrada solene em Vila Real, em Março de 1509. Afirmava ele que no palácio do marquês «a língua portuguesa conhece o silêncio do sepulcro, ao passo que o latim floresce, reverdece, vigora» *(lusitana lingua sepulta silet, latina uero floret, uiret et uiget)*[9].

---

[8] Sobre D. Leonor de Noronha, consultar o «índice Onomástico» do vol. IV do nosso livro *Para a História do Humanismo em Portugal*, Lisboa, INCM, 2000.

[9] Cf. Américo da Costa Ramalho, *Latim Renascentista em Portugal*, p. 98-117.

Com a Casa de Bragança, as relações de Cataldo foram duradouras, pois começaram antes de 1498 e estenderam-se até os últimos dias de sua vida, quando foi professor do pequeno D. Teodósio[10], filho do primeiro e desgraçado casamento do duque D. Jaime, e herdeiro do título ducal.

Cataldo começou a ensinar, antes de 1498, D. Dinis irmão mais novo do duque D. Jaime. É com uma carta a D. Dinis que abre o livro 2.° das *Epistolae*, e outra correspondência a propósito do irmão do duque de Bragança permite reconstituir o ambiente do palácio de D. Dinis e a vida da alta nobreza, com uma intimidade que não se encontra nas crónicas de Damião de Góis[11].

Foi a seu irmão D. Dinis que o duque D. Jaime quis deixar o título e a posse da Casa de Bragança, quando na crise psicológica que seguiu ao seu casamento com a filha do duque de Medina Sidónia quis ir em peregrinação a Jerusalém e entrar numa ordem religiosa.

Mais uma vez, o poeta Cataldo é mais preciso nos seus versos latinos do que o historiador vernáculo. Damião de Góis diz que o duque saiu de noite de Vila Viçosa, Cataldo afirma que de Portel, e é Cataldo quem está certo[12]. Góis escreve que, por ordem do rei D. Manuel, o duque D. Jaime foi procurado por mar e por terra e encontrado em Calatayud por alguns que não nomeia. Cataldo fala apenas de uma busca por terra, a partir da fronteira com Castela, feita espontaneamente e cita os que foram à procura do fugitivo, o senhor D. Álvaro, seu tio, D. Nuno Manuel, «o colaço do rei», o conde de Penela e soldados. Na carta atrás mencionada a D. Dinis *(Ep. II,* fol. A2), o humanista depois de recordar que, mesmo ausente, não cessa de celebrar em verso os louvores da Casa de Bragança, recorda-lhe:

«no canto segundo das *Visões* (eles são cinco), há pouco publicado, não te esqueci. Aí faço menção de ti e muito maior do magnânimo duque teu irmão. E tudo isto, há cerca de um ano, o mesmo teu irmão, príncipe

---

[10] Cataldo talvez tenha mesmo falecido no palácio do duque de Bragança, possivelmente em Lisboa. Cf. A. Costa Ramalho, «O touro e a bigorna. Quatro Epigramas de Cataldo». Artigo incluído no presente volume.

[11] Cataldo, *Ep. I,* fol. d4v°-5.

[12] Ver mais pormenores em A. Costa Ramalho, «A fuga do duque D. Jaime (1501)» in *Para a História do Humanismo em Portugal,* III, p. 43 ss.

doutíssimo, leu e interpretou minuciosamente ao rei D. Manuel, vosso tio, que prestava atenção».

Na *Visio Secunda,* Cataldo transformou a fuga do duque num acto heróico de renúncia e santidade. Vê-se que o duque D. Jaime, que devia ter recebido uma cópia manuscrita, ainda antes da impressão, ficou satisfeito com a homenagem em versos latinos, à maneira do que acontecia então nas cortes principescas mais cultivadas. Nada disto se encontra em Damião de Góis.

Até aqui fizemos o confronto da presença de três casas da alta nobreza, a saber, a Casa de Bragança, a Casa do Duque de Coimbra e a do marquês de Vila Real, em Cataldo Sículo e Damião de Góis.

Para terminar, ocupar-me-ei de um fidalgo sem «dom» como Damião de Góis, rico e cultivado, João Rodrigues de Sá de Meneses.

Na parte IV, cap. XXXVIII, escreve Damião de Góis, a propósito de uma informação que Sá de Meneses lhe enviou sobre as crónicas dos reis passados:

> «Mas já que alarguei tanto as velas em dizer o que alcancei e entendo de todas as crónicas, necessário é que confirme o que digo com João Roiz de Sá de Menezes, alcaide-mor do Porto, Senhor de Sever, homem que agora será de idade de mais de oitenta anos (...) o qual, sabendo o trabalho em que eu andava, m'escreveu ũa carta da cidade do Porto onde reside, em Novembro de mil quinhentos e cinquenta e oito (...) a quem se pode dar inteira fé, pola muita e vária lição e doctrina que nele há nas Artes Liberais e na Filosofia, e experiência das cousas que de seu tempo aconteceram nestes Reinos e outros».

Aqui se encontram elogios a um homem cultivado que não vimos até agora referidos a respeito dos anteriormente citados.

A «muita e vária lição e doctrina nas Artes Liberais» e restantes aptidões que Damião de Góis atribui a João Rodrigues de Sá encontram confirmação nos seus contemporâneos, não havendo, que eu saiba, uma só voz discordante a seu respeito. A sua longevidade é também proverbial, sendo-lhe correntemente atribuída a idade de cento e três anos, ao falecer. Com base numa carta sua a Mestre Juán Fernandez, professor de Retórica na Universidade de Coimbra, carta em latim que publiquei e traduzi no meu livro *Latim Renascentista em Portugal*[13], concluí que nascera cerca de 1487. Assim sendo, à data do seu falecimento em 1579, teria noventa e dois anos.

Reparo agora que, dizendo Damião de Góis que Sá de Meneses teria mais de oitenta anos à data de publicação da parte IV da sua *Crónica d'el-Rei D. Manuel,* em 1567, lhe atribui o nascimento em 1487 ou um pouco antes, como eu fizera, sem me dar conta na altura, do testemunho de Damião de Góis. Cataldo conheceu João Rodrigues de Sá de Meneses no palácio do seu sogro, D. Martinho Castelo Branco, que é o herói de seu poema *Verus Salomon Martinus,* de que existe tradução portuguesa[14]. Numa carta ao conde de Alcoutim[15], D. Pedro, escreve Cataldo:

«Dos genros de D. Martinho de Castelo Branco não falo, porque com o serem de tal sogro, que outra coisa devem ser senão de primeira qualidade? E não posso, mesmo contra vontade, passar em silêncio, de entre os quatro, João Rodrigues, de quem eu não sei dizer em que mais se distingue, se na bela aparência física ou se no talento, boas maneiras e óptimos costumes, se na eloquência suave e na experiência dos negócios. Ele que, jovem ainda, por inclinação natural e por interesse próprio, de tal modo brilhou, que facilmente e em breve superou quantos mestres teve. E não se contenta com as riquezas paternas e dos antepassados, como é usual em quase todos os nobres nos tempos que correm, mas dedica-se às letras com tal persistência, quer lendo, quer escrevendo, quer interrogando os mais conhecedores, como se por elas tivesse de ganhar a vida».

O elogio continua por mais alguns períodos que podem ser lidos em *Latim Renascentista em Portugal.* Não falta sequer uma descrição do

---

¹³ Ver A. Costa Ramalho, *Estudos sobre o século XVI,* p. 199 ss.

¹⁴ Dulce da Cruz Vieira e Américo da Costa Ramalho, *Cataldo Parísio Sículo: Martinho, Verdadeiro Salomão.* Cit.

¹⁵ Cf. *Latim Renascentista em Portugal,* p. 54-63.

palácio sobre o mar (isto é, sobre o Tejo) na parte mais bela da cidade, onde Cataldo foi recebido pelo sogro e pelo genro, este último *«adolescens adhuc»*, «ainda na juventude».

De facto, em 1511, ano provável da carta que vimos comentando, João Rodrigues de Sá teria 23 ou 24 anos de idade. Quanto à situação do palácio e seu pomar, à sensação de conforto que nele se respira, é tipicamente renascentista, na pena deste italiano que conhecia o viver urbano da boa sociedade na Itália do Renascimento.

João Rodrigues de Sá de Meneses é igualmente elogiado em termos renascentistas, como belo física e espiritualmente, e cultor das Musas, no *Verus Salomon Martinus,* versos 599-602 e 605-608[16].

Em *Latim Renascentista em Portugal,* traduzi alguns trechos do tratado *De Plátano* (1527-1536), composto por João Rodrigues de Sá de Meneses. Posso afirmar, com conhecimento de causa, que o latim do fidalgo letrado não é inferior (antes pelo contrário!) ao do seu interlocutor, o humanista profissional Mestre Juán Fernández, professor universitário.

No *Cancioneiro Geral* (1516), além de colaboração vária, traduziu em verso três *Heroïdes* de Ovídio[17].

Voltando a Cataldo e Damião de Góis. O siciliano mais de uma vez permite completar Góis, juntando à *Crónica d'El-Rei D. Manuel,* um suplemento cultural que nela falta.

Dou mais um exemplo. Em 1501, sob o comando de D. João de Meneses, conde de Tarouca, foi enviada uma esquadra em socorro dos venezianos, ameaçados pelo turco.

Além deste objectivo público e anunciado, a armada levava outro secreto. Uma parte dela devia tentar um golpe de surpresa sobre a fortaleza de Orão, no norte de África, ocupada pelos mouros.

Aconteceu, porém, que os ventos contrários não permitiram à armada de D. João de Meneses que se aproximasse da costa, e foi forçada a deter-se diante da fortaleza tempo suficiente para dar aos mouros a

---

[16] Cf. livro citado na nota (14).

[17] Manuel Cerejeira A. Carneiro, «Versão Portuguesa de Três Cartas de Ovídio por João Roiz de Sá de Meneses (*Cancioneiro Geral*)» in *Revista da Universidade de Aveiro/Letras,* nº2 1985, p. 391-467.

possibilidade de se agruparem e de repelirem a pequena força de desembarque dos portugueses, que foi destroçada.

A flotilha que devia atacar Orão regressou a Portugal e D. João de Meneses continuou viagem para Itália. Isto, em resumo, o que diz Damião de Góis na *Crónica d'El Rei D. Manuel,* parte I, capítulos LI e LII.

Cataldo numa carta a D. Henrique de Meneses, possivelmente seu antigo aluno, fala do pai deste, D. João de Meneses, como de um herói de epopeia. A carta é de cerca de 1502 e nela se recorda a esquadra enviada no ano anterior em socorro dos venezianos, sob o comando de D. João de Meneses. Mencionando brevemente os serviços prestados ao rei e ao reino pelo conde de Tarouca, Cataldo termina:

«Este é verdadeiramente o famoso Camilo, este verdadeiramente Cipião. Não tenho dúvidas: se João de Meneses, teu progenitor, tivesse vivido na Antiguidade, escritores teriam publicado a seu respeito volumes memoráveis, ou se poetas e oradores florescessem em nossos dias, encontrariam nele uma ocasião excelente e única de escrever.

Por mim, na minha mediania, não desdenharei, antes me orgulharei, de transmitir ao papel ou ao pergaminho, com a ajuda de pena e de tinta, aquilo que vejo e sinto, para que a posteridade compreenda que tal e tão grande comandante não degenerou de seus antepassados, os melhores entre os melhores, mas largamente os excedeu em todas as virtudes»[18].

Cataldo devia estar pensando nas *Crónicas* de que fala repetidamente nas *Epistolae,* sempre lamentando a ausência de informações que, para a sua composição, eram necessárias, mas lhe eram negadas. Devem ter ficado manuscritas e perderam-se.

Damião de Góis não pensava de modo diferente de Cataldo, a respeito de D. João de Meneses, como pode ver-se na *Crónica d'El-Rei D. Manuel,* parte II, cap. XXIX.

---

[18] O latim pode ver-se em *Cataldo Parísio Sículo: Epistolae et orationes.* Cit. N.B. O volume compreende *Epistolae I* (1500) e *Epistolae* II (c.1513). O trecho citado pertence a *Ep. II* fol. A6 v°.

Na defesa de Arzila, em 1508, tomou parte também o nosso conhecido João Rodrigues de Sá de Meneses, «sobrinho de D. João de Meneses, filho herdeiro de Henrique de Sá, alcaide-mor da cidade do Porto» *(ibidem,* cap. XXVII).Também aí se encontrava Vasqu'Eanes de Corte-Real. Era isto em 1508. O encontro de Cataldo com João Rodrigues de Sá de Meneses, antes relatado, deu-se em Lisboa, em 1511.

Mas recuemos dez anos atrás e ao socorro aos venezianos, levado em 1501 por D. João de Meneses. Como já referi, uma parte da esquadra de D. João de Meneses, conde de Tarouca, tomou parte num ataque mal sucedido à fortaleza de Orão. E depois do insucesso, regressou a Lisboa, enquanto D. João de Meneses, com o grosso da armada, seguia para Veneza.

Damião de Góis não dá pormenores sobre o ataque a Orão. Mas, graças a Cataldo, sabemos que a derrota dos portugueses revelou um herói, Miguel Corte Real que, com alguns companheiros, cobriu a retirada dos que fugiam e evitou que o ataque a Orão se tornasse um desastre militar.

Em vinte e dois dísticos elegíacos, elogia-se a personalidade civil do porteiro-mor (cargo importante na época) do palácio sobre as muralhas. A sua conduta equilibrada e viril, o seu espírito de justiça são recompensados pelo rei que dele fez confidente na paz e na guerra. Quando necessário, pega em armas e a sua presença em combate significa vitória. Isso vira-se ainda recentemente no Norte de África.

E os versos sobre Miguel Corte Real terminam como a prosa sobre D. João de Meneses, pela lamentação de que não haja historiadores e poetas que valorizem para a posteridade os méritos de homens como estes:

«Finalmente, se encontrasse o poeta da Meónia *(i.e.* Homero), ele teria um nome imortal e uma honra perpétua. Oh, quanto importa a época em que se nasce! Foram felizes os homens que vieram ao mundo nos séculos antigos!»

Denique Maeoniden fuerat si nactus haberet   41
Nomen inextinctum perpetuumque decus
Heu quantum refert quali nascaris in aeuo,
Saecula felices prisca tulere uiros!

Cataldo, que sentiu o ambiente de epopeia que o rodeava, e a ele se referiu repetidamente, considerava os seus heróis portugueses dignos dos poemas homéricos.

Na elegia sobre Miguel Corte Real, este é sucessivamente comparado a Heitor, Aquiles, Neoptólemo e Ajax, heróis da epopeia homérica.

Em todo o encómio em verso de Miguel Corte Real, há uma ligeira reserva, a da sua falta de estudo das humanidades, logo disfarçada com o elogio do seu talento natural que compensava de sobejo a ausência de escolaridade na altura própria: «Não estudou as belas letras na infância, mas ensinado pelo seu talento tudo sabe».

> *Condidicit nullas annis puerilibus artes,*
> *Attamen ingenio cuncta docente sapit*   24

Uma carta de Cataldo a Vasqu'Eanes de Corte Real *(Cataldus valasso ioanni curie regalis),* irmão mais velho de Miguel, em que o humanista agradece surpreendido outra que Vasqu'Eanes, por iniciativa própria lhe escrevera, mostra que na família havia quem manejasse capazmente o latim, segundo se depreende das palavras do humanista[19].

Regressado a Lisboa em 1501, Miguel Corte Real partiria em 1502 à busca de seu irmão Gaspar, perdido em águas do Atlântico Norte, nas costas da América ou da Terra Nova.

Damião de Góis, *Crónica*, parte I, cap. LXVI, «De como el-rei mandou duas naus em busca dos Corte-Reais que se perderam, indo a descobrir perà banda do Norte» traça um perfil de Vasqu'Eanes concordante com a apreciação favorável de Cataldo. Escreveu Góis:

> «Tinham estes dous irmãos, Gaspar e Miguel Corte-Real outro irmão
> mais velho que eles, a que chamavam Vasqu'Eanes Corte Real, que era
> veador da casa d'El-Rei, do seu Conselho, capitão e governador das ilhas
> de São Jorge e Terceira e alcaide-mor da cidade de Tavila, muito bom

---

[19] Ver, para mais ampla informação, «Cataldo e os Corte-Reais», *Estudos sobre o Século XVI*, p. 77-94.

cavaleiro, bom cristão, homem de singular exemplo de vida e de muitas esmolas públicas e secretas (...)».

O historiador conta depois como Vasqu'Eanes quis partir à procura dos irmãos e el-Rei não consentiu[20].

A série de encontros e desencontros entre Cataldo e Góis podia ser ampliada. Mas torna-se para isso necessário traduzir do latim a prosa e o verso do humanista italiano.

[20] Ver A. Costa Ramalho, *Para a História do Humanismo em Portugal*, IV, p. 317ss.

23. DAMIÃO DE GÓIS E OS HUMANISTAS PORTUGUESES*

No começo do Humanismo Renascentista em qualquer país europeu, um elemento fundamental é o contacto com a Itália, ou através da presença de humanistas italianos, ou da ida de estudantes do país em questão a Itália.

No último quartel do século XV é significativa a presença de portugueses em universidades italianas: Bolonha, Florença, Perugia e outras receberam estudantes portugueses. Armando Verde apurou que só na Universidade de Florença, entre 1473 e 1503, houve 54 estudantes portugueses[1].

Por outro lado em Portugal, assinala-se a presença de humanistas italianos na corte desde a regência do Infante D. Pedro.

O *De Bello Septensi* de Mateus de Pisano, sobre a conquista de Ceuta, é já escrito em latim humanístico de forte coloração salustiana. O livro, que só foi impresso no século XVIII, tinha sido concluído em 1460.

De Frei Justo Baldino que viveu em Portugal nos reinados de D. Afonso V e D. João II, e a quem fora incumbida a versão latina das crónicas dos reis portugueses, nada chegou até nós. Faleceu de peste em Almada em 1493, e com ele pereceu toda a sua obra literária. Curiosamente, Cataldo Parísio, em Portugal desde 1485, tanto quanto até hoje pude apurar, não o menciona sequer.

Em 1500, a 21 de Fevereiro, é concluído nas oficinas do impressor alemão Valentim Fernandes, em Lisboa, o livro *Epistolae et Orationes quaedam Cataldi Siculi* de Cataldo Parísio Sículo.

---

* *Biblos* n. s. II (2004) 429-441. Comunicação lida em 25 de Outubro de 2002, num congresso dedicado a Damião de Góis, realizado em Coimbra.

[1] A. Costa Ramalho, *Para a História do Humanismo em Portugal IV*, p. 70.

Em 1502, provavelmente, embora o livro não tenha cólofon, sai em Lisboa outra obra de Cataldo, os *Poemata,* de que faz parte a colectânea intitulada *Aquila,* palavra que, por estranha confusão feita talvez em 1569 pelo humanista António de Castro, veio a ser introduzida no nome do italiano que passou a ser conhecido por Cataldo Áquila Sículo. Mas Cataldo nunca se chamou Áquila.

Nesse mesmo ano de 1502, nasceu em Alenquer Damião de Góis.

Em 1504, quando Góis teria dois anos de idade, o 2º conde de Alcoutim, D. Pedro de Meneses, pronunciou, a 18 de Outubro, dia de São Lucas, a *Oratio habita a Petro Menesio, comite Alcotini coram Emanuele, serenissimo rege, in scholis Vlyxbonae,* de que já me ocupei em diferentes ocasiões[2].

Não se estranhe que tenha sido escolhido para essa cerimónia universitária um aristocrata que não era professor universitário, mas a verdade é que das três orações de sapiência desta época na Universidade de Lisboa, a saber, a de D. Pedro de Meneses em 1504, a de André de Resende em 1534, e a de 1536 de Jerónimo Cardoso, nenhuma delas foi proferida por um professor da escola lisboeta. Outras terá havido, mas só estas três chegaram até nós.

No caso do conde de Alcoutim, o orador tinha 17 anos e fora escolhido pelo próprio rei D. Manuel que Elisabeth Feist Hirsch, no seu livro sobre Damião de Góis, afirma ter mostrado pouco interesse pela cultura. É falso.

Damião de Góis tinha então dois anos de idade e entrará aos nove anos para uma corte que não era avessa às letras nem às novidades do Humanismo Renascentista.

A escolha do jovem aristocrata D. Pedro de Meneses é a imitação de uma prática corrente nas cortes da Itália Renascentista.

A oração chegou até nós, graças ao cuidado de Cataldo que a fez imprimir no volume 2º das suas *Epistolae.* Aliás, a correspondência e versos de Cataldo provam a sua colaboração com o jovem pupilo, na elaboração do discurso. Também sobre a sua importância em documentar o ambiente de epopeia que em 1504 se vivia em Portugal já falei em outras ocasiões.

Em 1511, quando o pequeno Damião de Góis, com nove anos, entra ao serviço da corte, envia Cataldo ao conde de Alcoutim o poema

---

[2] Por exemplo, em *Estudos sobre a Época do Renascimento,* p. 78 ss.

Verus Salomon Martinus, em que é exaltada a figura de D. Martinho Castelo Branco, conde de Vila Nova de Portimão, militar, administrador e diplomata. Aí é especialmente celebrado um dos genros de D. Martinho, o conhecido fidalgo João Rodrigues de Sá de Meneses, homem de acção, herói de Africa, diplomata, poeta do *Cancioneiro Geral* e excelente latinista, autor dessa pequena maravilha que é o ensaio *De Platano.*

Damião de Góis viveu na corte os doze anos seguintes, até 1523. E alguns acontecimentos culturais importa reter, ligados quer à corte quer à universidade de Lisboa.

De 1513, é o segundo volume das *Epistolae* de Cataldo, manancial de informações sobre a vida das classes dirigentes, cuja leitura deve ser completada com a de um novo volume de versos latinos, em que se incluem o *Verus Salomon Martinus* atrás mencionado, e os cinco livros das *Visiones.* Livros chama-lhes Cataldo, mas em linguagem dos nossos dias seria mais claro dizer "cantos".

De 1516 é o *Cancioneiro Geral,* onde os traços da presença da renascida cultura clássica são conhecidos e não precisam de ser recordados. Desse mesmo ano é a *Virginis Mariae Ars Grammatica* de Estêvão Cavaleiro, cujo "Prólogo"[3] faz uma apreciação crítica pessimista da situação das Humanidades na Universidade de Lisboa, terminada, todavia, num tom de esperança. Estêvão Cavaleiro reconhece que a situação tende a melhorar, graças à presença de latinistas como Luís Teixeira, Cataldo, João Vaz e, embora o não diga, ele próprio, Estêvão Cavaleiro. Mas a verdade é que nem Luís Teixeira, que tivera em Itália uma brilhante carreira como jurista, nem Cataldo eram professores da Universidade de Lisboa. Luís Teixeira, antigo aluno de Ângelo Policiano em Florença, será escolhido pelo rei D. Manuel para preceptor de seu filho e herdeiro, a fim de "1er ao Príncipe", que alguém interpretou como "ensinar a 1er" D. João, mas significa transmitir-lhe cultura superior.

Voltando, porém, a 1516. Nesse ano tinha Damião de Góis 14 anos, então uma idade de maiores responsabilidades do que hoje. O ideal do

---

[3] Cf. A. Costa Ramalho, *Estudos sobre o Século XVI,* p. 125 ss.

puer senex era corrente ao tempo. Como a duração da vida era menor do que hoje, havia a preocupação de que o adolescente assumisse responsabilidades de homem, o mais cedo possível. D. Sebastião, por exemplo, começou a reinar aos 14 anos, para infelicidade do País

Que faria Damião de Góis, aos 14 anos como pajem da corte? Mais tarde, em 1567, na parte IV e última da *Crónica d'El Rei D. Manuel*, dirá o cronista que o soberano era muito afeiçoado a letras e letrados e que mandava os jovens da corte aprender Latim no bairro dos estudantes, com Mestre Freixinal a quem por esse serviço fazia pagar todos os anos 40.000 reais, além do ordenado que ele tinha pelo seu ofício. Esta recompensa de 40.000 reais era quanto tinha de soldo um juiz de fora de Torres Vedras, muitos anos mais tarde.

A questão do latim de Damião de Góis tem sido objecto de especulação, por culpa do próprio cronista. Porque declarou ele, quando na prisão do Santo Oficio, que tivera dúvidas sobre questões de fé na juventude, as quais se desvaneceram, quando mais tarde aprendeu latim?

Ainda que o seu aprendizado de latim fosse tardio, coisa em que não acredito, o conhecimento do latim era uma espada de dois gumes, pois tanto servia para ler os teólogos católicos como os protestantes, uma vez que uns e outros usaram o latim como língua da controvérsia religiosa. Mas Góis declara que o latim contribuiu para o reconduzir à ortodoxia. Não quereria isto dizer que o convívio com Erasmo lhe fora benéfico, ao contrário daquilo que os inquisidores pretendiam insinuar, a fim de o reduzirem à condição de suspeito na fé?

Quanto à declaração de aprendizado tardio do latim, não deve ser verdadeira. Mas serviu a eruditos pouco conhecedores do panorama cultural português, para afirmar o atraso de Portugal no estudo das Humanidades renascentistas e, ao mesmo tempo, pôr reservas à qualidade do latim de Damião de Góis. Amadeu Torres[4] contrariou justamente essa tendência.

Pela minha parte, tive ocasião de, em tempos, 1er as duas edições, publicadas em vida do humanista português, do seu opúsculo histórico

---

[4] Amadeu Torres, *Noese e Crise na Epistolografia Latina Goisiana* (Paris, Centro Cultural Gulbenkian 1982) vol. I, p. 383.

Commentarii Rerum Gestarum in India citra Gangem a Lusitanis anno 1538, e pude verificar um real progresso estilístico da primeira para a segunda edição[5]. Quanto ao latim de Góis, parece-me morfológica e sintacticamente correcto, fluente, com laivos de ritmo erasmiano.

À roda de 1533, funcionava na Corte, em Lisboa e em Évora, uma espécie de círculo epistolar, cujos membros se carteavam em latim. Era constituído, entre outros, pelos irmãos Rodrigo e Pedro Sanches, Joana Vaz, António Pinheiro, João Rodrigues de Sá de Meneses e alguns correspondentes que estavam fora de Lisboa como Baltasar de Teive e Bartolomeu Filipe[6].

A leitura desta correspondência que se encontra no Ms. F.G.6368 da Biblioteca Nacional de Lisboa revela admiração pelos humanistas italianos, sobretudo por Ângelo Policiano, pouco respeito por Guillaume Budé e silêncio em torno do nome de Erasmo. Isto, apesar de alguns correspondentes citarem adágios que se lêem nos *Adagia* do roterdamês.

Por essa altura, já Damião de Góis se encontrava no estrangeiro, pois partira para a Flandres, em 1523. Aí conviveu com humanistas, aperfeiçoou o seu latim e conheceu Erasmo. Até 1533 viveu na Flandres. Nesse ano, regressou temporariamente à pátria, chamado por D. João III que lhe ofereceu o importante cargo de feitor da Casa da Índia que Góis não aceitou. Voltou a Antuérpia e ao meio cultural e económico da corte de Carlos V. No seu convívio com humanistas, aperfeiçoou o latim e começou a escrever na língua internacional da época.

Regressado à Flandres, foi de meados de Março a meados de Agosto de 1534 hóspede de Erasmo em Friburgo na Brisgóvia.

Erasmo era a grande figura intelectual da Europa e receber uma carta sua era honra que os próprios soberanos não desdenhavam. Encontrar o grande humanista nem sempre era fácil. André de Resende, que também estivera na Flandres, não conseguiu ver Erasmo, mas enviou-lhe o poema que veio a ser conhecido por *Encomium Erasmi.*

---

[5] Lovaina, 1539 e 1544.

[6] Cf. A. Costa Ramalho, *Estudos sobre a Época do Renascimento,* p. 346 ss.

Erasmo, ficou tão satisfeito que fez imprimir o poema, mesmo sem autorização do humanista português.

No *Encomium,* André de Resende cita, entre os admiradores de Erasmo, o rei D. João III, o cardeal D. Afonso, seu irmão, e intelectuais portugueses como D. Miguel da Silva, João de Melo e Aires Barbosa.

É nesse poema que aparece pela primeira vez a palavra *Lusiadae* para designar os portugueses.

Resende e Damião de Góis ficarão amigos. Resende dedicará a Damião de Góis o seu poema *De Vita Aulica* em que são verberados a ociosidade e o materialismo dos cortesãos, e quando Erasmo morre em 1536, manda-lhe um poema de condolências.

A morte de Erasmo desencadeou uma explosão de invejas e más-vontades, por toda a parte, incluindo no meio cultural português. Aires Barbosa, que em 1531 era contado por André de Resende entre os admiradores do humanista holandês, publica em 1536, no ano mesmo da morte de Erasmo, o seu poema *Antimoria* contra o *Encomium Moriae* ou *Elogio da Loucura* do humanista de Roterdão. Como já escrevi mais de uma vez, o poema é chato, em sentido etimológico, e banal. O próprio Aires Barbosa reconhece na carta que o precede, o facto incontornável de que para emular Erasmo é preciso ser Erasmo. Nessa carta informa também que o *Elogio da Loucura* andava em todas as mãos, coisa que nunca acontecerá à *Antimoria,* podíamos nós acrescentar. No próprio opúsculo se declara que um dos que incitaram Barbosa a atacar Erasmo foi Jorge Coelho, razoável prosador mas fraco poeta latino. Tentara no passado corresponder-se com o roterdamês que nunca retribuíra as suas homenagens.

O despeito era tanto maior quanto é certo que Coelho sabia do apreço de Erasmo por André de Resende, de quem Coelho era invejoso. Os dois, Resende e Coelho, deviam detestar-se cordialmente. E não nos iludamos com as amabilidades de Resende na nota 48 do canto II do poema *Vincentius, leuita et martyr* sobre a origem da palavra *Lusíadas.* Resende lembra o uso frequente que Jorge Coelho faz da palavra, sobretudo para recordar ao leitor que o recente e prestigioso vocábulo é da sua própria autoria.

Com a morte de Erasmo em 1536, e a atitude condenatória a respeito do humanista, que prevalecia no Santo Ofício, muitos que antes se prezavam de ler e admirar o polígrafo de Roterdão, apressavam-se agora a dar as velas aos novos ventos, fugindo de qualquer contacto com os escritos daquele que antes louvavam e prezavam. Não é só Aires Barbosa que ataca Erasmo, é Pedro Sanches que felicita Aires Barbosa por esse ataque; o médico António Luís que critica desajeitadamente as traduções de Galeno, feitas por Erasmo, tentando mostrar que ele não sabia grego[7]; é o próprio André de Resende que se retrai cautelosamente na *Conuersio Miranda D. Aegidii Scallabitani.* A admiração por Erasmo, que antes era fonte de prestígio, torna-se agora desprestigiante e suspeita aos olhos da Inquisição.

Os invejosos de Damião de Góis, viajante cosmopolita e convivente da alta roda intelectual europeia, sentiam-se aliviados.

Entretanto, Damião de Góis deixara a feitoria de Flandres e dirigia--se a Pádua em 1534 com uma carta de recomendação de Erasmo para Pedro Bembo, grande humanista italiano que, em breve, seria cardeal. Aí estudou de 1534 a 1538 e aí soube da morte de Erasmo, ocorrida em 11 de Julho de 1536.

Regressado Damião de Góis à Flandres, em 1543 tomou parte na defesa de Lovaina, cercada por um exército francês. Durante as negociações de paz, foi feito prisioneiro pelos franceses e só conseguiu a liberdade com o pagamento de um resgate, e por intervenção do imperador Carlos V e do rei D. João III. Carlos V recompensou-o com um brasão nobiliárquico, depois reconhecido pelo rei de Portugal.

Em 1545, o soberano português chama-o para lhe confiar a educação do príncipe herdeiro D. João. Não se tratava de ensinar a 1er o príncipe - havia para isso mestres apropriados - mas "1er ao príncipe" significava ser lente de matérias várias, correspondentes a uma formação geral que convinha à sua condição de futuro governante. Era um encargo arriscado, porque a Igreja, ou melhor, os eclesiásticos consideravam essas funções inerentes à sua profissão e não viam com bons olhos que tal encargo, sobretudo tratando-se do herdeiro do trono, fosse confiado a um leigo, principalmente a alguém que era tido na conta de estrangeirado.

---

[7] Cf. A. Costa Ramalho, *Para a História do Humanismo em Portugal,* III, p. 81 ss.

Cataldo Sículo, quando foi chamado por D. João II para ensinar seu filho bastardo D. Jorge, teve que arrostar com a cólera dos frades que viram nele um intruso portador de inovações que lhes não agradavam. Cataldo, na carta a D. Fernando de Meneses, 2º marquês de Vila Real, datável de 1499/1500, ataca abertamente os *theologiculi* que se consideram os propugnadores da ortodoxia, procurando assim manter o prestígio do seu mau latim, e tentam desacreditar os verdadeiros latinistas, acusando--os de ensinarem o latim dos pagãos. Cataldo era *doctor in utroque iure* e mestre de Humanidades.

D. Manuel seguiu o exemplo do seu antecessor e procurou dar ao futuro D. João III uma educação moderna, escolhendo para "ler ao príncipe" Luís Teixeira que em Itália se dedicou aos dois Direitos e era leigo como Cataldo.

Ao regressar a Portugal para assumir tal encargo, Damião de Góis corria sérios riscos. Apesar da sua cultura geral e formação no estrangeiro, não tinha graus universitários e era leigo.

D. João III chamou-o em 1545 e aquele não pudera recusar, não só pela honra do convite, mas pela obrigação moral em que estava ao soberano, pela intervenção recente na sua libertação.

Aí vem Damião de Góis com toda a sua família, uns por terra e outros por mar, decerto com alguns móveis e bagagem, à custa de trabalhos e grandes despesas. Para quê, afinal? Para ficar três anos na sua casa de Alenquer, até que em 1548 o rei lhe desse não o lugar para que o chamara, mas o de guarda-mor da Torre do Tombo, arquivo estatal então instalado no palácio da Alcáçova, no castelo de São Jorge, o "palácio nas muralhas" como lhe chama Cataldo num poema em honra de Miguel Corte-Real.

Que sucedera entretanto? Sabe-se que o P.ᵉ Simão Rodrigues, com quem Damião de Góis tivera conversas sobre Teologia e doutrina religiosa, em Pádua, estava interessado no lugar. Com efeito, obteve do Geral da Companhia de Jesus, P.ᵉ Inácio de Loiola, licença para poder ensinar o príncipe herdeiro, nesse mesmo ano de 1545. Certamente informado de que o escolhido por el-Rei para essas funções era Damião de Góis, tratou de denunciá-lo à Inquisição, como suspeito na fé.

A Inquisição onde pontificava o irmão do rei, cardeal-infante D. Henrique, não prendeu Góis, decerto por intervenção do próprio D. João III que não queria naturalmente que se dissesse que chamara Góis, e o fizera vir da Flandres com a família, sob um falso pretexto, para o meter nos calabouços do palácio dos Estaos, sede da Inquisição.

Por outro lado, o preceptor nomeado não foi o jesuíta Simão Rodrigues, mas o Padre António Pinheiro que desde 1540 era mestre dos moços da Corte.

Porque foi Simão Rodrigues preterido? Talvez por decisão da própria Companhia que não quis comprometer-se, sendo colocado em lugar tão à vista do público um membro seu que alcançara o posto através de uma denúncia secreta. E António Pinheiro mostra-se grato à ajuda que recebeu, pois encontramo-lo anos mais tarde a defender a entrega do Colégio das Artes à Companhia de Jesus, como de facto aconteceu em 1555.

Damião de Góis menciona-o na *Crónica do Felicíssimo Rei D. Manuel*, parte IV, cap. 37 como o penúltimo da série dos que, tendo sido encarregados de escrever essa mesma crónica, nunca se desempenharam do encargo, a saber, Rui de Pina, Fernão de Pina, António Pinheiro e João de Barros.

Do ponto de vista das qualificações académicas, António Pinheiro era uma boa escolha e possuía mais títulos que Damião de Góis: era doutor em Teologia pela Universidade de Paris, fora professor de Santa Bárbara, tinha publicado um livro em latim sobre matéria então na moda nos estudos universitários de Artes, a Retórica, a *Institutio Oratoria* de Marco Fábio Quintiliano[8].

Além de prosador latino, também foi poeta em latim. Com efeito, Pedro Sanches incluiu-o entre os sessenta poetas novilatinos portugueses, referidos na sua *Epistola ad Ignatium de Moraes* que se encontra no Ms.F.G. 6368 da B.N.L. e foi impressa no vol. 1 (1745) do *Corpus Illustrium Poetarum Lusitanorum qui Latine Scripserunt* dos oratorianos António dos Reis e Manuel Monteiro.

Os dois versos dedicados a António Pinheiro por Pedro Sanches têm o interesse de nos dar uma imagem física do sujeito:

> *Nomina tantum edam: magnus Pinarius ille,*
> *Viuida cui paruo uirtus in corpore regnat:*

---

[8] *In tertium M. Fabii Quintiliani librum luculentissimi comentarii recens editi, Antonio Pino Portodemaeo authore* (Paris 1538).

«Direi apenas o seu nome, aquele grande Pinheiro, em cujo pequeno corpo reina uma enérgica vitalidade.»

Note-se que *uirtus* é uma palavra de sentido favorável, mas ambíguo, que vai de "vitalidade" a "virtude".

São dois versos apenas. Todavia dão-nos o homem, pequeno de corpo, mas de uma inesgotável energia que lhe permitiu estar sempre em bicos de pés na vida da Corte, aceitando todos os cargos que lhe ofereciam, para só desempenhar os que mais lhe convinham. Assim, nada fez como "cronista-mór do reino", mas teve, além dos três cargos já mencionados, o de bispo de Miranda do Douro (1564), bispo de Leiria (1579), capelão do Rei, visitador e reformador da Universidade de Coimbra, e outros mais. Os dois hexâmetros de Pedro Sanches, juiz da Corte, despacham o bispo cortesão, sem se pronunciarem sobre os seus méritos de poeta.

Quatro anos antes de Alcácer-Quibir, em fins de Fevereiro de 1574, o poeta André Falcão de Resende, em alguns versos melancólicos sobre o estado do País, inclui a figura ruidosa do bispo António Pinheiro:

> "Não sei novas da Corte que inquietam.
>
> Nem se é casado El-Rei, ou se aparelha
>
> Armada contra Mouros ou Africanos,
>
> Se está em Almeirim, se vai, se torna,
>
> Se vem embaixador de estranho Reino,
>
> Quem governa, quem manda, ou que se fala
>
> Da privança do bispo de Miranda,
>
> Do seu pregar na Corte soltamente"

Combinando as informações dos dois hexâmetros de Pedro Sanches com as destes versos portugueses de Falcão de Resende, fica-nos a imagem do homem de pequena estatura, frenético, a procurar atrair sobre si as atenções da Corte.

Damião de Góis refere-se a ele, sem os habituais louvores, correntes entre os humanistas, num tom a que não será exagero chamar de sóbrio e seco:

"( ) El-Rei D. João mandou entregar este começo das lembranças da *Crónica* de el-Rei seu pai a António Pinheiro que agora é bispo de Miranda para que lha fizesse de novo, do que ele se escusou ou por ser mais inclinado a outros estudos, ou por ter o trabalho por grande, o que vendo o mesmo senhor Rei D. João a deu a João de Barros, feitor da Casa da índia (...)"[9]

Escrever assim, sem enfeites retóricos, sobre um ambicioso como o bispo, que era prelado de Miranda do Douro mas vivia na Corte, bem longe da sua diocese em Trás-os-Montes[10], era criar um inimigo que não perdoaria ao cronista de D. Manuel ter concluído a obra que ele rejeitou, em troca de ocupações menos trabalhosas, menos perigosas e de maior pompa aos olhos do mundo. Se não é possível falar do cronista António Pinheiro, porque o bispo não deixou crónicas, podemos citar um outro humanista contemporâneo de ambos que escreveu uma crónica do reinado de D. Manuel, a qual, composta em latim, alcançou reputação europeia. Refiro-me a Jerónimo Osório, bispo de Silves, cujo livro costuma ser abreviadamente (o título é muito mais longo) designado por *De rebus Emmanuelis gestis*. Escrevendo depois de Góis, e utilizando a sua *Crónica* com a necessária prudência, pôde escapar à contestação de que foi vítima o seu antecessor. Seria interessante que a presente fase de interesse por Damião de Góis nos deixasse uma comparação exaustiva entre as duas crónicas, a portuguesa e a latina, feita por alguém que pudesse entender a obra de Osório no original e não se limitasse a conhecê-la apenas pela tradução de Filinto Elísio[11].

---

[9] Damião de Góis, *Crónica do Felicíssimo Rei D. Manuel*, Parte IV, cap, 37 *sub fine*.

[10] Arnaldo Pinto Cardoso, "D. António Pinheiro - um notável bispo do séc. XVI", *Humanística e Teologia*, 18 (1997) 125-139, procura explicar as relações intermitentes do bispo Pinheiro com a sua diocese de Miranda do Douro. Um aspecto louvável na conduta do bispo Pinheiro foi o de ter tido a coragem de desaconselhar publicamente a expedição de 1578 a África.

[11] António Guimarães Pinto possui ampla bibliografia relacionada com a obra e vida de D. Jerónimo Osório (traduções, ensaios e dissertações académicas). Pela Imprensa Nacional Casa da Moeda, além dos *Tratados da Nobreza Civil e Cristã* (1996) e Tratado da Justiça (1999) foram editados os seguintes títulos: *Humanismo e Controvérsia Religiosa*, vols. I-III, Lisboa, 2006; *Tratado da Verdadeira Sabedoria* (2002); *Tratado da Glória* (2004) e *Ensinança e Educação do Rei* (2006). No âmbito das actividades da Associação

Sobre a vitória naval de Diu em que D. Francisco de Almeida destruiu por completo uma grande esquadra do Grão-Turco, muito superior em número de navios e artilharia à armada portuguesa, há uma curiosa diferença de atitude entre Góis e Osório: a esquadra inimiga, além dos navios dos potentados indianos, compreendia a grande armada turca, onde havia não só turcos mas mercenários de toda a Europa sobretudo venezianos. No rescaldo da batalha, nos navios aprisionados pelos portugueses, foram encontrados livros em latim e meia-dúzia de línguas europeias, entre eles alguns em português[12].

D. Jerónimo Osório, mais prudente e decerto atendendo a que a sua crónica era escrita em latim, não só para Portugal, mas sobretudo para o resto da Europa, fala de *sermone Latino, Etrusco, Dalmatico, Gallico, Hispano conscripti libri*[13].

É claro que sob a designação de *Hispani,* numa altura em que na linguagem dos humanistas os portugueses eram *Lusitani,* o leitor entenderia de preferência os castelhanos, assim disfarçando a desagradável informação de que na armada inimiga havia também portugueses. D. Jerónimo Osório não só é mais cauteloso do que Damião de Góis, mas também aproveita a ocasião para criticar Paulo Jóvio, em cujas histórias os feitos portugueses na índia são intencionalmente ocultados.

Com efeito, o bispo e historiador italiano conta como o Sultão do Egipto arma uma poderosa esquadra internacional para expulsar os portugueses da índia mas não menciona o seu afundamento, destruição e captura por D. Francisco de Almeida, em frente a Diu, em 2 de Fevereiro de 1509.

D. Jerónimo Osório explica a má vontade de Paulo Jóvio, comunicando aos seus leitores que o humanista italiano ofereceu a sua pena para

---

Portuguesa de Estudos Neolatinos, *Paráfrases a Job e à Sabedoria de Salomão* inaugurou em 2009 uma nova série na Imprensa da Universidade de Coimbra, onde se prevê que venha a sair a edição da obra completa de D. Jerónimo Osório. De Damião de Góis há que salientar a publicação da *Correspondência Latina* por Amadeu Torres (Imprensa da Universidade de Coimbra, 2009), dotada de precioso estudo introdutório.

[12] Góis, *Crónica de D. Manuel*, parte II. cap. 39.

[13] Cf. A. Costa Ramalho, *Estudos sobre o Século XVI,* p. 380-381.

contar as glórias dos portugueses a troco de dinheiro, mas que o soberano português não aceitou "nem o convidou com presentes da Índia".

Quanto às línguas referidas no latim de Osório, duas poderão causar dificuldade ao leitor hodierno: *Etruscus* "é o toscano ou, modernamente, italiano"; e *Dalmaticus* é aquela língua a que Góis chama "esclavon ou eslavo".

Outro episódio diferente nos pormenores em Góis e Osório é o afundamento nocturno da "Frol de la Mar", a nau de Albuquerque, em 1512, carregada dos despojos da conquista de Malaca, num recife de coral. Foi um naufrágio que alcançou notoriedade e é contado nos *Essais* de Montaigne[14].

Estes dois episódios me ocorreram, ao lembrar leituras antigas, mas, como atrás disse, muitos outros podiam ser citados sobre as convergências e desencontros dos dois historiadores portugueses.

Um humanista nosso protestou contra a parcialidade anti-lusitana do bispo Jóvio. Diogo Pires, fugido à Inquisição mas sempre saudoso da Pátria, numa carta escrita de Ferrara em Fevereiro de 1547 censura o italiano por ter omitido os portugueses nos seus *Elogia*. Recorda-lhe o nome de vários humanistas portugueses, dignos de memória, como Henrique Caiado, Luís Teixeira e Diogo Pacheco que outrora tinham passado por Itália; no presente, o poeta André de Resende, o historiador António Pinheiro, natural de Porto de Mós, Jorge Coelho, Jerónimo Cardoso e António Luís.

E a carta de Diogo Pires termina com uma referência, cheia de apreensões sobre o regresso de Damião de Góis a Portugal, de onde, segundo Pires suspeita, ele irá viajar para a Índia, "refúgio dos infelizes".

Que boatos circulariam entre os judeus portugueses de Ferrara? Não sabemos.

Citei esta carta de Diogo Pires a Paulo Jóvio, pela primeira vez, em *Humanitas,* XIX-XX (1967-1968), numa recensão do livro de Elisabeth Feist Hirsch, atrás mencionado, depois incluída em *Estudos sobre o Século XVI,* 1ª edição, Paris, Gulbenkian, 1980; 2ª edição aumentada, Lisboa, INCM, 1983, p. 378.

---

[14] Cf. A. Costa Ramalho, *Para a História do Humanismo em Portugal,* III, p. 161 ss.

Os humanistas contemporâneos de Damião de Góis, citados na carta de Diogo Pires, todos foram das relações de Góis, talvez com a excepção de António Luís. Este último, nesse mesmo ano de 1548, numa carta a D. João III, revelara-se ferozmente anti-erasmista. Atitude sincera ou apenas disfarce para iludir a Inquisição, de que já fora prisioneiro?

Há anos, tive ocasião de mostrar que Erasmo não era tão ignorante do Grego como António Luís gostaria que os seus leitores acreditassem[15].

Pinarius Portodemaeus, isto é, António Pinheiro de Porto de Mós, embora conhecido, também não seria da intimidade de Góis, pelos motivos atrás expostos.

Quanto a *Coelius* ou *Cuniculis,* como lhe chamou André de Resende num momento de mau humor, isto é, Jorge Coelho, também não era amigo íntimo, como atrás vimos, e como pode inferir-se do final do poema *De Vita Aulica* que é uma espécie de longa confidência em verso de André de Resende para Damião de Góis. Segundo Resende, Jorge Coelho é o único poeta que se sente bem na Corte: "Pois que fique lá sozinho, para não ter rivais!" – escreve Resende.

Resta-nos Jerónimo Cardoso, afadigado mestre particular de Latim, orador de sapiência da Universidade de Lisboa, em Outubro de 1536, poeta e epistológrafo, pobre mas de todos respeitado.

E finalmente, os três últimos, a saber, Diogo Pires, o autor da carta, André de Resende e Damião de Góis, apresentado mais como mecenas do que como autor, sinal de que Didacus Pyrrhus não conhecia ainda os seus últimos trabalhos.

Pyrrhus ou Pires foi um dos maiores poetas novilatinos da Europa, na segunda metade do século XVI. Faleceu em Ragusa, hoje Dubrovnik sobre o Adriático, na Croácia, em 1599. Celebrara em verso Erasmo na juventude[16].

André de Resende, igualmente admirador de Erasmo, diluiu um pouco o seu entusiasmo pelo mestre, depois de 1536. Mas teve o cuidado de não publicar a sua biografia de São Frei Gil de Santarém, tingida, apesar de

---

¹⁵ Cf. *Para a História do Humanismo em Portugal*, III, p. 81 ss.

¹⁶ Sobre Diogo Pires, ver o artigo na *Enciclopédia Verbo: Século XXI* 22, 1184 -1185.

tudo, de erasmismo evidente. Só Góis ficou igual a si mesmo até ao fim. Tal manifestação de carácter no Portugal hipócrita do tempo do cardeal D. Henrique valoriza a obra que nos deixou e justifica as homenagens que lhe prestamos.

24. ALGUNS ASPECTOS DO HUMANISMO GOISIANO*

Esta é a terceira comunicação que faço sobre Damião de Góis na presente série comemorativa dedicada ao humanista português.

A primeira, na Academia Portuguesa da História, intitulou-se "Humanismo na corte de D. Manuel: Damião de Góis e o testemunho de Cataldo"; a segunda, na Universidade de Coimbra, foi subordinada ao título "Damião de Góis e os humanistas portugueses"; finalmente, a presente comunicação na Universidade Católica Portuguesa em Braga tem por título "Alguns aspectos do humanismo goisiano".

Procurarei não me repetir, de modo que as três comunicações, uma vez publicadas, se completem entre si.

Nas presentes comemorações tem havido algo do folclore simplista que acompanha normalmente as festividades públicas nacionais.

Assim, tem-se ouvido proclamar que Damião de Góis foi o mais importante, o mais internacional, o mais significativo dos humanistas portugueses. Tudo isto ele foi, na verdade, mas dispensavam-se os superlativos.

Damião de Góis foi, de facto, importante, internacional, e significativo. Todavia, é um exagero pô-lo à frente de humanistas como Jerónimo Osório, André de Resende e Diogo de Teive, por exemplo. Isto, para não falar de humanistas que foram simultaneamente homens de ciência, entre outros, o matemático Pedro Nunes, nascido em 1502 como Damião de Góis, o médico Amato Lusitano e o jurista Manuel da Costa, professor

* Congresso Internacional *Damião de Góis na Europa do Renascimento*. Publicações da Faculdade de Filosofia, Universidade Católica Portuguesa, Braga 2003, p. 285-294.

das Universidades de Coimbra e Salamanca e grande poeta latino. Todos eles gozaram de prestígio além-fronteiras, no seu tempo.

Fala-se muito das relações internacionais de Damião de Góis, e elas são um facto incontornável, como agora se diz.

Temos entre nós o maior especialista de Damião de Góis, nessa e noutras vertentes culturais do humanismo português. Ele foi o tema da sua tese de doutoramento, que tive a honra de discutir e apreciar na Universidade Clássica de Lisboa em Maio de 1980. Refiro-me, como todos sabem, ao Professor Amadeu Torres.[1]

Retomemos, porém, o fio do discurso. Fala-se da extraordinária reputação internacional do nosso humanista de Quinhentos. Entretanto, num congresso realizado em Bruxelas em 1999 sobre *Les Humanistes et leur bibliothèque,* em que parte dos humanistas considerados pertencia à Flandres, são mencionados dois tratados de Jerónimo Osório e um poema de André de Resende, mas nenhum opúsculo de Damião de Góis. Pode ser mero acaso. As Actas deste Congresso foram publicadas em 2002 pelo Prof. Rudolf De Smet.[2]

No Congresso de Coimbra, ocupei-me de passagem da carta de Diogo Pires *(Didacus Pyrrhus Lusitanus),* por este enviada ao historiador italiano Paolo Giovio que nas suas publicações em latim, com larga projecção na Europa, sobre pessoas e sucessos contemporâneos, omitia acintosamente os portugueses.

Nessa carta de Diogo Pires, escrita de Ferrara em Fevereiro de 1547, o nosso compatriota enumera alguns dos portugueses que então se distinguiam nas letras, entre eles Damião de Góis, de quem refere sobretudo as qualidades mecenáticas. Reparei posteriormente que, afinal, Paolo Giovio devia conhecer melhor Damião de Góis do que o próprio Diogo Pires, naquela altura.

Com efeito, o nosso humanista devia ser conhecido de Paolo Giovio desde o tempo da embaixada de obediência do soberano abexim ao Papa

---

[1] A tese está impressa com o título de *Noese e Crise na Epistolografia Latina Goisiana,* Paris, Fundação Calouste Gulbenkian, 2 vls, 1982.

[2] *Les Humanistes et leur Bibliothèque. Humanists and their Libraries,* Peeters - Leuven - Paris - Sterling, Virginia, 2002.

Clemente VII em 1533, e provavelmente leu a *Legatio Magni Indorum Imperatoris Presbyteri Ioannis* (1532) e mais tarde a *Fides, religio moresque Aethiopum* (1540).

E com certeza não ignorava os *Commentarii rerum gestarum in India citra Gangem a Lusitanis* (1539) onde Damião de Góis defende os seus compatriotas das acusações de Jóvio.

Aliás, no final dos *Commentarii* Góis não poupara Giovio, censurando-o pelas críticas que fizera ao rei de Portugal a propósito do comércio das especiarias. Os *Commentarii* foram publicados em Lovaina por Rutgerus Rescius, em 1539. Este foi também o editor de *Fides* no ano de 1540.

Como já Cataldo observara, em prosa e em verso, no começo do século XVI, ao elogiar a defesa da Cristandade, levada a efeito pelos reis de Portugal no norte de África, sem a ajuda de quaisquer outros príncipes cristãos, assim também Damião de Góis afirma que os reis de Portugal se preocupam mais com a expansão da fé do que com a aquisição de novos territórios. Continuando, Góis declara que nos reinados de D. Manuel e D. João III era o comércio das especiarias que pagava as armadas e exércitos com que os Portugueses combatiam os inimigos da fé, sobretudo os muçulmanos, que se opunham às actividades missionárias.

Por outro lado, as especiarias que os portugueses vendem nem são mais caras nem menos boas do que as vendidas anteriormente por outros. Não podem deteriorar-se, ao contrário do que diz Jóvio, porque não chegam sequer para abastecer o mercado europeu, sendo vendidas logo que chegam a Portugal. Só a pimenta é conservada por algum tempo, porque não se corrompe.

Mais do que criticar os portugueses, as nações cristãs fariam bem se lhes comprassem as especiarias, pois com a sua aquisição estariam a contribuir para a defesa e expansão da Cristandade.

Paulo Jóvio devia, portanto, conhecer melhor as obras de Góis, em 1547, do que Diogo Pires, que pretendia apresentar o seu compatriota nesse ano ao bispo e humanista italiano.

É curioso notar que com esta *disceptatiuncula* no final dos *Commentarii* de 1539, Damião de Góis está a responder às objecções sobre o monopólio português das especiarias, feitas na carta-dedicatória a D. João III, com

que Erasmo pretendera homenagear o soberano português, ao oferecer-
-lhe as suas *Chrysostomi Lucubrationes*[3], dez anos antes, em 1528.

Aí Erasmo referia-se à ganância dos negociantes portugueses e pedia a intervenção do monarca, ignorando que o monopólio era da própria fazenda régia.

Diz-se que D. João III nunca foi informado desta dedicatória dos estudos sobre São João Crisóstomo, da autoria do humanista de Roterdão, por causa da censura ao monopólio das especiarias, e que, por isso, não agradecera a Erasmo que, por sua vez, suprimiu a carta-dedicatória em futuras edições.

Não acredito nesta versão do caso. Damião de Góis seria o primeiro a informar o soberano português do que se passara, pois, se não o fizesse, outros se apressariam a fazê-lo, para deixarem em má posição perante D. João III, tanto Erasmo como Damião de Góis.

O grande humanista europeu, cujos livros existiam na biblioteca da rainha D. Catarina, por ela trazidos de Espanha, contava também com uma facção inimiga na corte portuguesa. O que se passou ao certo não o sabemos.

A verdade é que, cinco anos depois do famigerado prefácio, em 1533, D. João III consultou Damião de Góis sobre a possibilidade de trazer Erasmo para Coimbra, para onde já então pensava transferir a Universidade.

Um dos opúsculos latinos mais interessantes e mais próximos do gosto dos leitores do nosso tempo é provavelmente a *Vrbis Olisiponis Descriptio*, publicada por Damião de Góis em 1554.

Os elogios de cidades eram um tema corrente no Renascimento, mas entre nós, antes de Góis, só existia o elogio de Santarém, incluído na oração latina que Cataldo Parísio escreveu para a entrada da rainha D. Maria, segunda mulher de D. Manuel, em Santarém. A oração não chegou a ser pronunciada, mas Cataldo fê-la imprimir no volume *Epistolaram et Orationum secunda pars,* publicado em Lisboa cerca de 1513.[4]

---

[3] Cf. Ana Paula Quintela Ferreira Sottomayor, «Carta-dedicatória de Erasmo a D. João III» *Revista da Faculdade de Letras da Universidade do Porto - Série de História* II (1971) p. 7-19 da separata.

[4] Ver *Cataldo Parísio Sículo, Duas Orações.* Cit.

No mesmo ano da *Vrbis Olisiponis Descriptio* apareceu o *Conimbricae Encomium* de Inácio de Morais, em 1554, um poema em versos dactílicos.

A *Descriptio* de Góis acaba de ser valorizada por uma boa tradução, devidamente comentada, da autoria do Prof. Aires A. Nascimento, catedrático da Faculdade de Letras da Universidade de Lisboa.[5] Aí Góis refere exaustivamente conventos, mosteiros, igrejas e capelas de Lisboa, com os respectivos oragos, atitude prudente em quem vivera tantos anos em terras contaminadas pela heresia protestante.

Não esqueçamos que nos processos da Inquisição, quando era julgado um suspeito na fé, os inquisidores interrogavam as testemunhas sobre a atitude do réu a respeito dos santos, se falava da sua vida e milagres, e em que tom o fazia. Assim, procede Góis com reverente simpatia, a respeito de Santo António, natural de Lisboa, de São Vicente, levita e mártir (recordemos o título do poema de Resende, publicado no ano de 1545), dos santos mártires lisboetas, Veríssimo, Júlia e Máxima, e outros mais. Também na *Crónica do Felicíssimo Rei D. Manuel,* com frequência, as datas dos acontecimentos narrados são mencionadas com a indicação do santo do dia. Isto acontece de modo tão saliente que não parece tratar-se de simples prática tradicional, mas de propósito deliberado.

Não ponho em dúvida a fé católica de Damião de Góis, apenas sugiro que, num ambiente fanatizado em que o menor descuido podia ser denunciado como heterodoxia, o humanista tomou as suas precauções. Isto, pelo que respeita à religião.

No que concerne a política, Góis foi menos prudente na *Vrbis Olisiponis Descriptio*. Com efeito, D. João II é justamente apresentado como o promotor da descoberta do caminho marítimo para a Índia, realizada sob os auspícios do seu felicíssimo sucessor.

E adiante acrescenta: *Is enim, Inuictus ille Alfonsi quinti filius, diuus Ioannes qui bello regnum suis uendicauit, paceque sibi regni haereditatem multifarie turbatam restituit.*

---

[5] *Elogio da Cidade de Lisboa de Damião de Góis.* Texto latino e tradução portuguesa. Introdução por Ilídio do Amaral. Apresentação, edição crítica, tradução e comentário por Aires A. Nascimento. Lisboa, Guimarães Editores, 2002.

Ou, em tradução portuguesa: "Este é o célebre filho invicto de Afonso V, o divino João II, rei de Portugal. Aquele que na guerra assegurou o reino aos súbditos e, na paz, restituiu a si próprio os bens da coroa, que andavam dispersos de muitas maneiras".

No texto de Góis, merece um comentário o epíteto *diuus* aplicado a D. João II.

Na Roma Antiga foi usado a respeito dos governantes, cuja acção fora considerada benéfica para os povos que, por vezes, os divinizavam ainda em vida, mas sobretudo depois da morte. Assim, por influência grega e oriental, os imperadores aparecem elevados por meio de *apotheosis*, sobretudo depois da morte, à semelhança do *Diuus Augustus*. E o epíteto encontra-se nos historiadores (por exemplo, Suetónio), nas moedas e nas inscrições. No Renascimento, *diuus* aplica-se a reis e príncipes, com o correspondente *diua* para rainhas e princesas, mesmo em vida. Portanto, não há nada de excepcional em chamar *diuus* a D. João II. Assim mesmo, esta espécie de título deve ter incomodado certos nobres a quem o rei privou de benefícios perdulariamente concedidos por D. Afonso V, seu pai.

Diuus foi também usado no latim renascentista para traduzir a palavra "santo".

Na *Vrbis Olisiponis Descriptio*, Góis exalta a riqueza piscatória do Tejo e a fertilidade dos campos de Santarém, como fizera cinquenta anos antes Cataldo Parísio, na *Oratio* atrás citada. É provável que estivesse a recordar a apreciação desdenhosa de Münster sobre a pobreza das terras da *Hispania*, a que Góis respondera no opúsculo com o mesmo título dirigido a Pedro Nânio e que o seu amigo se apressou a publicar. Uma tradução portuguesa deste opúsculo foi feita por Dias de Carvalho[6].

Na *Hispania* Góis inclui uma referência aos grandes proventos tirados pelos portugueses do comércio dos escravos como a coisa mais natural e legítima deste mundo, conforme era corrente no seu tempo.

Mas é natural que a opinião a este respeito tivesse mudado. Com efeito, quando em 1590 Duarte de Sande, S.J., publicou *De Missione legatorum*

---

[6] *Damião de Góis, Opúsculos históricos*. Tradução do original latino pelo Professor Dias de Carvalho. Prefácio de Câmara Reys. Porto, Livraria Civilização, 1945.

Iaponensium ad Romanam curiam... Dialogus, defende energicamente os portugueses da suspeita de serem os promotores da escravatura, alegando, com razão, que esta já existia nos países de onde provinham os escravos, muito antes de os portugueses lá chegarem.

E no caso do Japão, afirma que eram os próprios japoneses quem pressionava os nossos comerciantes a adquirirem escravos. Em certas ocasiões, os nipónicos venderam até membros das suas próprias famílias contra a vontade dos navegadores portugueses a quem era proibido, por uma lei de D. João III, adquirir os escravos provenientes do Japão.[7]

Havia os escravos domésticos, mas havia também os escravos militares, geralmente prisioneiros de guerra, forçados a colaborar com o inimigo da sua fé.

Quando em 1571 os turcos foram derrotados na batalha naval de Lepanto pelas forças conjuntas de Espanha, de Veneza e do Papa, os aliados encontraram nas galés turcas aprisionados muitos milhares de cristãos, reduzidos à escravatura, que remavam sob o chicote dos turcos até à exaustão e morte.

Em 1982, Philip J. Ford, ao publicar a sua biografia de George Buchanan (1506-1582), livro[8] que fora antes uma tese de doutoramento na Universidade de Cambridge, descobriu que para o período da vida do humanista escocês, passado em Coimbra, entre 1547 e 1550, se conheciam pormenores que totalmente faltavam noutras épocas da vida de Buchanan. Isto, graças ao processo na Inquisição de Lisboa, onde não só o escocês, mas também os seus colegas portugueses João da Costa e Diogo de Teive, presos pela Inquisição, foram tratados com muito maior benevolência do que Damião de Góis, vinte anos mais tarde.

---

[7] Duarte de Sande, S.J., *Diálogo sobre a Missão dos Embaixadores Japoneses à Cúria Romana*, Prefácio, tradução do latim e comentário de Américo da Costa Ramalho. Macau, CTMCDP – Fundação Oriente, 1997. Cfr. p. 137-38 e também: Duarte de Sande, S.I., *Diálogo sobre a Missão dos Embaixadores Japoneses à Cúria Romana. Tomo I.* (Colóquios I-XVIII) e Tomo II (Colóquios XIX-XXXIV). Prefácio, tradução e comentário de Américo Costa Ramalho. Estabelecimento do texto latino Sebastião Tavares de Pinho, Portugaliae Monumenta Neolatina, Imprensa da Universidade de Coimbra, 2009.

[8] Cf. Américo da Costa Ramalho, *Para a História do Humanismo em Portugal* II, p. 211-215.

Tal como no caso dos mestres do Colégio das Artes de Coimbra, assim o processo de Góis, apesar do seu tom monocórdico de tortura psicológica, é fonte importante para o conhecimento da vida do humanista português.

É também a principal razão da simpatia de que ele desfruta em nossos dias e se manifesta nas actuais comemorações goisianas. Sabe-se que as acusações de Simão Rodrigues não foram motivadas apenas pelo zelo religioso. Mestre Simão possuía diplomas universitários que faltavam a Damião de Góis. Era mestre em Artes pela Sorbonne e estudara Teologia. Ensinava doutrina religiosa ao príncipe herdeiro, D. João, mas queria ser igualmente seu mestre de letras humanas, cargo para que estava indigitado Damião de Góis. Ao denunciar Góis como luterano, conseguiu impedir a nomeação do humanista.

As discussões sobre doutrina religiosa que permitiram a Mestre Simão coligir matéria para denunciar Damião de Góis, travadas em Pádua, em casa do humanista, à roda de 1536, devem ter assumido um tom desagradável e possivelmente mal educado da parte do eclesiástico. Há disso uma prova indirecta, relatada por Góis, durante o julgamento na Inquisição de Lisboa.

Contou o réu que, por esse tempo, foi visitado pelo padre Inácio de Loyola, superior de Simão na Companhia de Jesus. Loyola, por quem Góis manifesta a maior admiração, veio de Veneza a Pádua pedir-lhe desculpa pela conduta de Mestre Simão. O futuro Santo Inácio ficou hospedado com alguns companheiros na casa de Damião de Góis.

Disciplinador como era o seu chefe, é de crer que Simão Rodrigues de Azevedo não tenha passado sem uma boa reprimenda. E esta circunstância mais deve ter acirrado o ódio de Rodrigues a Damião de Góis, contra quem não terá deixado de espalhar na corte portuguesa as suas acusações.

Uma das formas de crueldade mental, usada pelo tribunal da Inquisição, consistia em não revelar aos réus a identidade dos seus acusadores. Os réus deitavam-se a adivinhar sobre a identidade dos denunciantes, a quem devolviam, por sua vez, outras acusações, abrindo assim o caminho aos inquisidores para novos processos.

Por vezes, os réus enganavam-se. Foi o que aconteceu com os professores do Colégio das Artes de Coimbra, presos em 1550.

George Buchanan e Diogo de Teive tinham escrito epigramas maldosos contra Belchior Beliago com quem não simpatizavam, e julgaram que ele era o acusador principal no processo que lhes foi movido. E vá de expor todas as mazelas, verdadeiras ou imaginárias, da vida de Beliago, que lhes tinham dado matéria para os tais epigramas latinos.

Hoje sabe-se, pela leitura dos processos e por outros documentos, que a acusação teve origem em Paris, onde vivia o denunciante principal, Diogo de Gouveia Sénior, que visava atingir seu sobrinho André de Gouveia, entretanto falecido.

Quanto a Belchior Beliago, não só não acusou os colegas, mas até procurou desculpá-los. Todavia, no caso de Damião de Góis, este não se enganou. Identificou perante o tribunal Mestre Simão Rodrigues como seu inimigo e perseguidor, sem qualquer hesitação.

No seu livro recentemente publicado[9] o Prof. Thomas Earle, a propósito da tradução do *Ecclesiastes,* feita por Góis, que encontrou na Codrington Library de All Souls College, em Oxford, escreveu: "Num ponto anterior do julgamento, a existência da tradução voltou a estar prestes a ser revelada quando Simão Rodrigues, o principal perseguidor de Góis... depôs que o acusado lhe tinha emprestado um livro escrito por Lutero sobre o *Eclesiastes.*"

Pela redacção do Prof. Earle, fica-se com a impressão de que Rodrigues compareceu como testemunha no tribunal. Na realidade, a menção do comentário ao *Ecclesiastes,* da autoria de Lutero, faz parte duma das denúncias de Rodrigues, feita anos antes de Góis ser preso. Mas quando em 1571, no ano da prisão do réu, Mestre Simão foi interrogado pela Inquisição de Toledo, onde então se encontrava, sobre o empréstimo desse livro, Rodrigues negou terminantemente que alguma vez tivesse visto o livro de Lutero, atribuindo essa declaração a um lapso do ecrivão do Santo Ofício[10]. Mestre Simão Rodrigues, como é óbvio, mentia.

Foi pela anulação desta denúncia que o *Ecclesiastes* luterano escapou a ser mencionado.

---

[9] *Damião de Góis, O Livro de Eclesiastes.* Edição crítica e introdução de T. F. Earle. Lisboa, Fundação Calouste Gulbenkian, 2002, p. 42.

[10] Cf. O livro citado na nota seguinte, p. 44 e 58.

Não é minha intenção deter-me por muito mais tempo no processo de Damião de Góis, documento que precisa de ser publicado na íntegra na versão original. Já temos a actualização feita por Raul Rego[11] que, apesar das suas limitações, foi uma publicação útil. Em data recente, impõem-se os estudos do Doutor Isaías da Rosa Pereira[12], professor universitário e sacerdote católico, e o bom resumo do processo, feito sobre o original, pelo professor de Coimbra, Doutor José Pedro Paiva[13]. Falta-nos, porém, uma edição como as que o Prof. Mário Brandão fez para João da Costa e Diogo de Teive.

Juntarei só uma explicação mais. Será ela sobre a questão da santidade de D. João II.

Na sua diatribe contra a *Crónica do Felicíssimo Rei D. Manuel,* o Conde de Tentúgal, que actua em nome da Casa de Bragança a que pertencia, leva a sua audácia ao ponto de pôr em cheque o próprio testemunho do Cardeal-infante D. Henrique, inquisidor-mor, expresso na *Crónica* de seu pai.

Tomando as suas precauções, Góis escrevera:

«... perãte si (rei D. Manuel) fez abrir ho ataude em que se metera ho corpo, ho qual acharam inteiro, e has taboas do ataude quasi de todo comestas, e gastadas, da cal virgem que lhe lançaram, e do corpo sahia hũ tam bom cheiro, que a todos fez espãto e depois se soube por verdade ter ho senhor Deos por elle feito algũs milagres depois de sua morte. Ho qual corpo aho presente esta ainda inteiro, com barba, e cabello no peito, pernas e braços, ho estomago tão teso, e ha pelle tam corada, quomo se fosse viuo. E ho Infante dõ Henrrique Cardeal de Portugal me dixe, que

---

[11] *O Processo de Damião de Góis na Inquisição*. Actualização ortográfica, pontuação, revisão, prefácio e notas de Raul Rego. Lisboa, Edições Excelsior, 1971.

[12] Isaías da Rosa Pereira, "O processo de Damião de Góis na Inquisição de Lisboa (4 de Abril de 1571-16 de Dezembro de 1572)", *Anais da Academia Portuguesa da História*, II Série, vol. 23, tomo I, Lisboa, 1975, p. 117-156; Id., "Damião de Góis e a Inquisição", *Miscelânea de Estudos em Honra do Prof. A. Costa Ramalho*. Lisboa, Instituto Nacional de Investigação Científica. Centro de Estudos Clássicos e Humanísticos da Universidade de Coimbra, 1992, p. 331-350.

[13] José Pedro Paiva, "Católico sou e não luterano. O processo de Damião de Góis na Inquisição (1571-1572)", *Damião de Góis, um humanista na Torre do Tombo*. Lisboa, IAN / TT, 2002, p. 20-42.

no anno de mil, e quinhentos, e çinquoẽta, e çinquo, q he sessẽta annos depois do falecimento delrei dõ Ioam, q estando elle no conuento da Batalha, mandara abrir ha sepultura deste glorioso Rei, e vira ho corpo inteiro do modo arriba dito, e sentira sair delle hum suavíssimo odor.»[14]

A crença na santidade de D. João II fora já afirmada na *Vrbis Olisiponis Descriptio,* como atrás vimos, e agora confirmada na *Crónica do Felicíssimo Rei D. Manuel.* Na crítica à primeira versão desta *Crónica,* o conde de Tentúgal escreveu que, tendo D. João II confiscado os bens de sua avó D. Filipa, inteiramente inocente de qualquer acto contra o soberano, e nunca os tendo restituído, não podia estar no Céu. Para o efeito - dizia ele - ouvira canonistas e teólogos que foram todos desta opinião. E sugeria que se tratava de matéria da alçada da Inquisição.

O cardeal D. Henrique, então com sessenta anos, idade provecta para o tempo, fraco e doente, apanhado no meio da controvérsia, com membros do seu séquito a influenciarem-no contra Damião de Góis, deixou cair o cronista, retirando-lhe a sua protecção e entregando-o às feras, isto é, aos invejosos do intelectual estrangeirado, sedentos de vingança.

Um ano antes da sua prisão, Góis teve um sinal que não lhe deixava dúvidas de que os ventos haviam mudado. Recebeu uma carta do cardeal, a ordenar-lhe que entregasse ao bispo D. António Pinheiro documentos da Torre do Tombo, necessários para a composição da *Crónica de D. João III.* Assim, o cronista de D. Manuel ficou a saber que o inquisidor-mor lhe não confiava a crónica do rei seu irmão. Isto é, o historiador de D. Manuel, antes louvado, acarinhado e presenteado pelo Cardeal, era agora informado de que a *Crónica* do soberano falecido treze anos antes, fora entregue a um rival pertencente ao círculo de D. Henrique. António Pinheiro, mais uma vez, não se desempenhou da tarefa.

Quando D. Jerónimo Osório escrevia o *De Rebus Emmanuelis Gestis,* título abreviado da crónica em latim sobre o rei D. Manuel, tinha sido Góis quem espontaneamente lhe enviara documentos importantes. Mas

---

[14] Damião de Góis, *Crónica do Felicíssimo Rei D. Manuel.* Nova edição conforme a primeira de 1566. Coimbra, Por ordem da Universidade, 1949. Parte I, Cap. XLV, p. 108.

decerto Góis não teria feito o mesmo, de sua iniciativa, ao bispo Pinheiro que, graças às acusações de Simão Rodrigues, o substituiu no preceptorado do filho primogénito de D. João III, muitos anos antes. Se não tivesse sido chamado a Portugal pelo soberano para desempenhar estas funções, provavelmente nunca teria sido denunciado por Mestre Simão. Do mesmo modo, sem a *Crónica de D. Manuel,* teria certamente escapado à ira do Conde de Tentúgal e outros nobres ressentidos.

O processo da Inquisição foi orientado desde o início com o objectivo de condenar o acusado. Damião de Góis nunca deixara de ser católico, como provou largamente na sua defesa, e a condenação foi injusta, mesmo para aquela época de fundamentalismo religioso.

Cinco séculos mais tarde, com as presentes comemorações, os compatriotas do humanista perseguido, agradecem-lhe a divulgação internacional dos feitos portugueses na expansão da Cristandade e na defesa da Europa ameaçada.

Formulemos o voto de que também ele esteja no Céu onde desejava ver o rei que nos versos de um poeta quinhentista foi "O Lusitano Rei D. João o Segundo / Segundo em nome, e a ninguém segundo."[15]

---

[15] Estes versos são de André Falcão de Resende no soneto "À Crónica del-Rei D. João II que fez Garcia de Resende." O texto completo pode ler-se em A. Costa Ramalho, *Estudos sobre a Época do Renascimento*, p. 235.

25. OS HUMANISTAS E D. JOÃO III[*]

Os portugueses não se apressaram a comunicar à Europa os progressos da navegação no Atlântico e o adiantamento do seu projecto de atingir a Índia. As informações ficaram-se por declarações sumárias em orações de obediência e cartas oficiais ao papa.

Em 18 de Outubro de 1504, o *2°* conde de Alcoutim, D. Pedro de Meneses, na oração de abertura das aulas na Universidade de Lisboa, declarava perante o rei D. Manuel, a corte e a universidade que os portugueses do seu tempo nada tinham a invejar aos heróis da Antiguidade Greco-Latina de que enumerava alguns dos mais significativos. A todos era possível encontrar outros iguais ou superiores entre os portugueses, cujos nomes não mencionava para não ferir algum deles por omissão, tantos eles eram. Só faltava aos portugueses do seu tempo, para igualarem os maiores de gregos e romanos, só faltavam - dizia - os escritores e poetas que os imortalizassem.

E algum tempo antes, o seu mestre Cataldo Parísio Sículo, ao celebrar um notável feito de armas de Miguel Corte Real no Norte de África, lamentava-se em versos dactílicos: «Finalmente, se encontrasse o poeta da Meónia, ele teria um nome imortal e uma honra perpétua. Oh, quanto importa a época em que se nasce! Foram felizes os homens que vieram ao mundo nos séculos antigos!»[1]

---

[*] *D. João III e o Império. Actas do Cogresso Internacional comemorativo do seu nascimento* (Lisboa e Tomar, 4-8 de Junho de 2002). Lisboa 2004: 891-899.

[1] A. Costa Ramalho, «Cataldo e os Corte-Reais», *Estudos sobre o Século XVI*, p. 77 e segs.

O segundo volume do epistolário de Cataldo, composto de cartas escritas entre 1500 e 1512, está cheio de queixumes do humanista ao rei D. Manuel e aos magnates do reino, a propósito do muro de silêncio que tem acolhido os seus pedidos de informação sobre acontecimentos que pudesse celebrar em prosa ou verso. Cataldo já se contentava com um texto que pudesse verter para latim. Desesperado, confidencia ao seu discípulo D. Pedro de Meneses, conde de Alcoutim, que, por falta de matéria histórica, se dedica à composição de um extenso poema religioso. O título que dá a esse poema numa das cartas, está muito próximo daquele que se encontra manuscrito na Biblioteca Municipal de Évora: *De Diuina Censura et Verbo Humanato*[2].

Entretanto, em Espanha, o humanista Pedro Mártir d'Anghiera, um milanês ao serviço dos Reis Católicos, era tratado de maneira bem diferente. Dispunha de todas as informações oficiais, falava com quem lhe parecia para obter os dados de que precisava, entrevistava, sem obstáculos, grandes e pequenos e escrevia os seus relatos, sob a forma de cartas a intelectuais e políticos variados. O seu latim ágil, matizado, emotivo, transmitia com extraordinária vivacidade as novidades e o exotismo das terras que Colombo ia visitando nas suas viagens[3].

As cartas de Pedro Mártir circulavam primeiro manuscritas, mas em breve começaram a ser impressas e reunidas em grupo de dez, as *Décadas*. Assim nasceram as famosas *Decades de Orbe Nouo*.

A composição das cartas começou em 1494, e a primeira *Década* foi impressa em Veneza, em 1504. Seguiram-se edições em algumas das principais cidades italianas, sempre com êxito e venda garantidos.

Em 1511, surgiu a 1ª edição espanhola, e em anos sucessivos foram publicadas novas *Décadas,* algumas vezes com a colaboração de amigos

---

[2] Estas cartas estão hoje mais acessíveis com a publicação de *Cataldo Parísio Sículo: Epistolae et Orationes* pela Biblioteca Geral da Universidade de Coimbra em 1988, seguida de Cataldo Parísio Sículo, *Epístolas I Parte*. Cit.

[3] Cf. Brigitte Gauvin, *Pierre Martyr d'Anghiera: De Orbe Nouo. Les Quatre Voyages de Christophe Colomb,* Caën, Université de Caën, 1993, 3 vols. Tive a honra de ser um dos arguentes desta tese de doutoramento, a convite do seu orientador, o Prof. Louis Callebat.

espanhóis de Pedro Mártir, que se sentiu sempre acompanhado e encorajado, quer por colegas italianos como Lucio Marineo Sículo quer por amigos espanhóis, na sua empresa. Ao contrário de Cataldo que chegou a Portugal em 1485, trazendo consigo o poema *Arcitinge* sobre a conquista de Arzila e Tânger, em 1471, por D. Afonso V e pelo príncipe seu filho, mas nunca pôde escrever sobre expedições militares e navais dos portugueses, porque sempre lhe negaram os meios para isso. Passou a compor poemas sobre acontecimentos domésticos da vida da Corte.

Os méritos de Cristóvão Colombo como homem do mar são indiscutíveis. Foi de facto um grande marinheiro como demonstrou o historiador naval americano, almirante S. E. Morison[4]. Mas nele a fantasia não era inferior às qualidades reais. Nas terras que descobriu na América Central, a sua imaginação coloca a Índia, o Paraíso Terrestre e a bíblica Ofir que forneceu o ouro a Salomão.

Mas, como quer que fosse, graças ao *De Orbe Nouo* de Pedro Mártir d'Anghiera, a falsa prioridade das navegações de Colombo e dos espanhóis estava já solidamente estabelecida, quando em 1530 foi publicada a edição definitiva e póstuma do *De Orbe Nouo* em oito décadas. É certo que em Itália no ano de 1508, foi publicado um *Itinerarium Portugalensium* sobre a expansão portuguesa, mas não pode comparar-se ao *De Orbe Nouo*. Luís de Matos reeditou-o em 1992, com uma valiosa Introdução que serve de complemento a *L'Expansion Portugaise*.

No *Commentarius De Ophyra Regione*, publicado por Gaspar Barreiros juntamente com a sua *Chorographia de alguns lugares que stam em hum caminho que fez Gaspar Barreiros o anno de M.D.XXXXVj começando na cidade de Badajoz em Castella, te à de Milam en Italia*, impresso em Coimbra, por João Álvares, impressor da Universidade, em 1561, são contestadas as veleidades de Colombo.

Cito uma referência directa ao genovês num trecho em que se resumem os progressos da navegação, desde Plínio o Antigo:

---

4 Samuel Eliot Morison, *Christopher Columbus, Mariner*, New York, Mentor Books, 1956.

«Ita igitur usque ad Plinii tempora certos quosdam progressus fecisse uidetur nauigatio. Verum tamen multo ampliores usque ad nostram aetatem. In quo genere iure laudantur Lusitani qui magnum fundamentum perpetuae suae commendationis et famae fecisse atque memoriam nominis sempiternam consecuti esse uidentur, apud quos magis quam in ceteris nationibus haec ars exculta est. Qui primi mare Atlanticum nauigantes, cunctam Mauritaniae et Aethiopiae oram usque ad magnum et uastum illud Bonam Spem promontorium maris interiora magno impetu irrumpens atque ab antiquis geographis ignoratum, summa cum animi fortitudine et solertia et magnis tandem exantlatis laboribus explorarunt, temporibus Infantis Henrici et Ioannis Portugaliae regis secundi, et plurimis annis ante quam Christophorus Colonus Ligur occidentalem Oceanum nauigasset, uiamque munitam posteris reliquere, qua perfectum est, ut postmodum in Indiam ab Vlissipone, summa, ut hodie fit, facilitate nauigaretur.»[5]

Em tradução portuguesa:

«Assim, pois, a navegação parece ter feito alguns progressos até ao tempo de Plínio. Mas eles foram muito maiores até os nossos. A este respeito, são justamente louvados os portugueses que parecem ter estabelecido grandes alicerces do seu perpétuo prestígio e fama, e ter alcançado memória sempiterna para o seu nome, pois entre eles, mais do que nas outras nações, esta ciência náutica é cultivada. Foram eles quem, navegando o mar Atlântico, primeiro exploraram toda a costa da Mauritânia e da Etiópia até àquele grandioso e vasto promontório da Boa Esperança, que irrompe com grande ímpeto pelo mar dentro e foi ignorado pelos antigos geógrafos.

«E tudo isto foi feito com a maior coragem, competência, e à custa de trabalhos sem conto, nos tempos do infante D. Henrique e do rei D. João II de Portugal, muitos anos antes que o genovês Cristóvão Colombo tivesse navegado o oceano para ocidente.»

---

[5] *Commentarius de Ophyra regione apud diuinam scripturam commemorata... auctore Gaspare Varreria Lusitano*, fl. I 8 v.

«E deixaram aos homens futuros um caminho tão seguro que por ele se conseguiu depois navegar de Lisboa para a Índia, como agora acontece, com a maior facilidade.»[6]

O *De Ophyra regione* foi publicado com a *Chorographia* em 1561. Setenta e um anos antes, em 1490, a 28 de Novembro, na entrada solene em Évora da princesa Isabel, filha dos Reis Católicos, acabada de casar com o príncipe D. Afonso, Cataldo Parísio Sículo[7], certamente por ordem do rei D. João II, afirmou perante a comitiva espanhola da noiva que os portugueses já conheciam o caminho marítimo para a Índia, onde em breve chegariam. Com efeito, Bartolomeu Dias já entrara no oceano Índico, em 1488.

Esta prioridade, assim afirmada, pouca ressonância teve. A oração de entrada da princesa só foi publicada em 1500 no livro I das *Epistolae* de Cataldo. E entretanto, antes e depois de 1500, a larga propaganda de italianos e castelhanos em torno das *epistolae* de Pedro Mártir que haviam de constituir o *De Orbe Nouo* impossibilitava a reposição da verdade histórica que era a da prioridade dos portugueses.

Orações de obediência e cartas ao papa, em latim, iam dando alguma informação, mas insuficiente. O esclarecimento efectivo da opinião pública internacional, no latim dos humanistas, só começa com D. João III nos anos 30 do século XVI.

Portugueses no estrangeiro, como André de Resende e Damião de Góis, colocados no coração do império de Carlos V, nos Países Baixos,

---

[6] A viagem nunca foi fácil, mesmo quando as condições atmosféricas eram favoráveis, como testemunham os nobres japoneses que vieram à Europa em 1585. Cf. A. Costa Ramalho, «A vida a bordo de uma nau em fins do século XVI», *Boletim de Estudos Clássicos*, 25, Coimbra, 1996, p. 65-67 e trechos de *Duarte de Sande, De Missione Legatorum Iaponensium ad Romanam Curiam... Dialogos*, Macau, 1590, aí citados. Este livro foi traduzido para a nossa língua, pela primeira vez, por Américo da Costa Ramalho, com o título de *Duarte de Sande, S.J., Diálogo sobre a Missão dos Embaixadores Japoneses à Cúria Romana*, Macau, Comissão Territorial para a Comemoração dos Descobrimentos Portugueses-Fundação Oriente, 1997, 353 p.. A obra conheceu 2ª edição em 2009: Duarte de Sande, *Diálogo sobre a Missão dos Embaixadores Japoneses à Cúria Romana*. Edição e fixação do texto latino de Sebastião Tavares de Pinho; Tradução de Américo da Costa Ramalho. Imprensa da Universidade de Coimbra/Centro Científico e Cultural de Macau, Fevereiro 2009, vols I e II, 790 p.

[7] Cf. A. Costa Ramalho, *Para a História do Humanismo em Portugal III*, p. 38-39.

começam a divulgar as vicissitudes da expansão portuguesa na Índia, já não as navegações iniciais mas os combates navais e terrestres, provocados pela presença portuguesa no Oriente. São publicados, então, livros na língua internacional do tempo, cujos títulos são bem significativos: *Epitome Rerum Gestarum in India a Lusitanis, anno superiori, iuxta exemplum epistolae quam Nonnius Cugna dux Indiae max. designatus, ad regem misit ex urbe Cananorio III. Idus Octobris. Anno MDXXX*, da autoria de André de Resende, ou seja, «Resumo dos feitos praticados na Índia pelos portugueses no ano anterior, segundo o modelo da carta que Nuno Cunha, designado governador-geral da Índia, enviou ao rei, da cidade de Cananor, a 13 de Outubro de 1530». Este opúsculo saiu em Lovaina, em 1531.

O seu título mostra que se trata de um relatório que, certamente por incumbência régia, o humanista verte para latim, para ser conhecido na corte do imperador Carlos V e nos mais cultivados círculos da Europa. Numa época em que não havia a publicação regular de jornais, estas cartas faziam as vezes da imprensa informativa. E o mesmo se pode dizer de publicações similares de Damião de Góis, nomeadamente os *Commentarii Rerum Gestarum in India citra Gangem a Lusitanis anno 1538*, isto é, «Crónica dos Feitos dos Portugueses na Índia aquém do Ganges, no ano de 1538», publicado em Lovaina em 1539.

Em Portugal, sobre a guerra na Índia, saiu em Coimbra, em 1548, o *Comentarius de Rebus a Lusitanis apud Dium gestis anno Salutis Nostrae MDXLVI*, ou seja, a «Crónica dos Feitos praticados na Índia, em Diu, pelos Portugueses no ano da Nossa Salvação de 1546», uma monografia sobre o segundo cerco de Diu que só há pouco (1995) foi traduzida para português por Carlos Ascenso André, com comentário histórico por Rui Manuel Loureiro[8].

Entre os *testimonia* em verso que recomendam o livro, conta-se um epigrama latino de George Buchanan, «em que simultaneamente são elogiados os méritos de D. João III, dos Portugueses e de Diogo de Teive, o autor»[9].

---

[8] Publicado com o título de *Diogo de Teive: Relação das proezas levadas a efeito pelos portugueses na Índia, junto a Diu, no ano da nossa salvação de 1546*. Cit.

[9] A. C. Ramalho, *Para a História do Humanismo em Portugal*, III, p. 143.

Ecos desse epigrama vêm a aparecer nos versos latinos de Francisco de Sá, sobrinho de Sá de Miranda, que servem de posfácio ao *De Gestis Mendi de Saa* de José de Anchieta, publicado anónimo em Coimbra, em 1563[10].

Sobre a literatura em latim, referente à expansão portuguesa, temos hoje o livro de Luís de Matos, que, todavia, não dá conta da enorme produção em verso, existente em manuscritos, e ainda por estudar. *L'Expansion Portugaise dans la Littérature Latine de la Renaissance*[11] que se apresenta como a sua tese de doutoramento de 1959, na Sorbonne, não ignora o que foi sendo publicado nos 32 anos seguintes, embora não cite trabalhos desse período.

Os limites de tempo, no que toca à expansão portuguesa, são difíceis de precisar. Uma das obras de maior repercussão na Europa foi sem dúvida o *De Rebus Emmanuelis gestis* de D. Jerónimo Osório, publicado em 1571, portanto, catorze anos depois da morte de D. João III, e, por outro lado, trata do reinado de seu pai. Mas um tratado como o *De Gloria*, publicado em 1549, em plena época de D. João III, traz uma surpreendente notícia sobre a China que traduzi em *Latim Renascentista em Portugal*.

Há ainda uma infinidade de versos latinos, e não só os dos grandes poemas como o *De Gestis Mendi de Saa,* mas das elegias e das odes aos pequenos epigramas, com informações aproveitáveis que estão por estudar e até por catalogar. Eles encontram-se por toda a parte, dispersos em obras impressas, mas sobretudo em manuscritos.

As orações de sapiência contêm normalmente referências elogiosas ao soberano, como protector da Universidade. No caso da Universidade de Coimbra, o elogio de D. João III tornou-se parte obrigatória da *oratio,* pois ele restituíra os Estudos Gerais a uma cidade onde eles já haviam estado mais de uma vez. Note-se que no século XVI, a passagem da Universidade para Coimbra não foi vista como uma transferência, mas como a fundação duma nova escola inovadora, uma escola moderna e actualizada que vinha substituir a velha universidade medieval.

---

[10] Idem, *ibidem*, vol. IV, p. 213 e segs.

[11] Lisboa, Gulbenkian, 1991.

Esta posição de fundador devia agradar ao rei que se desvelou em provê-
-la de mestres competentes, alguns de reputação europeia, e enriquecê-la
de edifícios, uns já existentes, como o próprio palácio real de Coimbra,
e outros em construção.

A expansão ultramarina não é também esquecida. Nas orações
de abertura eram mencionadas todas as faculdades, e não como
actualmente, apenas matérias da especialidade do orador. Deste
modo, na exaltação dos méritos de todas as disciplinas, a menção
da Matemática e da Astronomia é normalmente acompanhada de
um *excursus* mais ou menos longo sobre as navegações marítimas
dos portugueses.

O soberano, de Mecenas da cultura, passa ele próprio a homem de cultura, e há quem desculpe não ser D. João III notável nesse campo, apenas
devido às muitas ocupações do seu cargo. É o que faz Martim Figueiredo,
citando o humanista Luís Teixeira, mestre do soberano, num texto que
traduzi em *Latim Renascentista em Portugal*[12].

Admite-se tacitamente que o ocupadíssimo monarca não possa
comparar-se em matéria de cultura literária e científica com algumas
das figuras da nobreza, súbditos seus como D. Jorge, duque de Coimbra
e mestre de Santiago, D. Pedro de Meneses, 3º marquês de Vila Real
e 2º conde de Alcoutim, D. Miguel da Silva, João Rodrigues de Sá de
Meneses e outros. Todavia, há quem leve a lisonja à raia do absurdo,
como António Luís, estranha figura de médico e erudito, que na sua
Epistola Panagyrica dirigida a D. João III, faz deste um modelo de
soberano perfeito, vitorioso e letrado, capaz de fazer inveja ao próprio Alexandre.

Note-se que Alexandre da Macedónia, educado por Aristóteles, era no
Renascimento o paradigma do chefe ilustrado e condutor de homens.
Camões em *Os Lusíadas* inculca-o por modelo a D. Sebastião que poderá
vir a tornar-se superior a ele, pois nem sequer sentirá inveja do modelo
de Alexandre, a saber, o Aquiles homérico.

---

[12] A. Costa Ramalho, *Latim Renascentista em Portugal*, p. 141.

«De sorte que Alexandre em vós se veja

Sem à dita de Aquiles ter enveja.»[13]

Se as orações de sapiência exaltam o Mecenas, a poesia novilatina pode sublinhar outras facetas do monarca. A figura do homem, com elogio da sua sobriedade (D. João III era abstémio) aparece no belo poema de Manuel da Costa, grande jurista e notável poeta, no *De Nuptiis Eduardi Infantis Portugaliae, atque Isabellae, illustrissimi Theodosii, Brigantiae Ducis, germanae Carmen,* Coimbra, 1552.

D. João III, o rei dos Lusíadas (a palavra é corrente na poesia novilatina, desde 1531), não cede a nenhum outro em virtude e renova em Portugal a Idade do Ouro. E os seus súbditos são um povo «glorioso na guerra, domador do Oceano»[14].

Mais adiante, ao percorrer o imponente palácio de D. Teodósio, o duque de Bragança, irmão da noiva, o poeta Manuel da Costa acentua a feição heróica do epitalâmio, descrevendo uma série de tapeçarias que adornam as paredes da mansão ducal de Vila Viçosa: Duarte Pacheco em frente a Cochim batendo-se contra as hordas do samorim, derrota-as, apenas com um punhado de Lusíadas[15].

Noutra tapeçaria, D. Francisco de Almeida, rico da experiência do cerco de Granada, agora vice-rei da Índia, destrói Quíloa e Mombaça. Ao lado, a juventude heróica de seu filho Lourenço conduzia à vitória os seus companheiros, mas, noutro episódio, ficava preso no seu navio partido, junto à costa de Chaul e morreria lutando como um leão acossado pela multidão dos inimigos. Este combate é descrito em pormenores de grande efeito visual.

A vingança de seu pai, D. Francisco de Almeida, em Dabul, vingança cruel, é seguida do ataque a Diu, em cujos portos se tinha concentrado a armada inimiga. Aqui também a qualidade pictórica da descrição faz jus à perícia artística do grande poeta que é Manuel da Costa.

---

[13] *Os Lusíadas*, X, 156,7-8.

[14] *Ibidem*, vv. 104-108.

[15] *Ibidem,* vv. 267 e segs.

Segue-se a fuga de Mir Hocém e das tropas de turcos e indianos, enquanto vitorioso, D. Francisco coroado de louros, arrastava atrás de si os navios inimigos aprisionados[16].

Noutro lado do palácio, mais tapeçarias contavam as façanhas de Afonso de Albuquerque e a conquista de Ormuz, Goa e Malaca contra inimigos muito superiores em número. Voando do céu ao seu encontro, a deusa Vitória trazia-lhe a palma dos vencedores[17].

Disfarçados, os deuses do Olimpo tomam parte nos festejos do casamento principesco. Só Apolo está ausente, porque conduz em Coimbra as obras dos novos edifícios universitários, com que «em favor do rei Lusitano construía uma nova Atenas»[18].

No cortejo de magnates que se dirigem para o palácio ducal, o poeta dedica alguns versos a apresentar o rei D. João III, acentuando a simplicidade do seu trajo, como se fosse um particular, sem qualquer emblema da sua alta posição a não ser uma espada de ouro, e a naturalidade com que circula entre os acompanhantes e o povo, sem qualquer guarda que o proteja, defendido apenas pelo amor do seu povo. Outros humanistas que viveram no estrangeiro recordam, com louvor para o rei, a despreocupação com que ele se desloca por toda a parte, sem companhia de forças de segurança, ao contrário do que sucedia com os soberanos estrangeiros. Manuel da Costa sublinha especialmente a serena majestade que irradia do seu rosto tranquilo[19].

No final das cerimónias vem o banquete nupcial em que um *aedo* conta a glória do País, desde D. Afonso Henriques, e o destino heróico das duas famílias, a do rei e a dos duques de Bragança, ambas descendentes de D. João I. Os feitos em Africa e no Oriente são de novo recordados[20].

D. João III, assim apresentado como soberano-modelo, teve, entretanto, um detractor de projecção internacional. George Buchanan, humanista

---

[16] *Ibidem*, vv. 317-338.

[17] *Ibidem*, vv. 340-348.

[18] *Ibidem*, vv. 371-374.

[19] *Ibidem*, vv. 395 e segs.

[20] *Ibidem*, vv. 720 e segs.

escocês, professor do Colégio das Artes e grande poeta latino, começou por louvar o rei num epigrama a servir de *testimonium* ao livro de Diogo de Teive, sobre o 2.º cerco de Diu[21].

No título do pequeno poema laudatório em onze dísticos elegíacos, D. João III é «inuictissimus rex». O epigrama, de que eu dei uma tradução completa em *Latim Renascentista em Portugal*, termina: «De direito, pois, és invencível, ó Rei, quando, apesar de vencedora de todas as coisas, a Morte vencida se juntou aos teus títulos.»

Era isto em 1548. Mas em Julho de 1550, Buchanan era preso peia Inquisição e levado para Lisboa. Foram também presos, nessa ocasião, Diogo de Teive e João da Costa, igualmente professores do Colégio das Artes de Coimbra.

A Inquisição foi benévola com os três mestres, e sobretudo com Buchanan. Mas uma vez fora de Portugal, a sua maledicência contra D. João III, como símbolo do País, despertou a veia satírica de mestre Buquenano. Além dos epigramas sobre a colonização do Brasil com pederastas[22], há um que interessa especialmente aqui, pois ecoa negativamente os títulos de D. João III, que Buchanan parodia no seu irónico latim: «*Lusitanicus... Algarbicus...Indicus Arabsque, Persicus Gineusque et Africanus.*» E o poeta junta mais alguns da sua lavra, em tom sarcástico. Mas que acontecerá a tantos títulos, se por motivo de guerra, de mau tempo, desastres naturais, a pimenta não chegar à loja do rei de muitos nomes *(polyonymus)*?

O epigrama é conhecido e dei dele uma tradução literal em *Latim Renascentista em Portugal*[23]. Em 1548, até a Morte, vencida pela Imortalidade na memória dos homens, era um privilégio do *rex inuictissimus*. Depois de 1550, o som bombástico dos títulos imperiais é para o humanista escocês motivo de chacota.

O número de testemunhos sobre D. João III, entre humanistas nacionais e estrangeiros, é elevado, e a minha intenção foi apenas dar uma

---

[21] Cf. A. C. Ramalho, *Latim Renascentista em Portugal*, p. 178-179.

[22] A. Costa Ramalho, *Para a História do Humanismo em Portugal*, I, p. 112-113.

[23] Cf. p. 180.

amostra. Para terminar, citarei Inácio de Morais, figura curiosíssima de orador e poeta latino, cuja espontaneidade de carácter foi retratada com mestria num diálogo de André de Resende, só recentemente traduzido[24].

No *Conimbricae Encomium* de Inácio de Morais, publicado em 1554, D. João III recebe os qualificativos de *Oceani domitor, Lusitani arbiter imperii* e de *tam mitis populi Rexque paterque sui*[25], «tão bondoso Rei e pai do seu povo». À margem deste verso, é chamado *Conimbricensis Academiae conditor,* «fundador da Universidade de Coimbra».

E três anos depois, em 1557, na oração fúnebre, pronunciada perante o claustro universitário, Inácio de Morais, depois de exaltar o espírito conciliador do soberano, caracteriza o seu perfil de régio mecenas da cultura:

«Para aqui [i.e., para a Universidade de Coimbra] fazia convergir todos os seus recursos, para aqui as riquezas da Índia e da Pérsia, a tal ponto que muitas vezes nos admirávamos de que um príncipe, não lá muito cultivado, tanto se inflamasse por uma espécie de amor extraordinário das letras.»[26]

Apesar dos progressos feitos nos últimos trinta anos, continua a ser necessário publicar e traduzir os textos dos humanistas, pois não basta referir a página de uma edição do século XVI, em regra duplamente inacessível, a saber, no original e na tradução. É que o latim renascentista exige que o tradutor saiba, de facto, latim, e não pode ser traduzido com o auxílio dos tradicionais «burros», em várias línguas modernas, usados para os autores da Literatura Latina.

---

[24] Virgínia Soares Pereira, *André de Resende: Aegidius Scallabitanus. Um diálogo sobre Frei Gil de Santarém*, Cit.

[25] Cf. v. 261.

[26] A. C. Ramalho, *Para a História do Humanismo em Portugal IV*, p. 332.

26. AINDA, OS QUATRO DÁIMIOS JAPONESES EM COIMBRA (1585). OS ESPECTÁCULOS[*]

Quando a Universidade regressa definitivamente a Coimbra em 1537, depois de uma ausência de 160 anos, não é a semente que cai em terreno sáfaro e hostil, para usar uma imagem não de todo gasta.

Com efeito, em 1537, em Santa Cruz de Coimbra floresciam as Humanidades com um vigor que não tinham certamente na Universidade de Lisboa, a avaliar pelo discurso pronunciado em 1534 no Estudo Geral olisiponense por André de Resende, francamente pessimista sobre o nível de toda a instituição universitária lisboeta. Para dar um só exemplo, enquanto o Grego parece não existir, por essa altura, em Lisboa, o humanista flamengo Nicolau Clenardo fica deslumbrado com uma aula do helenista alemão Vicente Fabrício no mosteiro de Santa Cruz de Coimbra.

Vicente Fabrício ensaiou possivelmente os alunos para a visita do flamengo, mas, seja como for, estudava-se Grego na escola dos frades crúzios. Todavia, com a introdução no esquema universitário de uma escola de Humanidades, em 1548, vitalidade nova foi injectada no ambiente cultural conimbricense dos meados do século XVI.

Antes de 1548, terá havido certamente orações universitárias, como a de 1539, pronunciada em Santa Cruz por Mestre João Fernandes, um sevilhano que aí ensinava Retórica e Latim. Todavia, não chegaram até nós, e esta de 1539 ficou manuscrita.

---

[*] Sebastião Tavares de Pinho (Coord.), *Teatro Neolatino em Portugal no contexto da Europa. 450 anos de Diogo de Teive*, Imprensa da Universidade de Coimbra, 2006, p. 9-20.

Entretanto, a 21 de Fevereiro de 1548, era inaugurado o Colégio das Artes, com a *oratio* de Arnold Fabrice, um dos franceses que, com vários portugueses, comandados por André de Gouveia, vieram ensinar em Coimbra.

Não vou falar aqui do elenco desse *team* internacional que se transferiu com um treinador português afamado, o principal do Collège de Guyenne em Bordéus, para o novo Colégio das Artes em Coimbra. É assunto que todos os presentes certamente conhecem.

A estrela de maior brilho internacional do grupo de André de Gouveia era provavelmente o escocês George Buchanan, já então famoso como poeta latino e dramaturgo.

A acção estimulante dos bordaleses no meio universitário de Coimbra principia com essa oração inaugural de Arnaldo Fabrício de que há pouco eu falava. Na verdade, logo nesse ano de 1548, ao discurso público do francês, sucedeu em julho a *oratio* de João Fernandes *De Celebritate Academiae Conimbricenses*, pronunciada na visita do Infante D. Luís a Coimbra. E em 1 de Outubro, na abertura solene da Universidade, o português Belchior Beliago declama a oração inaugural do ano lectivo de 1548-1549. Esta, assim como a de João Fernandes, teve lugar na Universidade, ao passo que a de Arnaldo Fabrício foi proferida no Colégio das Artes.

O bordalês apresenta-se, a si e aos seus companheiros como uma turma de beneméritos que vinham expulsar a barbárie gótica, entenda-se medieval, das plagas lusitanas, graças à iniciativa inteligente de D. João III. Ficaria decerto muito surpreendido se lhe mostrassem a oração do jovem conde de Alcoutim na Universidade de Lisboa, em 18 de Outubro de 1504, na presença do rei D. Manuel, a quem são atribuídos generosamente os elogios agora dados ao rei seu filho, mas quarenta e quatro anos antes. Também o núcleo expositivo das duas orações inaugurais não difere muito.

D. Pedro de Meneses, 2º conde de Alcoutim, tinha 17 anos de idade, quando discursou no Estudo Geral de Lisboa. Fora para isso treinado pelo seu mestre italiano Cataldo Parísio Sículo que persuadiu o rei D. Manuel a introduzir em Portugal esta prática das cortes italianas: o espectáculo de confiar a um jovem aristocrata a solenidade da abertura do ano lectivo universitário, que no começo do século se realizava em 18 de Outubro, dia de S. Lucas. Mais tarde, passou a efectuar-se em dia de São Remígio, a 1 de Outubro, "la Saint-Rémy" da Sorbonne.

Também Cataldo, entre nós desde 1485, se propôs expulsar a barbárie cultural dos portugueses, mas fê-lo sessenta anos antes dos companheiros de André de Gouveia.

Mais espectacular do que a abertura do ano lectivo, era a cerimónia do doutoramento solene ou a imposição das insígnias doutorais.

Hoje, o cortejo universitário sai da Biblioteca Joanina, construída no século XVIII, e toda a cerimónia se passa dentro do âmbito do antigo palácio real e seus anexos. Então, em vez de se limitar a percorrer o pátio da Universidade, o cortejo atravessava uma grande parte da cidade de Coimbra, pois, com o Reitor à frente, a comitiva ia buscar o doutorando a casa, e com ele percorria a parte do burgo que ficava entre a sua residência e o Paço das Escolas.

A descrição que nos dá Inácio de Morais do acontecimento, em dísticos elegíacos do seu *Conimbricae Encomium*, compara este triunfo académico com o triunfo do general romano de outrora, até nas chufas que os soldados dirigiam ao general vencedor.

Dessa intenção de temperar o momento de glória com alguma observação graciosa, resta nos actuais estatutos a recomendação de moderar os elogios ao doutorando com alguns ditos jocosos a seu respeito, que não ofendam.

Eis o texto de Inácio de Morais, em tradução que publiquei em 1985 no meu livro *Latim Renascentista em Portugal*, p. 188-191.

«Acrescente-se que também Coimbra distrai o seu povo com alegres festejos que celebra com frequência. Assim, todas as vezes que alguém solicita o prémio dos seus estudos e que lhe cinjam gloriosamente a cabeça com o ramo de louro, canta-se, à maneira antiga, o alegre triunfo e um cortejo se encaminha ordenadamente às doutas Escolas.

Vai à frente o Reitor, acompanhado de áureos feixes, e segue-o multidão espessa de varões. Vai a comitiva dos doutores, com as têmporas coroadas e os trajos tingidos cada um da cor que lhe pertence.

A multidão cheia de espanto corre de todos os lados, na ânsia de ver, e reboam os tambores, tocados em festivo modo. E a rouca trombeta mistura, com alternado estrépito, o som, e juntam as flautas ocas seus finos ritmos.

Então gostam de andar, por um lado e por outro, jovens de rosto mascarado, e de soltar graciosas troças.

Como outrora, quando o general romano, dominado o inimigo, celebrava o triunfo e conduzia, vencedor, os cavalos brancos, e coroado de louros era recebido com grande honra pelo Senado, e o povo, em alta voz, dava-lhe o seu aplauso, de igual modo toda a Academia se alegra em festivo clamor, quando alguém recebe o apolíneo louro.

Esplêndidas tapeçarias ornamentam o teatro espaçoso: senta-se a ordem dos senadores e o coro de Palas.

Então deleitar-te-á a abundância eloquente da prosa e uma graça que flui de Cícero. E há-de seduzir-te a tragédia pomposa que caminha em graves versos, ou a musa cómica, em seu leve soco.»

> *Adde, quod et populum laetis Conimbrica ludis*
>> *Exhilarat, crebro quos celebrare solet.*
> *Nam quoties quisquam studiis sua praemia poscit,*
>> *Et lauri emeritum cingere fronde caput:*
> *Antiquo canitur laetus de more triumphus,*
>> *Pergit et ad doctas ordine pompa Scholas.*
> *Incedit rector, comitatus fascibus aureis.*
>> *Atque comes sequitur densa caterua uirum.*
> *Turba it doctorum, redimitaque tempora sertis,*
>> *Textaque quisque suo tincta colore gerunt,*
> *Plebs stupefacta ruit studio diffusa uidendi,*
>> *Et reboant festo tympana pulsa sono.*
> *Miscet et alterno strepitu tuba rauca sonorem,*
>> *Argutos fundunt et caua buxa modos.*
> *Tum personatis iuuenes discorrere gaudent*
>> *Vultibus, et lepidos ore referre iocos.*
> *Sic cum Romanus domito dux hoste triumphum,*
>> *Atque olim niueos uictor agebat equos:*
> *Laurigerum magno excipiebat honore senatus,*

Et populus plausum uoce sonante dabat.

Tota igitur gaudet clamore Academia festo,

Donatur lauru dum quis Apollinea.

Attalica exornant spatiosum aulaea theatrum:

Ordo sedet patrum, Palladiusque chorus.

Copia mulcebit tunc te facunda soluti

Eloquii, atque fluens de Cicerone lepos.

Teque graui incedens tumefacta tragoedia uersu,

Aiit socco alliciet comica Musa leui.

Notar-se-á que o dístico final se refere a representações teatrais, a tragédia e a comédia, que tinham lugar em festas académicas de certas formaturas.

Mais do que os estatutos universitários, são significativas a esse respeito certas recomendações expressas do rei D. João III.

Assim, um alvará de D. João III, datado de 30 de Janeiro de 1538, isto é, anterior dez anos à fundação do Colégio das Artes, autorizava os estudantes dos Colégios de Santa Cruz, a usarem trajos de seda e jóias de ouro, contra a lei vigente, nas comédias e tragédias que representavam. E só punha uma condição: a de tais trajos de seda e objectos de ouro terem sido confeccionados antes da publicação da lei em vigor.

Isto prova que o teatro escolar era então uma realidade. E anos mais tarde, por alvarás de 25 de Setembro e de 16 de Outubro de 1546, o mesmo soberano mandava que na mais alta regra de Latinidade do Colégio de São Jerónimo e nas terceira e quarta regras da mesma disciplina da Universidade, os respectivos professores fizessem representar anualmente uma comédia[1].

Com a sua preocupação de juntar ao ensino do Latim a formação cristã, os jesuítas devem ter substituído Plauto e Terêncio por comédias da sua própria autoria. E como inventar uma comédia em cada ano não era tarefa fácil, creio que muitos dos diálogos que encontramos nos manuscritos dos jesuítas se destinaram a substituir as comédias de representação

---

[1] *Vide* Mário Brandão, *Coimbra e D. António Rei de Portugal. I A Educação de D. António*, Coimbra, 1939, p. 31 e 96 ss.

obrigatória. Aliás a feição jocosa e satírica de muitos deles acentua a sua proximidade com a atmosfera da comédia.

Por outro lado, desde o Renascimento italiano que as éclogas pastoris, piscatórias e mitológicas, eram representadas nas cortes de Itália. Tal aconteceu, por exemplo, com as produções bucólicas de Henrique Caiado, cuja obra literária foi realizada em cortes italianas.

A bucólica, além de dramatizar situações da vida corrente, podia servir também de veículo da crítica literária, por vezes dissimuladamente.

Assim no poema *De Agnetis Caede* que o Prof. John Martyn atribui a André de Resende[2], mas decerto não é obra do humanista eborense, Inês goza os aprazíveis frutos do Mondego.

Nos *Lusíadas,* III, 120, 2, estava Inês "de seus anos colhendo o doce fruito".

O Autor do *De Agnetis Caede,* provavelmente um discípulo dos jesuítas, sabia perfeitamente o que quer dizer "de teus anos colhendo o doce fruito", mas fugindo à implícita sugestão sexual, substitui "anos" por "aprazíveis frutos do Mondego". Só não explica o que eram os frutos do Mondego. Seriam os peixes do rio ou as laranjas dos campos vizinhos?

Um outro poema da mesma colectânea, a *Écloga Conimbrica*, explica no final quais eram os frutos do Mondego, isto é, as lampreias. E zombeteiramente acrescenta que elas surgem nas águas do Mondego nascidas das lágrimas de Inês.

Voltemos porém, ao *Conimbricae Encomium* de Inácio de Morais, publicado em Coimbra, um ano antes da entrega do Colégio das Artes aos padres da Companhia de Jesus. Aí se pode verificar que a vida do pequeno burgo era dominada pela sua universidade. Fora das festas académicas, há pouco mais do que procissões religiosas, marchas militares, largadas de touros e exibições de acrobatas ao ar livre.

No poema sobressaem, por contraste, a tranquilidade bucólica da cidade e o bulício estudantil.

Do mesmo ano do *Conimbricae Encomium* é a *Descriptio Vrbis Olisiponensis* de Damião de Góis, onde a escola lisboeta, então inexistente,

---

[2] Cf. A. Costa Ramalho, «O poema *De Agnetis Caede* será uma fonte de *Os Lusíadas?*». Incluído no presente livro.

merece pouco mais que uma alusão passageira "à Universidade que apenas se tornara famosa, depois que o rei D. João III a transferiu para Coimbra".[3]

Em Janeiro desse mesmo ano de 1554, falecia o príncipe herdeiro D. João, filho de D. João III, e dezoito dias mais tarde, a 20 de Janeiro, nascia seu filho póstumo, o futuro rei D. Sebastião, de triste memória para os portugueses.

À morte do príncipe dedicou Diogo de Teive a *Tragoedia Ioannes Princeps* publicada em 1558. A *Tragédia do Príncipe João* foi traduzida, comentada e criteriosamente estudada na tese de licenciatura da Doutora Nair de Castro Soares, actualmente já em 3ª edição.[4]

Em 1550, fizera Teive representar a tragédia *Dauid* nas festas do bacharelato de D. António, filho bastardo do infante D. Luís, mais tarde prior do Crato e efémero rei de Portugal.

Mas a passagem de Teive pelos calabouços da Inquisição, onde entrou em Julho desse mesmo ano de 1550, levou ao desaparecimento desta e de outra tragédia intitulada *Judith*.

Seria tratado pela Inquisição melhor do que Damião de Góis, anos mais tarde.

Depois da sua libertação, Teive ainda foi, por pouco tempo, o principal do Colégio das Artes, mas em Outubro de 1555, entregou-o à Companhia de Jesus, por ordem de D. João III.

Quando os quatro fidalgos *(dáimios)* japoneses visitaram expressamente Coimbra, a pedido dos seus professores no Japão, todos eles jesuítas portugueses, o Colégio das Artes estava, há trinta anos, nas mãos da Companhia de Jesus.

O relato dessa visita constitui o capítulo XXXI do *De Missione Legatorum Iaponiensiun ad Romanam Curiam... Dialogus*, do P.e Duarte de Sande, S.I., publicado em Macau, em 1590. Foi editado em português, em 1997, quatrocentos e sete anos depois de ter sido impresso na mesma cidade

---

[3] *Gymnasio non ita pridem celebri, antequam Rex Ioannes Tertius illud Conimbricam transtulisset.* "A Universidade não lá muito célebre, antes que o rei D. João III a tivesse transferido para Coimbra". Cf. Aires A. Nascimento, *Damião de Góis. Elogio da Cidade de Lisboa*, Lisboa, Guimarães Editores, 2002, p. 144.

[4] Coimbra, Imprensa da Universidade - Clássica Digitalia, 2010.

de Macau.[5] Uma edição em português, de que fala Barbosa Machado, nunca existiu.[6]

Os japoneses foram recebidos nas classes mais adiantadas de Latinidade, com diálogos representados pelos alunos, de que a seguir dou o resumo de um deles, traduzido do latim do Padre Duarte de Sande.[7]

«No dia em que visitámos a classe primeira e a mais alta, foi-nos apresentado um drama muito interessante, que representava de modo notável os "Anjos" a que chamam "da Guarda". Dialogaram entre si os que têm sob a sua protecção o Japão e a Europa. Este último perguntou ao outro qual a situação das coisas no Japão, e na resposta foram desenvolvidas muitas vitórias admiráveis, e os feitos praticados no Japão, que redundaram em louvor da religião cristã. Para os confirmar todos, apareceu em público a Fé, acompanhada de grande cortejo de santos (*caelitum*) e apregoou à boca cheia os louvores da Igreja japonesa, e finalmente, atribuindo todos estes bens ao símbolo da cruz, venerou-o com espírito religioso e grande respeito.

Retomando a palavra, o Anjo da Guarda da Europa, contou em longa fala, quanto se esforçou por que fôssemos recebidos com grande aplauso pelas várias regiões da Europa e por que os Sumos Pontífices nos cumulassem das provas do seu amor, como era justo que os pais mostrassem por filhos de novo nascidos. Depois entregou-nos ao Anjo, patrono do Japão, para que nos reconduzisse à pátria, sãos e salvos. Tudo isto foi representado com suma graciosidade das personagens, e elegância das falas.

Também o Mestre, durante o diálogo, dirigindo-se a nós, comparou a nossa entrada na cidade com o regresso, cheio de alegria, do rei D. Afonso Henriques à mesma cidade, depois de ganhar sobre os inimigos famosa vitória, e mostrou, em termos eloquentes, quanto mais gloriosos

---

[5] *Duarte de Sande, S.I., Diálogo sobre a Missão dos Embaixadores Japoneses à Cúria Romana*. Cit.

[6] Innocencio Francisco da Silva, *Diccionario Bibliographico Portuguez*, T. II, Lisboa, Imprensa Nacional, 1859, p. 216-217; 473-474; T. IX, p. 155.

[7] Para o latim, aqui traduzido, veja A. Costa Ramalho, *Para a História do Humanismo em Portugal*, III, p. 268, nn. 10 e 11.

eram os nossos despojos da derrota da Idolatria que no Japão dominava ao longe e ao largo.»

Segue-se o resumo de mais dois diálogos dramáticos que me dispenso de citar.

Tinha, há pouco, chegado a Coimbra o novo bispo D. Afonso de Castelo Branco. E os professores do Colégio das Artes resolveram homenagear o prelado e os visitantes japoneses, pondo em cena a tragédia *Ioannes Baptista*, da autoria do jesuíta padre António de Abreu.

Dou seguidamente o resumo feito por Duarte de Sande:

«No primeiro acto, foi apresentado João, menino de 5 anos de idade, que abandona os pais e as delícias da vida, fugindo para o ermo e para um modo de viver severíssimo, em que passou, no rigor, toda a sua existência até aos 30 anos. No segundo acto, os povos da Judeia, impressionados pela fama da sua santidade, vieram ter com ele em grande número e, arrependidos dos pecados, foram por ele purificados nas águas do rio Jordão.

O terceiro era preenchido pela viagem progressiva deste santo até à cidade de Jerusalém e pelos frequentes avisos ao rei Herodes, pelos quais, ameaçando-o com a justiça divina, procurava desviá-lo, pelo medo, do seu criminoso incesto. No decurso deste acto pintava-se notavelmente, quer o fogo do divino amor que incendiava a mente de S. João, quer a irritação do tirano que se tornava cada vez mais duro contra os salutares avisos.

No quarto acto, tratava-se das cadeias que injustamente foram postas ao santíssimo varão e brilhava sobremaneira a sua paciência em tolerar todas as adversidades.

Concluía toda a acção a decapitação crudelíssima do santo, exposta por tal forma que não se passava em cena, mas parecia ter realmente acontecido.

A cada acto desta tragédia juntava-se um canto suavíssimo de muitas vozes. Principalmente o terceiro acto foi digno de nota, por aquela virtude, que com um vocabulário comum se designa por penitência, a qual exortava os Anjos a proclamar os louvores de São João, que eles celebravam com notável canto.

A esta peça conferiu não pequeno ornamento a descrição de alguns lugares, por exemplo, o da solidão em que São João se mortificava com a fome e outros sofrimentos e o da mansão infernal, de onde irrompiam as fúrias que impeliam a alma do ímpio Herodes às fraudes e aos crimes».

O latim correspondente à parte acabada de traduzir, pode ler-se no meu livro *Para a História do Humanismo em Portugal,* vol. III, p. 271.

A procura de lugares para assistir ao espectáculo foi renhida em toda a cidade de Coimbra. Houve quem levasse cadeiras e cobertores e se sentasse à porta do Colégio desde a véspera, passando a noite fria de Dezembro ao relento para, no dia seguinte, ter direito a um lugar.

Um estudante de Cânones, que quis entrar no Colégio durante a noite, caiu numa cisterna donde a custo foi salvo. Pergunto a mim mesmo se a cisterna não será a que, há pouco, foi descoberta sob o edifício do "Laboratório Chimico" construído no século XVIII, ao lado do Colégio das Artes, e em frente do Colégio de Jesus.

A representação da tragédia *Ioannes Baptista* durou sete horas, e foi entusiasticamente aplaudida.[8] Impressionaram particularmente a assistência alguns cenários e a harmonia musical dos coros. Mas deixemos os japoneses.

Tenho algumas recordações do meu contacto com os manuscritos do Colégio das Artes.

Entre 1959 e 1962, fui professor visitante da *New York University.* Uma tarde, em que trabalhava na biblioteca da *Hispanic Society of America* fui procurado pela bibliotecária-chefe, Miss Clara Penne, já então aposentada, mas sempre presente, que me informou de que tinha uma novidade para mim. Entregou-me um livro manuscrito, adquirido há pouco e proveniente do Colégio das Artes de Coimbra, onde reconheci imediatamente a *Achabus* que eu conhecia dos manuscritos de Coimbra. Com efeito, no final do meu curso de Filologia Clássica, e antes da licenciatura, publiquei um *Catálogo dos Manuscritos da Biblioteca Geral da Universidade de Coimbra,*

---

[8] Sobre a embaixada dos japoneses ver no livro citado na nota anterior os capítulos XXIV a XXIX, p. 209-276.

relativos à Antiguidade Clássica, em 1945. Quando fiz o catálogo, não sabia que o autor da tragédia era Miguel Venegas, pois os manuscritos de Coimbra omitem o nome do autor, assim como o de Nova Iorque.

Vim a encontrar o autor em manuscritos da biblioteca de Évora. Tanto o meu *Catálogo* como o artigo que publiquei sobre o manuscrito de Nova Iorque são devidamente citados no *Iter Italicum* de Paul Oskar Kristeller.[9]

Outro encontro com um manuscrito conimbricense do Colégio das Artes deu-se no Rio de Janeiro. Em 1976, dava eu um curso sobre o humanista José de Anchieta, S.I., a doutorandos na Faculdade de Letras da Universidade Federal, quando fui surpreendido com a informação de que o Rev. P.e Armando Cardoso, S.I., tradutor de Anchieta, estava interessado em falar comigo.

Informado de que o Senhor Padre Cardoso era pessoa de idade avançada, tomei a iniciativa de ir visitá-lo ao Colégio de Santo Inácio que, por acaso, ficava perto do lugar em que eu vivia. O P.e Armando Cardoso queria a minha opinião sobre um manuscrito que existia no Colégio, trazido de Itália, com poemas do século XVI que o seu colega Padre José R. Zabala considerava serem possivelmente de Anchieta.

Ao folhear o códice, ali mesmo, encontrei os coros de *Achabus* e completo o *Saul Gelboaeus,* muito meu conhecido, pois já orientara em Coimbra uma tese de licenciatura sobre essa tragédia. Mais uma vez, Miguel Venegas no meu caminho. O Padre Armando Cardoso era uma pessoa encantadora (ignoro se é ainda vivo) e agradeceu-me satisfeito o esclarecimento da autoria, facultando-me uma cópia dactilografada do manuscrito. O códice do Rio de Janeiro já o tenho citado em trabalhos meus.

Com estas notas soltas do meu percurso na Literatura Novilatina em Portugal, iniciado por um *Catálogo de Manuscritos* em 1945 e continuado até hoje, espero sinceramente não vos ter fatigado nem desiludido em demasia.

---

9 Paul Oskar Kristeller *Iter Italicum, IV (Alia Itinera,* II) London, Warburg Institute; Leiden, J. Brill, 1989, p. 446-449. Para o manuscrito de Nova Iorque, ver A. Costa Ramalho *Estudos sobre a Época do Renascimento,* p. 333-345. Sebastião Tavares de Pinho "Literatura Humanística inédita do Colégio das Artes da Universidade de Coimbra no século XVI". *Actas do Congresso de História da Universidade no VII Centenário,* Coimbra, 1991, p. 1-20 da separata.

27. DOIS HUMANISTAS DA COMPANHIA DE JESUS: JOSÉ DE ANCHIETA (1534-1597) E DUARTE DE SANDE (1547-1600)[*]

No ano passado, em 1997, celebrou-se o quarto centenário da morte de Anchieta, cujo falecimento, em cheiro de santidade, ocorreu em Reritiba, hoje Anchieta, perto da cidade de Vitória, capital do estado de Espírito Santo, no Brasil.

Houve numerosos congressos em honra do missionário jesuíta. Recordo quatro a que assisti, desde La Laguna, nas ilhas Canárias, onde o beato Anchieta nasceu em 19 de Março de 1534, até Pádua e Veneza em Itália, e ainda São Paulo e Vitória, no Brasil.

Em São Paulo, tive ocasião de encontrar os dois principais estudiosos de Anchieta, aqueles que ao longo dos anos mais têm contribuído para o conhecimento da sua vida e da sua obra, a saber, o seu biógrafo e editor das cartas, Padre Hélio Abranches Viotti, e o editor e tradutor da sua restante produção escrita, em latim, português, castelhano e tupi, o Padre Armando Cardoso, de origem portuguesa. Ambos, o P.e Viotti e o P.e Cardoso, membros da Companhia de Jesus, são hoje pessoas adiantadas em anos, que eu tinha a honra de conhecer pessoalmente, há muito tempo.

O interesse por Anchieta surgiu para mim durante a permanência no Brasil entre Julho de 1975 e Dezembro de 1977 quando, na Universidade

---

[*] Actas do I Congresso Internacional *Humanismo Novilatino e Pedagogia. Gramática, Criações Maiores e Teatro.* Universidade Católica Portuguesa. Faculdade de Filosofia – Braga, 1999, p. 87-98.

Federal do Rio, ao dar aulas de Mestrado de Latim Renascentista, eu procurava um autor que tivesse interesse para os meus alunos brasileiros, na sua maioria assistentes da própria Faculdade de Letras.

Anchieta surgiu naturalmente como um latinista invulgar e poeta inspirado, autor do poema *De Beata Virgine Dei Matre Maria*, de 5787 versos, em dísticos elegíacos, e de um poema heróico de 3058 hexâmetros dactílicos, intitulado *De Gestis Mendi de Saa*, «Sobre os feitos de Mem de Sá».

Mem de Sá foi o terceiro governador-geral do Brasil e o poema ocupa-se dos três primeiros anos do seu governo, numa altura em que se esperava que, terminado o seu mandato, regressasse a Portugal, como, aliás, era sua vontade. Obrigado a ficar no Brasil, tornou-se uma das notáveis figuras do período colonial.

O poema em seu louvor saiu anónimo em Coimbra, em 1562, publicado por iniciativa de um filho do herói. E estou convencido de que se teria tornado famoso, se fosse ainda então vivo o poeta Francisco de Sá de Miranda, irmão de Mem de Sá[1].

Além destes dois longos poemas, José de Anchieta compôs odes sáficas de esquema horaciano, em honra da Virgem Maria e do mártir São Lourenço. E outros poemas em latim rimado, em versos de sete sílabas, com acentuação métrica peninsular. Ademais do latim versejou em português, espanhol e tupi, nos metros tradicionais da lírica popular, em composições que podiam facilmente ser cantadas com música de cantigas contemporâneas. E escreveu teatro nas três línguas para edificação dos catecúmenos.

Em prosa, foi um escritor notável, como provam as cartas quadrimestres que foi encarregado de compor em 1554, e outras como aquela de 31 de Maio de 1560, escrita de São Vicente, sobre a fauna e flora do Brasil, traduzida modernamente por Serafim Leite e comentada por Hélio Viotti[2].

---

[1] A. Costa Ramalho, «O conimbricense Mem de Sá, terceiro governador-geral do Brasil», *Para a História do Humanismo em Portugal II*, p. 165-180.

[2] *Pe. José de Anchieta, S. J., Cartas. Correspondência Activa e Passiva. Obras Completas*, 6.º volume. Pesquisa, Introdução e Notas do Pe. Hélio Viotti, S. J., São Paulo, Edições Loyola, 1984, p. 121-150.

É além disso autor da primeira gramática da língua tupi, a mais falada na costa do Brasil, na altura em que Anchieta lá chegou. E da sua notável bibliografia fazem parte ainda sermões, textos históricos, o *Diálogo da Fé* e o *Catecismo,* ambos em tupi.

Tudo isto juntamente com o ensino do latim, de que foi o primeiro professor em São Paulo, chegaria para preencher a vida de um homem laborioso, mas há que acrescentar-lhe a existência heróica do missionário infatigável, catequista, médico, enfermeiro e conselheiro dos índios. Uma vida de total dedicação ao ensino e evangelização do indígena brasileiro e do colono português, que lhe valeram a beatificação em 1980 pelo papa João Paulo II.

José de Anchieta era filho de Juan de Anchieta e de Meneia Diaz de Clavijo e Llarena. Sua mãe fora casada em primeiras núpcias com o bacharel Nuno Nunez de Villavicencio, de quem tivera uma filha e um filho, chamado Pedro.

Durante muito tempo, pensou-se que o pai de Anchieta, basco de nascimento, fora participante da revolta dos senhores feudais contra Carlos V, chamada revolução dos *comuneros,* e que, por isso, se teria refugiado nas Canárias onde casara com a viúva do bacharel Nuno Nunez. Esta é a versão ainda conservada na biografia de Anchieta do Pe. Hélio Viotti[3].

Mas em La Laguna, terra da naturalidade de José de Anchieta, no congresso promovido pela universidade local em 1997, os antecedentes familiares de Anchieta foram amplamente discutidos e os mais reputados genealogistas das Canárias declararam-se a favor da opinião, segundo a qual, o pai de Anchieta era um «escribano real», portanto, um funcionário da coroa que nada tinha a ver com as lutas da nobreza espanhola contra o herdeiro austríaco do trono de Espanha.

Também aí a historiadora das Canárias, Professora Manuela Marrero, e outros falaram do ambiente social e cultural de La Laguna, à data do nascimento de José de Anchieta. A família pertencia à camada culta da cidade, gente que tinha o hábito de estudar latim, desde muito cedo. Além disso, Juan de Anchieta tinha um largo círculo de amigos em que

---

[3] *Anchieta, o apóstolo do Brasil.* São Paulo, Edições Loyola, 1966, p. 27.

se encontravam portugueses, então numerosos em La Laguna, e italianos, um dos quais o genovês Domenico Grimaldi Rizzo, foi o padrinho de baptismo de seu filho José. Portanto, Anchieta esteve cedo em contacto não só com o latim, mas também com o português e o italiano. Mais tarde, um dos seus biógrafos falará da extraordinária vocação do canário para as línguas, dando como prova o facto único, num espanhol, de falar português como um português.

E já que me refiro ao congresso de La Laguna, é a ocasião de lembrar um problema que muito me parece preocupar alguns espanhóis, a saber: porque veio Anchieta estudar para Coimbra e não para Salamanca?

Um congressista espanhol sugeriu que seria pelo facto de Coimbra ser mais permissiva. E não se explicou sobre o significado de «permissivo», mas podia querer aludir às suspeitas de ser de ascendência judia, a mãe de Anchieta. Devo esclarecer, porém, que o panorama da intolerância religiosa não era mais favorável em Coimbra do que em Salamanca. Portanto, esta permissividade não tem aqui lugar.

Por outro lado, o mesmo congressista falou da vinda para Coimbra do meio-irmão de José de Anchieta, chamado, como vimos, Pedro Nunez, e do próprio José, para estudarem ambos no Colégio das Artes que D. João III fundara em Coimbra, e abrira oficialmente em 21 de Fevereiro de 1548.

No final da sessão, em conversa particular, informei-o de que só José viera estudar no Colégio das Artes, porque seu meio-irmão, mais velho e mais adiantado nos estudos, se dirigira a Coimbra com ele, mas para estudar na Faculdade de Cânones.

E aqui se situa um episódio conimbricense. Trabalhou sob a minha orientação, durante anos, a minha saudosa amiga Dra. Georgina Trigo Ferreira, como membro da linha de investigação sobre Humanismo que eu dirigia no Centro de Estudos Clássicos e Humanísticos. Encarreguei--a de procurar no Arquivo da Universidade, onde era conservadora, documentos sobre Anchieta. Nada se encontrou no Colégio das Artes onde o jovem canário esteve de 1548 pelo menos até 1551, ano em que entrou na Companhia de Jesus e, possivelmente, mesmo até 1553, ano em que partiu para o Brasil.

Nada tendo aparecido sobre José, recomendei-lhe que investigasse a presença de seu irmão Pedro Nunez na Faculdade de Cânones. E aí foi bem sucedida. Com efeito, o documento encontrado reza assim:

> «Pedro Nunez.
>
> Provou Pedro Nunez de tenerife das Canarias de Castela diante do Sor Frei Diogo de murça Reitor dous cursos em Canones que começarão pollo outubro de I bc quarenta e oito e se acabarão por I bc Lta e forão testemunhas que asi o jurarão os bachareis diogo madeira e hieronimo sueiro e eu diogo dazevedo o screvi aos xi dias de julho de I bc Lta e quatro annos.
>
> Yeronimo soeiro diogo madeira»

Há ainda mais dois documentos relativos a Pedro Nunez de Tenerife das Canárias de Castella, mas só este mostra a data do início da sua frequência da Universidade: Outubro de 1548. E, portanto, para seu irmão José, o início dos estudos no Colégio das Artes, no começo do ano lectivo de 1548-1549. Isto confirma documentação existente em Roma, citada por Hélio Viotti.

Se o motivo da escolha de Coimbra não foi a «permissividade» religiosa, também não foi a «permissividade» escolar, porque o curso do colégio das Artes sob a orientação de André de Gouveia, «le plus grand principal de France», como lhe chamou Montaigne, que foi seu aluno, não era coisa fácil. É conhecido o regulamento do Colégio, cujo regime, de que noutra altura me ocupei[4], era duríssimo.

Além disso, com professores como Diogo de Teive, João da Costa, o escocês Jorge Buchanan, reputado então o melhor poeta latino da Europa, e os franceses Arnaldo Fabrício, Guilherme de Guérente, Nicolau Grouchy, era uma escola de nível excepcional, justamente famosa, e Salamanca não tinha melhor para oferecer.

---

[4] «A formação conimbricense de Anchieta», a sair em *Memórias da Academia das Ciências de Lisboa. Classe de Letras*. Lisboa, 1998. Impresso com o título de «Estudante em Coimbra», no meu livro *Para a História do Humanismo em Portugal III*, p. 180-191.

Mas eu creio - e já o afirmei repetidamente - que o motivo da escolha de Coimbra teve mais que ver com Pedro Nunez, o irmão mais velho, do que com José de Anchieta. Com efeito, Pedro vinha estudar Cânones, e estava em Coimbra Martin de Azpilcueta, o doutor Navarro, que D. João III fizera vir de Salamanca, pagando-lhe o mais elevado salário da Universidade, e empregando para convencer o famoso basco a influência do seu cunhado Carlos V, rei de Espanha.

Martin de Azpicuelta era então o mais célebre, internacionalmente, dos professores da Universidade de Coimbra e considerado um dos maiores, se não o maior canonista europeu.

Há razões para crer que o Doutor Navarro, basco como o pai de Anchieta, era ainda seu parente. Sabe-se que José de Anchieta foi aluno de Diogo de Teive no Colégio das Artes e alguma coisa o grande poeta latino que foi Teive terá ensinado ao seu aluno de Retórica e Poesia. A verdade é que o *De Gestis Mendi de Saa* de Anchieta é um dos mais notáveis poemas épicos da História da Poesia Novilatina em Portugal.

Ligado ainda à memória de Anchieta em Coimbra, recordarei um soneto que em certo manuscrito da Biblioteca Geral conimbricense é atribuído a Anchieta. Foi a então bibliotecária Dra. Maria Luísa Lemos que chamou a minha atenção para o pequeno epigrama, sabendo que eu me interessava por Anchieta.

Quando publiquei o soneto em *Humanitas* XXXI-XXXII (1979-80), logo apareceu certo sábio a garantir gravemente que Anchieta não sabia italiano, porque o soneto é em quatro línguas: a primeira quadra em português, a segunda em espanhol, o primeiro terceto em italiano e o último em latim.

Estavam na moda estes sonetos na segunda metade do século XVI, e eu conhecia outros similares, lidos em André Falcão de Resende. E o italiano não faltava em tais jogos poéticos, dado que era uma língua que as pessoas cultas de então estudavam a par do latim, sendo a literatura italiana bem conhecida dos intelectuais do Renascimento, aliás, fácil para quem conhecia latim, espanhol e português. Demais, no caso de Anchieta, como ficou provado em La Laguna, o poeta convivera com italianos desde a infância e continuou a conviver com gente de Itália durante os anos do Brasil, afinal o resto de toda a sua vida.

A este propósito, o Pe. Hélio Viotti, comentando o soneto num artigo em *Humanitas* XXXIII-XXXIV (1981-82), intitulado «A Itália na vida do beato Anchieta», explicou as circunstâncias históricas que confirmam o episódio nele contado que ocorreu com um italiano, João Baptista Maglio, administrador do Engenho dos Erasmos, ou de São Jorge, em São Vicente[5].

O Pe. Viotti precisa mesmo o dia em que o caso terá acontecido: 3 de Outubro de 1574.

E o Pe. Armando Cardoso, ao incluir o soneto no seu livro *Lírica Portuguesa e Tupi,* tomo I das *Obras Completas de Anchieta* (São Paulo, 1984), cita o passo da *Vita do Pe. Anchieta* de um dos primeiros biógrafos do beato, o Pe. Pêro Rodrigues. Aí se conta a história do vinho que, chegado da Europa, veio satisfazer os anseios do pobre homem que desesperava, pela sua falta.

Eis o texto do ms. 1636, p. 340, da Biblioteca Geral da Universidade de Coimbra, o qual é uma colectânea poética do século XVII:

«A São José, quando acrescentou o vinho ao flamengo, que sentia muito esta falta. Em quatro línguas

Soberano José, dai nova vida
a quem quase da vida desespera,
porque a glória, que em vida mais venera,
sem o sumo da vide a vê perdida.

Prometed que la aurora bien venida
el vino aumentará del que quisiera
antes mengua en sus anos y tuviera
la mengua de su vino más crescida.

Piange el Britano che gli manca il vino;

---

[5] Sobre os Erasmos, ver Artur Moreira de Sá, «O humanista Erasmo de Roterdam e os Erasmos do Brasil no século XVI», *Arquivo do Centro Cultural Português XVI.* Paris. Fundação Calouste Gulbenkian, 1979, p. 445-455.

Santo Giosefo, habigli compassione,

ritrovi in te il gaudio, che dimanda.

Si augeas vinum, opere divino,

renovas vitam, cum dilectione,

tua admiranti opera admiranda.

Nota à margem: «O que fez este soneto foi o Pe. José de Anchieta».

A nacionalidade do protagonista parece ser contraditória, mas não é difícil encontrar uma explicação. Quer no título, quer no corpo do soneto, as designações de «flamengo» e de «britano» podem ser intencionais: *flamengo,* porque trabalhava para os flamengos Schetz ou Erasmos, donos do Engenho de Açúcar[6]; *britano,* em vez de italiano, para ocultar a «vítima» do gracejo de Anchieta, em cuja prosa e poesia há outros sinais de um vivo e, por vezes, irónico sentido de humor. Afinal, como dizia São Francisco de Sales, «um santo triste é um triste santo».

Este soneto não passa de um *lusus,* uma brincadeira. Para mim, a grande obra literária de Anchieta é o *De Gestis Mendi de Saa,* verdadeira jóia da poesia novilatina em Portugal, que dá ao poeta um lugar destacado no Humanismo português e europeu.

Outro notável humanista da Companhia de Jesus é o Padre Duarte de Sande. Nasceu em Guimarães, a 4 de Novembro de 1531, e faleceu em Macau, a 26 de Junho de 1600. Entrou na Companhia de Jesus na casa de São Roque, em Lisboa, em 1562. Estas datas são do *Dicionário Bibliográfico de Inocêncio*[7].

---

[6] Cf. *Pe. Joseph de Anchieta, S. J., Lírica Portuguesa e Tupi. Obras Completas,* 5º volume. Introdução, Notas e Tradução Versificada do Pe. Armando Cardoso, S. J., São Paulo, edições Loyola, 1984, p. 145.

[7] Innocencio F. da Silva, *Diccionario Bibliographico Portuguez,* Lisboa, Imprensa Nacional, vol. II (1869), p. 216-217 e IX (1870), p. 155. Todavia, segundo Charles Burnett, «Humanism and the Jesuit Mission to China: the case of Duarte de Sande (1547-1599)», *Euphrosyne,* N. S. XXIV, Lisboa, 1996, 425-441, as datas seriam 1547 e 1599, respectivamente. Parece-me possível que Burnett tenha razão na data de 1547 para o nascimento,

Ensinou Retórica no Colégio das Artes em Coimbra, depois da sua entrega à Companhia de Jesus. No códice manuscrito n° 993 da Biblioteca da Universidade de Coimbra, há poesia e prosa datáveis da década de setenta do século de Quinhentos.[8]

Assim, dois sermões em honra da Rainha Santa Isabel, a quem os jesuítas do Colégio das Artes de Coimbra dedicavam um culto particular: a *Oratio de laudibus Beatae Elisabethae Lusitaniae Reginae, habita ab Eduardo de Sande, Conimbricae anno 1572* (fol. 124); e *De laudibus Diuae Elisabethae Lusitanorum Reginae oratio 2ª habita ab Eduardo de Sande Conimbricae anno 1574* (fol. 161). E quatro epigramas em louvor da Rainha Santa Isabel, padroeira de Coimbra, além de poesias de circunstância, ligadas à vida escolar, como os chamados «enigmas», também em latim, embora possam ter, por vezes, o título em português: «Enigma: a Universidade com o nosso Colégio» (fol. 149 v°) ou «Aenigma de societate inita inter Summum Pontificem et Christianos Principes nomine Vulgari/Liga» (fol. 134), a respeito da aliança entre o papa e os príncipes cristãos que conduziu à vitória naval de Lepanto sobre os turcos, em 1571.

Mas o principal título de glória do Pe. Sande é sem dúvida o livro em 437 páginas de latim, de composição cerrada, que intitulou *De Missione Legatorum Iaponensium ad Romanam Curiam, rebusque in Europa, ac toto itinere animaduersis Dialogus. Ex ephemeride ipsorum Legatorum collectus, et in sermonem latinum uersus, ab Eduardo de Sande sacerdote Societatis Iesu. In Macaensi portu Sinici regni in domo Societatis Iesu cum facultate Ordinarii, et Superiorum. Anno 1590.* Em tradução: *Diálogo sobre a Missão dos Embaixadores Japoneses à Cúria Romana e as coisas que eles observaram na Europa e em toda a viagem, coligido do diário dos Embaixadores e vertido para o latim por Duarte de Sande, sacerdote da Companhia de Jesus. No porto de Macau do reino da China, na casa da Companhia de Jesus, com autorização do Ordinário e dos Superiores. No ano de 1590.*

---

porque em 1562 Sande não professou, como escreve Inocêncio, mas entrou como aluno no Colégio de São Roque, em Lisboa.

[8] Burnett, no artigo citado, publica ainda quatro epigramas do ms. 3308 da Biblioteca Nacional de Lisboa, que traduz para inglês, juntamente com os cinco epigramas do ms. 993 da Biblioteca da Universidade de Coimbra.

Na capa do livro, cuja tradução publiquei com prefácio e notas, guardei apenas o início, a saber, *Diálogo sobre a Missão dos Embaixadores Japoneses à Cúria Romana,* porque o título original era longo demais. O livro saiu em Macau em 1997, por iniciativa da Fundação Oriente e da Comissão Territorial de Macau para a Comemoração dos Descobrimentos Portugueses[9]. Completa a capa uma fotografia a cores do monumento aos quatros rapazes japoneses da Embaixada, erigido há anos, em Omura, no Japão, de que era rei Bartolomeu ou Omura Sumitada, um dos soberanos representados nesta legação à Cúria Romana.

A missão, com os quatros jovens *dáimios,* saiu de Nagasáqui em 1582, numa nau portuguesa que se dirigiu a Macau. Depois de uma demora de dez meses em Macau, à espera de navio mais conveniente, os japoneses fizeram-se de novo ao mar. Passaram o estreito de Singapura e ancoraram em Malaca. Partindo de novo, agora através do Oceano Índico, dirigiram-se à ilha de Ceilão, de onde navegaram para a Índia, aportando a Cochim, onde havia um forte português, e nesta cidade passaram a estação das tempestades. Terminado o inverno, partiram para Goa, capital dos portugueses no Oriente.

Daí, levantando ferro, passaram por Madagascar, chamada também São Lourenço, dobraram o cabo da Boa Esperança, entraram no Oceano Atlântico e detiveram-se na Ilha de Santa Helena onde repousaram algum tempo e se reabasteceram. Navegando para o Norte, atravessaram de novo a linha equinocial e chegaram finalmente a Lisboa. Os navios em que viajaram do Japão para a capital portuguesa e desta para a sua pátria foram sempre portugueses.

De Lisboa, seguiram por terra para Madrid, a fim de cumprimentar Filipe II, o mais poderoso soberano da Europa, então também rei de Portugal com o nome de Filipe I. Filipe tratou-os como príncipes de sangue e esta categoria social foi aceite e respeitada não só pelos papas Gregório XII

---

[9] Posteriormente, nova edição, em dois tomos, foi publicada, em 2009, pela Imprensa da Universidade de Coimbra: Duarte de Sande S. I., *Missão dos Embaixadores Japoneses,* vols I e II. Cit.

e Sisto V, que tiveram ocasião de conhecer pessoalmente[10], mas também por todos os príncipes e potentados dos territórios que atravessaram na Península Itálica.

De Espanha passaram a Itália por mar, para evitar a França onde subsistia a intranquilidade das lutas religiosas. E o mesmo fizeram no regresso a Espanha. Por terra, atravessaram duas vezes Portugal e Espanha e fizeram um longo percurso em Itália, de que o *Dialogus* nos dá a lista impressionante das cidades visitadas: Livorno, onde desembarcaram, Pisa, Florença, Siena, Acquapendente, Viterbo, Roma, Foligno, Assis, Perusa, Camerino, Macerata, Recanati e o santuário mariano de Loreto. Ancona, Senigaglia, Fano, Pesaro, Rimini, Cesena, Forli, Ímola, Bolonha, Ferrara e finalmente Veneza. Vicenza, Verona, Mântua, Cremona, Lodi, Milão, Pavia, Tortona e Génova, onde embarcaram para Espanha e voltaram a passar em Madrid, de regresso a Portugal.

Para não alongar este roteiro, omito as cidades espanholas onde um lugar especial é dado a Madrid e Alcalá de Henares, e passo ao percurso português. Em Portugal, além de Lisboa, onde fizeram duas estadias prolongadas, conheceram Évora e Vila Viçosa, Alcácer do Sal e Setúbal. Viajando para norte, para visitarem Coimbra, estiveram em Santarém, Tomar e Leiria.

Em Itália, um lugar especial é concedido a Roma, Florença, Ferrara, Milão e sobretudo Veneza, cidade a que eu próprio fui duas vezes para poder compreender certos passos da descrição veneziana. Em Portugal, há duas narrativas principais, a de Lisboa e a de Coimbra.

Para as cidades de Itália, Duarte de Sande utiliza não apenas os apontamentos dos nobres japoneses, mas também alguns livros que eles trouxeram, com descrições e gravuras, em latim, das terras visitadas. Em Portugal, para Lisboa terá usado um livro semelhante, embora conhecesse a cidade. Mas para Coimbra, creio que falou mais alto a saudade do antigo professor do Colégio das Artes.

Assim, o «Colóquio Trigésimo Primeiro» começa com estas palavras de Lino, um interlocutor que não participou da Missão:

---

[10] A. Costa Ramalho, «Sisto V e l'Ambasciata Giapponese (1585)», *Biblos LXV*, Coimbra, 1989, p.189-200.

«Sabemos que o nome da cidade de Coimbra, a que fizeste referência na conclusão do colóquio anterior, aparece com frequência nas conversas dos padres da Companhia de Jesus e que a saudade *(desiderium)* gostosa e a memória do Colégio Conimbricense, no qual muitos deles foram educados, se renovam repetidamente. Por estas razões, desejamos com empenho ser informados tanto da cidade, como do seu famoso colégio.»

Devo acrescentar que, além dos aspectos turísticos, o livro discute questões importantes como a escravatura e refuta (isto já em 1590!) as responsabilidades assacadas aos portugueses nas práticas esclavagistas dos naturais do Japão.

A viagem de ida e volta durou oito anos.

Para terminar, voltemos ao Padre Sande. Viajou para Oriente em 1578. Aí, foi reitor do Colégio de Baçaim na Índia, e do Colégio de Macau na China. Em Macau, dedicava-se ao estudo do chinês quando foi encarregado pelo visitador da Companhia, Pe. Alessandro Valignano, de coligir os apontamentos dos legados japoneses e de sobre eles escrever um livro em diálogo.

Valignano foi quem organizou a viagem dos jovens nipónicos à Europa, mas o livro é da autoria do Pe. Duarte de Sande, como já tive ocasião de afirmar mais de uma vez. E até de provar com argumentos válidos[11].

Sande é não apenas o prosador de estilo ciceroniano, mas também o criador da obra. Duarte de Sande, S. J., faleceu em Macau, cerca de dez anos depois da publicação do *De Missione,* em 1599 ou 1600.

---

[11] A. Costa Ramalho, «O Pe. Duarte de Sande, S. I., verdadeiro autor do *De Missione Legatorum Iaponensium ad Romanam Curiam... Dialogus*». *Humanitas* XLVII, Coimbra, 1995, p. 777-789. Reimpresso em A.C.R., *Para a História do Humanismo em Portugal*, III, p. 209-220.

28. LATIM E IDEOLOGIA: SOBRE UM PASSO DA *EPISTOLA AD IGNATIUM DE MORAES* (VV. 146-147) DE PEDRO SANCHEZ[*]

Na recensão do livro de Elisabeth Feist Hirsch, *Damião de Góis, The life and thought of a Portuguese humanist 1502-1574,* The Hague, Martinus Nyjhoff, 1967, publicada em *Humanitas* XIX-XX (1967-1968), e depois reimpressa em *Estudos sobre o século XVI,* Lisboa, INCM, 21983, escrevi:

> «...a Autora declara que André de Resende não foi influenciado pelas opiniões do seu mestre de Salamanca, Aires Barbosa, a respeito de Erasmo. Mas quem nos garante que Barbosa foi sempre contrário ao humanista de Roterdão?»

E seguidamente, citava eu os versos do *Encomium Erasmi* de André de Resende em que Aires Barbosa é incluído entre os discípulos de Erasmo, em 1531. Fazem parte do número dos admiradores do humanista de Roterdão, o rei D. João III e o cardeal D. Afonso, seu irmão. E são mencionados como seus discípulos, D. Miguel da Silva, Aires Barbosa, Francisco de Melo e Luís Teixeira.

Aires Barbosa é especialmente louvado pela introdução do Grego na Península Ibérica.

O *excursus* sobre os admiradores e discípulos portugueses de Erasmo abre com os conhecidos versos[1] em que Resende emprega pela primeira

[*] *Humanitas* 60 (2008)227-230.

[1] Cf. Odette Sauvage, *L'itinéraire Érasmien d'André de Resende (1500-1573).* Paris, Fundação Calouste Gulbenkian, 1971, p. 60 (verso 206 e seguintes).

vez a palavra *Lusiadae*, de sua invenção, para designar os Portugueses. O novo termo será repetidamente usado pelos poetas novilatinos e servirá de título, em 1572, ao poema épico de Camões.

Escreve Resende:

Inclyte Erasme,

Non tibi Lusiadae infensi. Te noster adorat

Diuus Ioannes fraterque Alphonsus et ipsam

Effigiem certe miro uenerantur amore

Et uoluunt studio libros auroque decorant:

«Glorioso Erasmo, os descendentes de Luso não são teus inimigos. Adora-te o nosso divino[2] João e seu irmão Afonso, e veneram, sem dúvida, o teu retrato com extraordinária simpatia e folheiam com interesse os teus livros e mandam-nos dourar».

Quanto a Aires Barbosa que, no presente artigo, especialmente nos interessa, se ainda era admirador e discípulo de Erasmo em 1531, mudou já de ideias em 1536, quando publica em Coimbra o poema *Antimoria* contra o *Encomium Moriae* (em latim, *Laus Stultitiae)* ou ”Elogio da Loucura” do roterdamês.

Os ventos tinham mudado a respeito de Erasmo (m. 11.7.1536) na corte portuguesa e Aires Barbosa seguiu a vaga dominante. Não foi só ele. Outros mudaram também[3].

Quem ler o poema “De Superstitionibus Abrantinorum”, de que tratei em duas ocasiões[4], não pode ter dúvidas sobre as tendências erasmistas de Pedro Sanches, secretário do Desembargo do Paço nos reinados de

---

[2] *Diuus*, qualificativo honorífico dos imperadores romanos, honrados com a "apoteose", e no Renascimento, usado para elogiar os soberanos.

[3] Por exemplo, o médico António Luís tentou, aliás sem êxito, provar que Erasmo não sabia Grego. Cf. A. Costa Ramalho, «António Luís, corrector de Erasmo», *Para a História do Humanismo em Portugal*, III, p. 81-90. Sobre André de Resende, cf. ibidem, pp.77-79.

[4] Nos livros *Estudos sobre o século XVI* e *Para a História do Humanismo em Portugal*, III.

D. João III e de D. Sebastião. E, todavia, na sua "Epistola ad Ignatium de Moraes", só publicada no século XVIII no *Corpus Illustrium Poetaram Lusitanorum qui Latine scripserunt,* do Pe. António dos Reis, vol. I, Lisboa, 1745, Aires Barbosa, um dos sessenta poetas novilatinos referidos por Pedro Sanches, é assim caracterizado:

> *Nec sonat illepide prauam qui damnat Arius*
> *Stultitiam, quam quidam olim laudauit inepte.*
> *(vv. 146-147)*

A primeira vez que citei estes versos[5], li no segundo *quĭdem,* em vez de *quīdam* e traduzi: "E não soa desgracioso Aires, quando condena a errada *Stultitia,* ele que antes a louvara insensatamente.".

Vim, posteriormente, a verificar que o texto do *Corpus* apresenta a lição *quīdam,* e que esta é a lição correcta, por duas razões: 1) é a única que está metricamente certa, pois na posição que a palavra ocupa no verso, a sílaba inicial tem que ser longa (*quīdam* e não *quĭdam);* 2) é a lição comum ao texto impresso e aos dois manuscritos, a saber, um do século XVI (MS. F.G.6368 da Biblioteca Nacional de Lisboa) e o da *Bibliotheca Lusitana* de João Franco Barreto, manuscrito do século XVII em fotocópia na mesma biblioteca.

Portanto, a tradução deve ser: "E não soa desgracioso Aires, quando condena a errada *Loucura* que alguém outrora louvou insensatamente."

Deste modo, Barbosa é *non illepidus.* Erasmo torna-se *ineptus.* Ora, quem ler o poema do português, e o diálogo do roterdamês, verificará o contrário, isto é, que o primeiro é *illepidus* e o segundo *non ineptus.*

O sentido das conveniências, aliado à preocupação com a segurança pessoal, impunha aos "bem-pensantes" *(recte sentientibus)* a distorsão da verdade.

---

[5] No artigo sobre Aires Barbosa, no *Grande Dicionário de Literatura Portuguesa e de Teoria Literária,* dirigido por João José Cochofel, Lisboa, Iniciativas Editoriais, s.d., vol. I, p. 593-595. Ver ainda o capítulo "Erasmo em Portugal no século XVI", *Para a História do Humanismo em Portugal, III,* p. 71-80. Sobre Aires Barbosa, ver, especialmente, a p. 75.

N.B. – Este artigo foi enviado, há anos, para uma colectânea de *Estudos em memória do Prof. Doutor Mário de Albuquerque*. Como a colectânea não saiu até ao presente, enviei-o para a *Humanitas*. Ninguém se admire, por isso, de que venha a aparecer na referida colectânea.

29. DUAS OPINIÕES SOBRE OS *GERMANI* NO PORTUGAL QUINHENTISTA[*]

Há dois juízos sobre os Alemães, no Portugal dos meados do século XVI, que merecem alguma atenção, pela sua diversidade. O primeiro é de Inácio de Morais,[1] numa carta de 15 de Outubro de 1537, publicada quatro séculos mais tarde pelo Prof. Mário Brandão[2].

Inácio de Morais escreve a D. Sancho de Noronha, um estudante nobre e influente da Universidade de Coimbra, sobre uma questão de interesse para o remetente, e no final da epístola refere-se a Vicente Fabrício, professor de Grego no Mosteiro de Santa Cruz, onde então funcionava a Faculdade de Artes:

«Peço que dês cumprimentos meus a Fabrício, homem de grande erudição, que, embora eu não conheça pessoalmente, desejo ter por amigo, quer porque tenho uma especial simpatia pelos Alemães *(tum quia Germanos peculiariter diligo)*, que vão à frente e superam de longe todos os outros homens, em cultura e conhecimento das línguas, e com eles alguma coisa aproveitei em Lovaina, quer porque

---

[*] Axel Schönberger und Klaus Zimmerman hrg., *Sonderdruck aus De Orbis Hispani linguis litteris historia moribus. Festscrift für Dietrich Briesemeister zum 60. Geburtstag.* Domus Editoria Europaea, Frankfurt am Main, 1994, p. 13-15

[1] A biografia deste humanista português ainda não é segura. Cfr. A. da Costa Ramalho, «Notas para a Biografia de Inácio de Morais», in: *Memórias da Academia das Ciências de Lisboa - Classe de Letras* 30 (Lisboa), 1990-1991, p. 47-66.

[2] Mário Brandão, *Alguns documentos respeitantes à Universidade de Coimbra, na época de D. João III*, Coimbra, Biblioteca da Universidade, 1937, p. 69-70.

(como parentes e amigos me fizeram saber) Fabrício me fez honrosas referências.»

«Fabricium uirum eruditissimum uelim meo nomine saluere iubeas, quem tametsi nondum noui, cupio tamen cum homine amicitiae foedus percutere, tum quia Germanos peculiariter diligo, qui disciplinis et linguarum peritia caeteris mortalibus antestant, longeque excellunt, inter quos olim Louani nonihil profeci, tum quia (ut a familiaribus et amicis accepi) audio ipsum de nobis honorifice locutum fuisse.» Desenvolvi as abreviaturas e actualizei a grafia.»

Vicente Fabrício, em tempos considerado parente do francês Arnaldo Fabrício que pronunciou a oração de abertura do Colégio das Artes, em 21 de Fevereiro de 1548, nada tinha a ver com Arnold Fabrice nem com os compatriotas deste, vindos de Bordéus com André de Gouveia.

Encontrava-se em Coimbra, anos antes da abertura do Colégio das Artes. Nicolau Clenardo, de passagem na cidade, assistiu a uma das suas aulas e dela fez grandes elogios.[3]

Outro juízo sobre os *Germani* revela-se diametralmente oposto do anterior.

António Luís foi um médico e helenista que hoje goza da reputação de «a figura cimeira» do Humanismo em Portugal, segundo creio, injustificadamente. Na verdade, a maior parte dos que dele falam, nunca leu o seu latim e, ainda menos, o seu grego.

Denunciado à Inquisição como judaizante, esteve preso em Lisboa cerca de onze dias, no começo de 1539. Nesse mesmo ano, publicou um caloroso elogio do rei D. João III a que deu o nome de *Panagyrica Oratio* [sic]. E trouxe à luz também um livro, *Problemata*[4], complexo e difícil de caracterizar, um acervo de curiosidades sobre a Natureza, à maneira

---

[3] Em Julho de 1537. Cfr. M. Gonçalves Cerejeira, *O Renascimento em Portugal: I — Clenardo e a Sociedade Portuguesa,* Coimbra, Coimbra Editora, [4]1974, p. 113-114.

[4] António Luís, *Cinco Livros de Problemas.* Tradução de António Guimarães Pinto, Lisboa: Centro de Filosofia da Universidade de Lisboa (Colecção Translata 3), 2010.

da *Naturalis Historia* de Plínio o Velho, e abundante em especulações pseudocientíficas. Entre elas, a seguinte:

«Porque é que os Alemães, e os que habitam lugares enregelados pelo frio, embora se distingam pela força física e pela estatura dos corpos, todavia tão pouco raciocínio possuem, que parece não terem o uso ou comércio da razão?»

«Cur Germani et qui loca frigore algida incolunt, quamuis uiribus et corporum magnitudine praestent, minimum tamen rationis obtineant, ut nullum paene cum ratione usum vel commercium habere uideantur?» (Problematum libri quinque, fol. 5v°).

Penso que esta observação não é inocente e desinteressada, mas se destinava a conciliar a boa vontade da Inquisição que teve preso o Lic° António Luís, entre Janeiro e Fevereiro de 1539. O médico helenista estaria provavelmente a aludir a certos *Germani,* como Martinho Lutero e Desidério Erasmo. Este último era chamado na época *Germanus,* porque a cidade de Roterdão fazia ainda parte do Império Alemão.

Ora na Biblioteca da Ajuda existe um manuscrito intitulado *Annotationes aliquorum locorum in quibus hallucinatus est Erasmus in transferindo Galeni libello qui inscribitur Exhortatio ad bonas artes,* ou seja, «Notas sobre alguns passos em que Erasmo disparatou, ao traduzir o opúsculo de Galeno, intitulado *Exortação ao estudo das Belas Letras».*

Tive ocasião de mostrar recentemente que as críticas de António Luís são exageradas e que ele não consegue provar que Erasmo não sabia Grego.[5]

Como quer que seja, em 4 de Março de 1547, iniciava António Luís, por mandado de D. João III, o seu breve currículo de docente na Universidade de Coimbra, leccionando Galeno. E estava presente, com certeza, quando em 18 de Julho de 1548, Mestre Juán Fernández, um sevilhano que ensinava Retórica na Universidade, pronunciou a sua oração De *Celebritate*

---

[5] A. da Costa Ramalho, «António Luís, corrector de Erasmo», in: *Humanitas* 45, 1993, p. 243-254 (= *Miscelânea em honra dos Doutores Walter de Medeiros e Manuel Pulquério).*

Academiae Conimbricensis onde tanto António Luís como Vicente Fabrício são tratados com simpatia pelo orador.[6]

Juán Fernández era conhecido pelas suas tendências erasmistas e foi mesmo responsável por uma edição conimbricense dos *Colloquia*[7] de Erasmo, *ad meliorem mentem reuocata,* em que devia estar trabalhando por esta altura.

Assim, e porque talvez não encontrasse em Coimbra ambiente propício para os seus ataques a Erasmo, preferiu António Luís não os publicar. Tê-los-ia enviado manuscritos ao rei D. João III, como parece sugerir a carta-dedicatória que os precede, datada de Lisboa, 1 de Setembro de 1548? Não sabemos.

---

[6] Cf. Jorge Alves Osório, *Mestre João Fernandes: a oração sobre a Celebridade da Universidade (1548),* Coimbra: Instituto de Estudos Clássicos da Faculdade de Letras, 1967.

[7] Jorge Alves Osório, «O Humanismo Português e Erasmo – Os Colóquios de Erasmo, editados em Coimbra no século XVI: estudo e apresentação crítica do texto», 2 volumes, Porto, 1978, (dissertação de doutoramento, apresentada à Faculdade de Letras da Universidade do Porto, policopiada).

30. A EUROPA AOS OLHOS DOS PRÍNCIPES DO JAPÃO[*]

Numa altura em que o estudo do Latim se encontra quase proscrito em Portugal, parece-me oportuno chamar a atenção para uma das obras mais aliciantes da Literatura de Viagens, escrita em Latim no século XVI. O trabalho que vai ser lido é baseado na tradução que publiquei em 1997 do *De Missione Legatorum Iaponensium ad Romanam Curiam, rebusque in Europa ac toto itinere animadversis dialogus ex Ephemeride Ipsorum Legatorum Collectus, Et In Sermonem Latinum Versus Ab Eduardo de Sande Sacerdote Societatis Iesu in Macaensi portu Sinici regni in domo societatis Iesu cum facultate Ordinarii et Superiorum Anno 1590*[1].

Como o título é longo, dou a tradução em português: *Diálogo sobre a Missão dos Embaixadores Japoneses à Cúria Romana e as coisas que eles observaram na Europa e em toda a viagem, coligido do Diário dos próprios embaixadores e vertido para latim por Duarte de Sande, sacerdote da Companhia de Jesus, no porto de Macau do reino da China, na casa da Companhia de Jesus, com a autorização do Ordinário e dos Superiores, no ano de 1590.* Abreviadamente podemos designá-lo por *Diálogo sobre a Missão dos Embaixadores Japoneses à Cúria Romana*

---

[*] Nair Castro Soares, Margarida Miranda e Carlota M. Urbano, *Latineuropa, latim e cultura latina no processo de construção da identidade europeia*, Coimbra, IEC-CECH, 2008, p. 269-279 (Adaptação do prefácio de A. Costa Ramalho a Duarte de Sande, S. J., *Diálogo sobre a missão dos embaixadores Japoneses à Cúria Romana*, Macau, Fundação Oriente - CTMCDP Macau, 1997).

[1] Duarte de Sande, S. J., *Diálogo sobre a missão dos embaixadores Japoneses à Cúria Romana*. Cit.

ou em latim, por *De Missione Legatorum Iaponensium ad Romanam Curiam... Dialogus*[2].

Quando a missão japonesa partiu de Nagasáqui em 20 de Fevereiro de 1582, havia quase quarenta anos que se dera o primeiro contacto dos portugueses com o Japão, colocado pelos historiadores, geralmente, em 1543.

Nesse ano, com efeito, três portugueses, António da Mota, António Peixoto e Francisco Zeimoto desceram em Tanagaxima de um navio chinês, ao que se supõe.

A evangelização do Japão, por parte da Companhia de Jesus, proveio do interesse do padre Francisco Xavier, então em Malaca, pelo novo país, que lhe foi descrito por Fernão Mendes Pinto e Jorge Álvares. Foram-lhe apresentados também três japoneses que vinham em companhia dos dois portugueses.

Em 15 de Agosto, dia de festa da Assunção da Virgem, de 1549, desembarcaram em Kagoxima no Japão, vindos de Goa, os primeiros missionários jesuítas chefiados por Francisco Xavier.

A evangelização, de início, conheceu um certo êxito que parecia prometer a cristianização do Japão em poucos anos. Todavia, em breve, começaram as dificuldades, criadas pelas circunstâncias locais. O próprio entusiasmo dos novos conversos que activamente tentavam converter os membros das suas famílias e destruíam ídolos e templos, não foi dos entraves menores.

Com efeito, no Japão, as seitas religiosas (xintoístas, budistas, Confucionistas e outras) conviviam sem atritos aparentes, mesmo no seio de cada família. O proselitismo religioso dos novos cristãos veio quebrar este equilíbrio e levantar receios sobre o que poderia acontecer ao "establishment" japonês, quando os cristãos tivessem a maioria. O exemplo das Filipinas onde, sob o domínio espanhol, à expansão da fé se seguiu o domínio político dos homens do Ocidente, não era animador.

---

[2] Posteriormente, nova edição, em dois tomos, foi publicada, em 2009, pela Imprensa da Universidade de Coimbra. Cit.

Assim na página 260 [264], Lino acaba de confirmar o novo espírito
de caridade e mútua ajuda entre os japoneses convertidos ao Cristianismo,
e Maneio comenta:

«Por isso acontece que, algures, certos pagãos (japoneses) vieram
à falsa conclusão, e sem razão se persuadiram, de que os padres da
Companhia e os restantes japoneses, ligados entre si por este ardentíssimo
vínculo de amor, podiam facilmente pensar em apoderar-se da dominação
de todo o Japão.»[3]

Por outro lado, para a mentalidade dos japoneses, convencidos da superioridade da sua civilização, a imagem exterior dos padres jesuítas com
a sua modesta roupeta, a sua pregação dos valores cristãos da pobreza
e da humildade, era pouco atraente. E assim, o êxito inicial do Cristianismo
verificou-se entre as camadas sociais menos elevadas, aqueles a quem
a caridade cristã favorecia, com instituições como hospitais e a Misericórdia,
e com uma nova consciência da sua dignidade humana e da sua independência em relação aos patrões e governantes que tinham, até aí, direito
de vida e de morte sobre os seus subordinados. Esta religião dos pobres
e necessitados não prestigiava socialmente o Cristianismo.

Por isso, era difícil fazer compreender aos japoneses que, longe do seu
país, na Europa, existia uma civilização superior, mais rica, mais brilhante,
mais justa e mais adiantada que a sua. E que nessa civilização o Cristianismo
e a Igreja Católica tinham um papel primacial.

Na Europa, o culto religioso levantava monumentos, igrejas, conventos,
escolas, hospitais, hospícios dos tipos mais variados, ricamente dotados
pela magnificência de potentados bem mais ricos do que os japoneses.
A hierarquia religiosa gozava de poder e riqueza e era universalmente
respeitada. Por outro lado, graças à influência da doutrina cristã, e ao poder arbitral do Papa, as relações entre os reis europeus eram harmoniosas

---

³ MANCIVS. *Hinc sane accidit, ut alicubi nonnulli Ethnici in eam falsam opinionem
uenerint, sibique immerito persuaserint, patres Societatis reliquosque Iaponenses homines
ardentissimo amoris uinculo inter se deuinctos, posse facile de occupando totius Iaponiae
dominatu cogitare.* (p. 260 impressa, na realidade, p. 264, Colloquium XXIV).

e os conflitos resolviam-se geralmente por negociação justa e equitativa. Versão exageradamente optimista, para japonês ouvir.

Situação bem diferente a do Japão - dizem nos Colóquios os interlocutores japoneses - onde a guerra civil era endémica, onde pequenos senhores podiam guerrear-se mutuamente, sem autorização de um Imperador que, ou não existia, ou não tinha poder, onde a conspiração e o crime eram moeda corrente e constante nas relações dos poderosos.

No Japão, não havia sequer uma organização mínima da Justiça, e o Direito era a vontade do mais poderoso ou do mais traiçoeiro, por forma tal que o cidadão comum era condenado à morte, muitas vezes, antes de saber de que era acusado, e sem qualquer possibilidade de defesa. Daí as vinganças sangrentas, o suicídio, prática habitual entre os que eram presos, por saberem que estavam antecipadamente condenados à morte, sem remissão.

Todo este quadro negro, que é largamente desenvolvido nos colóquios, aparece confirmado nas intervenções dos próprios interlocutores japoneses. Naturalmente, a paz e a harmonia europeias são exageradas, não tanto por invenção premeditada dos interlocutores, como pelo facto de que os japoneses viram apenas o que os deixaram ver e ouvir, no convívio seleccionado com os grandes e poderosos da Europa.

Enfim, a superioridade da civilização cristã e europeia eram um facto no século XVI. E foi para que o admitissem e pudessem transmitir aos seus compatriotas que os japoneses vieram à Europa saudar os expoentes máximos do poder religioso e do poder político: o Papa e Filipe II de Espanha, então também rei de Portugal.

De tudo quanto antes lhes contavam os mercadores portugueses e os padres jesuítas, os japoneses em geral, mesmo os católicos, pouco acreditavam sobre a superioridade da civilização europeia. Quando regressaram, estavam completamente rendidos à grandeza da Europa.

Quem eram os embaixadores japoneses? Quatro rapazes novos, adolescentes de 13 para 14 anos, à partida do Japão, da família de três *dáimios* ou soberanos locais, convertidos ao Cristianismo. Eram eles: Mâncio Ito, sobrinho de Francisco, rei do Bungo; Miguel Chingiva, sobrinho de Protásio, rei de Arima e de Bartolomeu, rei de Omura. E ainda dois nobres, parentes de Bartolomeu, a saber, Martinho ou Martim

Fara e Juliano Nacaura. Nos jovens embaixadores, o primeiro nome é
o cristão, o segundo é o japonês. Nos *dáimios,* que eles representavam, tratados como "reis", para simplificar, os nomes japoneses eram
Yochichiga Otomo (Francisco), Harunobu Arima (Protásio) e Sumitada
Omura (Bartolomeu).

Os três territórios mencionados, Bungo, Arima e Omura ficam na Ilha
de Kiuchiu, a mais ocidental das ilhas japonesas.

A embaixada representava uma pequena parte do Japão e constituía
uma espécie de legação de obediência ao Papa, segundo a tradição europeia das obediências prestadas ao Sumo Pontífice, não apenas pelos
reis de países independentes como Portugal, Espanha, França, etc., mas
também pelos príncipes de cidades-estados como Florença ou Génova
ou o Senado da poderosa república de Veneza. Na intenção do padre
Alessandro Valignano, organizador da embaixada, que então desempenhava no Japão as funções de visitador da Companhia de Jesus, a missão
devia proceder com calculada discrição. E o mesmo pensava em Roma o
geral da Companhia, o P.ᵉ Claudio Acquaviva.

Mas à chegada a Lisboa, o cardeal Alberto, governador de Portugal,
por ordem de Filipe II, seu tio, e sobretudo em Madrid, o próprio Filipe,
consideraram a embaixada como oficial e representativa do Japão e o poderoso rei da Península Ibérica tratou os jovens japoneses como príncipes
de sangue. A partir daí, o seu *status* ficou assente de forma categórica
e ninguém se permitiu atribuir-lhes situação inferior à que lhes concedeu
o principal soberano europeu da época.

A atitude dos dois papas que conheceram em Roma, Gregório XIII,
que inicialmente os recebeu, e Sisto V, a cuja entronização assisti-
ram, após o falecimento de Gregório XIII, pautou-se pela de Filipe:
receberam a sua obediência e trataram-nos como príncipes e filhos
dilectos da Igreja.

E depois do rei de Espanha e dos papas, não foram menores as atenções da República de Veneza e dos príncipes italianos, nomeadamente
o grão-duque Francisco de Médicis, senhor de Florença e Pisa.

A república de Veneza que, anos antes, tinha felicitado Filipe de
Espanha pela conquista de Portugal, fez aos aristocratas japoneses uma

recepção estrondosa, cuja descrição aparece num dos colóquios. Veneza estava interessadíssima no comércio com o Japão.

Devia acompanhar a legação japonesa a Itália o padre Alessandro Valignano, visitador da Companhia de Jesus, atrás mencionado. Mas à chegada a Goa recebeu uma carta do geral da Companhia, em que era nomeado provincial no Oriente. Não podendo continuar viagem com os jovens embaixadores, foi substituído pelo jesuíta português, P.ᵉ Nuno Rodrigues, reitor do colégio de Goa da Companhia de Jesus. Era também da comitiva o P.ᵉ Diogo de Mesquita, igualmente lusitano, famoso pelo seu conhecimento do japonês, que servia de intérprete.

Outros acompanhantes eram o irmão Jorge de Loyola, japonês, encarregado de lhes cultivar a língua e a escrita nativas; por seu turno, com os jesuítas portugueses estudavam latim, a língua internacional das pessoas cultivadas do tempo, a doutrina católica e, certamente, português, pois Urbano Monte, um italiano que os conheceu em Milão, deles escreveu:

> «Sabem a língua portuguesa bem, a espanhola medianamente, a latina em grande parte ecompreendem quase tudo em italiano, embora não o falem de modo seguro; quando,porém, falam com príncipes usam o seu idioma nativo e utilizam o intérprete[4].»

Iam ainda dois servidores japoneses.

A prática da língua portuguesa deve ter sido estimulada pelos companheiros de bordo, quer na viagem do Japão para Lisboa, quer no regresso de Lisboa ao Japão. Na verdade, o percurso foi feito em navios portugueses, com tripulantes e passageiros, na sua quase totalidade, portugueses também.

De facto, depois do seu reconhecimento como rei de Portugal, em 1580, Filipe II procurou respeitar o esquema da monarquia dual, deixando

---

[4] G. Gutierrez, *La prima ambasceria giapponese in Italia. Dall'ignorata cronaca di un diarista e cosmógrafo Milanese del XVI secolo (Cronaca di Urbano Monte)*. Milano, 1938, p.68.

em mãos de portugueses os domínios que lhes pertenciam no Oriente e no Brasil, e as comunicações marítimas com esses territórios distantes. Além disso, nos portos onde os japoneses tiveram que aguardar meses a fio ou as condições atmosféricas favoráveis ou a escolha do navio mais seguro e confortável, ficaram instalados em colégios da Companhia de Jesus, dirigidos por portugueses. Assim aconteceu em Macau, à partida e no regresso, em Cochim e em Lisboa.

Quanto à língua latina, estudaram-na constantemente, várias horas por dia, nesses períodos de espera, e a bordo, quando a navegação decorria placidamente. Estudaram igualmente a música europeia, aprendendo a tocar vários instrumentos.

No *Tratado dos Embaixadores Japões,* adiante citado, o seu autor, P.ᵉ Luís Fróis incluiu uma carta do padre Diogo de Mesquita, enviada de Portugal, ao padre-visitador Valignano, donde extraio (p.24):

«E fizeram bom progresso no latim, conforme a penúria do tempo. Dom Martinho se pôs a compor uma oração em latim, e depois a decorou para ler diante do nosso padre-geral. E Dom Mâncio fez outra mais breve, que um padre nosso lhe emendou em Évora em algumas palavras, e como tem muito boa memória e habilidade, a tem quase estudada para a recitar diante do Papa. Os outros três fizeram cada um seu epigrama em louvor de Sua Santidade.»

Como se fala de três, é possível que, além dos dois nobres não mencionados, o terceiro seja o irmão Jorge de Loyola ou algum dos dois servidores, Agostinho ou Constantino.

Acrescente-se que Martinho, de facto, pronunciou esse discurso em Goa, no regresso, com graça e elegância *(uenuste et eleganter),* diante do padre-visitador e dos restantes, (p. 377, *Colloquium XXXII,* indicada na tradução, por parêntese recto).

Falámos atrás da unidade espiritual da Europa que os colóquios descrevem e sublinham, e dissemos, de passagem, como essa unidade era, em parte, ilusória.

De facto, a legação japonesa visitou na Europa, apenas as duas penínsulas ocidentais, a Ibérica e a Italiana, onde não havia guerras de religião. Convites feitos em Madrid pelos embaixadores do imperador, do rei de França, e do duque de Sabóia, não foram aceites, sob pretexto do desvio da rota previamente escolhida, (p. 258, *Colloquium XXXIV).*

Mas será injusto dizer que nos Colóquios são ignoradas por completo as discussões religiosas da Europa. Realmente, ao falar, no *Colloquium XXIII,* dos colégios que a Companhia de Jesus possuía em Roma, Miguel, numa longa dissertação, não esquece o Colégio Alemão e, sobretudo, o Colégio Inglês onde eram treinados os padres que deviam partir secretamente para Inglaterra, então sob domínio de Isabel I, rainha herética[5], para pregarem a doutrina católica. E lembra os riscos desse apostolado, com o sacrifício de Edmond Campion, o jovem jesuíta inglês que, descoberto pelos protestantes, foi decapitado em Londres, em 1581.

Aliás, os japoneses, na altura em que o livro foi publicado, já conheciam outras disputas entre os próprios evangelizadores, por exemplo, entre jesuítas e franciscanos, que começaram logo que estes foram autorizados a pregar no Japão. E dentro da própria Companhia de Jesus, as rivalidades latentes entre portugueses e espanhóis. Isto, para não falar do aparecimento dos protestantes, quando os holandeses entraram em cena, já no período filipino.

Como e por quem foi elaborado o livro? O título diz expressamente que "foi coligido do diário dos próprios embaixadores, e traduzido para latim por Duarte de Sande, sacerdote da Companhia de Jesus"[6].

Não há dúvida de que os moços japoneses tomaram notas e devem mesmo ter feito perguntas sobre preços e custos das coisas que descrevem, desde os edifícios às peças de vestuário. Esta atitude correspondia, por um lado, ao materialismo da civilização japonesa, por outro ao desejo de impressionarem os seus compatriotas, fornecendo-lhes números esclarecedores. A cada passo, surgem avaliações em *aurei,* "moedas de ouro", cujas espécies mais correntes deviam ser o "cruzado" português e o "ducado" espanhol, ambos moedas de ouro.

---

[5] (...) *regina prauis hereticorum erroribus imbuta* (...) (p. 250).

[6] *Ex ephemeride ipsorum legatorum collectus, & in sermonem latinum uersus ab Eduardo de Sande sacerdote Societatis Iesu.*

Só esta visão pragmática do mundo justifica o final do Colóquio XV, onde a grandeza dos prelados da Igreja, o seu prestígio, o seu poder e influência são medidos pelos bens deste mundo, e se garante que eles não vivem menos sumptuosamente que reis, príncipes e demais hierarquia aristocrática. Se esta maneira de ver, hoje nos choca, é preciso não esquecer que, além de representar um aspecto da mentalidade do tempo, aqui figura para japonês ler e ouvir.

Portanto, os japoneses fizeram perguntas sobre o que viram, pediram preços e tomaram notas.

Um documento muito curioso desta atitude figura num relato em prosa já citado, que ficou manuscrito e foi publicado em 1993, pelo Dr. Rui Loureiro[7].

Escreve o padre Fróis:

«Um dos moços japões que acompanhavam a estes senhores os quatro embaixadores, por ser curioso e muito bom escrivão de nossa letra portuguesa, para depois poder referir em seu reino aos naturais o que vira naquela casa real, de propósito se pôs a notar aquela baixela, descendo aos particulares do tamanho delas. E entre outras coisas boas que notou naquele caminho, escrevendo por sua memória o que vira nos Paços de Sua Ilustríssima Senhoria, dizia desta maneira ao pé da letra, que para um Japão e moço foi coisa para se notar (...).»

O moço chamava-se Constantino (p.48).

E segue-se um verdadeiro inventário da louça de prata, tapeçarias, objectos em ouro do paço ducal de Vila Viçosa que o japonês visitou. Este não era embaixador, mas um dos dois rapazes que acompanharam a embaixada.

Quanto aos embaixadores, sabemos por declarações repetidas no decurso dos diálogos que não só tomaram notas, mas trouxeram livros, sobretudo livros com gravuras, quer oferecidos, quer comprados, além

---

[7] *Padre Luís Fróis, Tratado dos Embaixadores Japões.* Introdução, notas, selecção e modernização de textos de Rui Loureiro. Grupo de Trabalho do Ministério da Educação para as Comemorações dos Descobrimentos Portugueses, Lisboa, 1993, p. 45-46.

de aparelhos de navegação, mapas, armas e uma infinidade de coisas de que o leitor pode aperceber-se pela leitura deste interessantíssimo livro.

E a propósito: quem é o autor do *De Missione Legatorum Iaponensium ad Romanam Curiam?*

O jesuíta Daniel Bartoli (1608-1685), autor da *Storia della Compagnia di Gesú,* afirmou sem hesitações que o *De Missione* era da autoria do padre Alessandro Valignano. E depois dele, é corrente ver repetida esta atribuição, sobretudo em livros e artigos de italianos.

Mas não creio que seja verdade. Segundo Bartoli, depois de ter compilado o livro, a partir dos diários dos japoneses, Valignano mandou-o passar para latim, a um dos padres. Esta tarefa, aliás, difícil em obra de tal natureza, é apresentada como coisa de somenos:

> *Compiutolo [o livro], il (P.ᵉ Valignano), commise a transportare in idioma latino a un de'Padri; e quivi in Macao della Cina il diè alle stampe quest'anno del 1590*[8].

Nem sequer, a presença do nome do P.ᵉ Duarte de Sande na portada do livro, ajudou a memória do historiador Bartoli a mencioná-lo. Se o P.ᵉ Sande fosse italiano, com certeza o procedimento teria sido diferente...

Mas a verdade é que o *De Missione Legatorum Iaponensium ad Romanam Curiam* é da autoria do P.ᵉ Sande, segundo o testemunho do próprio P.ᵉ Valignano[9].

Leia-se a sua carta "aos alunos dos seminários japoneses", no começo do livro:

> «Veio agora à luz este livro, cujos factos foram todos diligentemente anotados pelos embaixadores da vossa pátria, enviados à Cúria Romana,

---

[8] *Ambasceria de' re giapponesi al Summo Pontifice estratta dal libro I delle opere sul Giappone del padre Daniello Bartoli D.C.D.G. Napoli, Stabilimento Tipografico di Andrea Festa (...) 1851, p.92.*

[9] Aliás, o padre Alexandre Valignano (Chieti, 1539 - Macau, 20.1.1606), doutor *in utroque Iure* pela Universidade de Pádua, desempenhou um papel de excepcional importância na evangelização do Oriente. Foi um grande dirigente e na parte em que é mencionado no *De Missione* não lhe são regateados elogios e expressões de afecto.

e por mim confiados com o maior empenho ao padre Duarte de Sande, da nossa Companhia, que agora vive na China[10] e outrora se dedicou aos estudos de Humanidades e sempre teve o maior interesse pelas vossas coisas, para que ele, coligindo as informações dos próprios legados, as ordenasse e passasse para latim, compondo-as, para maior clareza, num diálogo entre os embaixadores, companheiros e parentes uns dos outros, que fosse de proveito vosso.»[11]

E na sua carta-dedicatória ao geral da Companhia de Jesus, padre Claudio Acquaviva, que vem em seguida à de Valignano, o padre Duarte de Sande reafirma que o livro foi composto, segundo as indicações do padre visitador (Valignano) e passado para latim. E todo o tom da carta é o do autor que fala da sua obra.

A escolha do diálogo, em vez da exposição seguida, é também explicada nessa carta do padre Sande. Aí se faz a apresentação dos interlocutores, pelo que me abstenho de fazê-la aqui.

Limitar-me-ei a acrescentar que os diálogos estavam então na moda, tanto em latim como nas línguas modernas, em todos os países da Europa. Para falarmos só de Portugal, mencionemos em latim, André de Resende, Damião de Góis, João Rodrigues de Sá Meneses, Luísa Sigeia; em português, João de Barros, Garcia d'Orta, Frei Heitor Pinto, Frei Amador Arrais, etc.

Mas há ainda um outro argumento em favor da autoria do P.e Sande que só a leitura da obra completa pode evidenciar: o seu portuguesismo. Com efeito, numerosas vezes ele recorre aos exemplos da História de Portugal, para documentar aspectos da vida europeia - coisa que certamente não ocorreria a um estrangeiro, como Valignano. Curiosamente, muitas dessas figuras da história portuguesa são citadas no texto e omitidas no índice Onomástico: talvez, por parte dos revisores da Companhia de Jesus, uma

---

[10] Isto é, em Macau (*In Macaensi portu Sinici regni*).

[11] *Hic ergo feliciter in lucem prodit, cuius res omnes a uestrae patriae legatis ad Romanam curiam missis diligenter sunt notatae, et Eduardo de Sande nostrae Societatis Sacerdoti in Sinico regno nunc degenti, olim studiis humanitatis dedito, semper uestrarum rerum studioso summopere a me commendatae: ut eas ex ipsorum legatorum scriptis collectas et dispositas Latinis litteris traderet, et causa perspicuitatis dialogum inter legatos, socios et consanguineos habitum ad uestram utilitatem componeret.* (fol. A2).

instituição internacional, o desejo de não melindrar a sensibilidade de Filipe II, o mais poderoso soberano católico.

Provas desse lusitanismo: o elogio constante de Portugal, dos seus marinheiros, dos seus soldados; da fidelidade dos portugueses aos seus reis e da sua lealdade nas relações com os povos orientais[12]; da sua benignidade para com os escravos, etc. Episódios dos reinados de Afonso V, D. João II, D. Manuel, D. João III e D. Sebastião são aduzidos para documentar afirmações feitas sobre a Europa e os europeus.

Por vezes, é possível entrever certas fontes, como Garcia de Resende ou Damião de Góis, em português, ou os livros, em latim, de D. Jerónimo Osório e de André de Resende. No caso deste último humanista, em prosa e em verso.

Seguindo a ordem da obra em latim, vem, depois das cartas de Alessandro Valignano e de Duarte de Sande, o elenco dos colóquios da obra completa. Na primeira metade do volume, figuram os Colóquios I a XVI, com os acontecimentos da viagem de Nagasáqui, de onde partiram em 20 de Fevereiro de 1582, até Lisboa, onde chegaram em 10 de Agosto de 1584.

O capítulo XVI, com a descrição de Lisboa, foi traduzido no século XIX, não sem algumas omissões e imperfeições[13].

Os títulos dos capítulos ou Colóquios são, por vezes, ilusórios e prometem muito menos do que na realidade contêm. Para dar um só exemplo, mencionarei o caso do Colóquio XIV: "Sobre os combates navais que costumam travar-se na Europa".

A pretexto da batalha naval de Lepanto, em que a armada cristã derrotou completamente a armada turca, nas águas do Mediterrâneo, em 7 de Outubro de 1571, vem a talhe de foice a questão dos escravos cristãos

---

¹² Cf. p.31: LINVS. (...) *Illud tantum dicam, Lusitanum nomen... ueluti aliquid sanctum et augustum reuereri.*

¹³ António José de Figueiredo no *Archiva Pittoresco*, Lisboa, V, (1862) e VI (1863). A verdade é que no volume V se faz o resumo de todo o livro, por forma tal que colóquios de muitas páginas são abreviados em dois ou três períodos. No volume VI, a tradução do *Colloquium XVI*, sobre Lisboa, é mais uma paráfrase do que uma tradução, em que Figueiredo elimina as personagens e o diálogo e omite tudo quanto lhe não parece relevante, suprimindo trechos inteiros.

libertados depois da batalha. Com efeito, nas galés dos turcos remavam como escravos alguns milhares de cristãos.

Daí segue-se uma discussão sobre o problema da escravatura e a participação dos portugueses nessa actividade.

O interlocutor japonês mostra como a escravatura já era corrente no Japão, antes da chegada dos portugueses, pois no seu país existe o hábito de as famílias pobres venderem os filhos como escravos, quando os não podem sustentar. Aliás, em muitos casos matavam-nos, ao nascer.

Miguel, o interlocutor japonês, nega que sejam os portugueses os culpados desta mancha social, até porque uma decisão de D. João III proibia a aquisição de escravos japoneses. De resto, segundo a opinião de Miguel, para alguns será até benéfico, se conseguirem entrar ao serviço dos portugueses que tratam bem os escravos e os educam cristãmente.

E como este *excursus* inesperado sobre a escravatura, outros, talvez menos candentes, mas igualmente interessantes, como o problema da cor negra da pele e sua hipotética origem, no Colóquio V.

O livro foi escrito para mostrar a Europa aos japoneses e, inversamente, para revelar o Japão aos europeus que do país iam tendo conhecimento pelas cartas dos jesuítas. Esperava-se que a leitura do *Dialogus* do P.ᵉ Sande despertasse novas vocações evangelizadoras e atraísse ao Japão apóstolos em maior número e mais abundante ajuda financeira.

O *De Missione Legatorum Iaponensium ad Romanam Curiam...Dialogus* nunca foi traduzido em português antes da minha tradução publicada em 1997.

A questão da existência duma tradução portuguesa ficou resolvida pela negativa no *Diccionario Bibliographico Portuguez* de Inocêncio Francisco da Silva. Com efeito no vol. II (1869), p. 216-217 e IX (1870) p. 155, Inocêncio prova que a fonte da falsa informação da existência duma tradução portuguesa foi Barbosa Machado na *Biblioteca Lusitana, s.v.* "Duarte de Sande", ao mencionar o livro em Português, com um título - acrescentarei eu - que nem sequer traduz o original latino. Barbosa Machado comete ainda outras incorrecções ao falar de uma tradução espanhola intitulada *Historia del Japón,* da autoria do Doutor Buxeda de Leyva, que não passa de um resumo; e ao mencionar uma edição latina publicada em Amesterdão em

1593 de que até hoje não se conhece qualquer exemplar. Isto é, Barbosa Machado imagina que o livro do padre Sande foi inicialmente publicado em português e traduzido na Holanda para latim. Numa palavra, o autor da *Biblioteca Lusitana* nunca viu o *De Missione*.

Quanto aos artigos de António José de Figueiredo no *Archivo Pittoresco* de 1862 e 1863 estão muito longe de ser uma tradução, mesmo parcial, do texto de Duarte de Sande. Para verificar esta afirmação, a melhor atitude ainda é procurar os dois volumes da revista lisbonense e ler os artigos respeitantes ao livro de Duarte de Sande.

31. O LATIM E A LUSOFONIA[*]

No dia 10 de Maio de 2000, realizou-se no salão nobre da Academia das Ciências, em Lisboa, uma videoconferência em que tomaram parte dez membros da Classe de Letras que dialogaram com igual número de sócios da Academia Brasileira de Letras, situados no Rio de Janeiro. O tema desta conferência realizada através da televisão, que permitiu aos delegados portugueses e brasileiros falarem na presença uns dos outros, com o Oceano Atlântico de permeio, foi "O Presente e o Futuro da Língua Portuguesa".

Cada um dos intervenientes dispunha de cinco minutos, para exprimir as suas opiniões, e no final foram lidas as conclusões, redigidas pela delegação brasileira, de quem, aliás, tinha partido a iniciativa. Com efeito, foi o académico Arnaldo Niskier, quando presidente da Academia Brasileira de Letras, em 1999, quem propôs a realização da conferência, cujas despesas foram inteiramente assumidas pela parte brasileira.

No ano seguinte, em 2000, quando a videoconferência teve lugar, era presidente o académico Tarcísio Padilha. Do lado português, orientou os trabalhos o académico José Vitorino de Pina Martins, presidente da Academia das Ciências.

Um dos delegados portugueses, recordando o papel determinante do latim na formação do português literário, do século dezasseis em diante, lembrou as palavras de Agostinho de Campos em 1924, na *História da Colonização Portuguesa do Brasil* (vol. III, p. 52):

---

[*] *Humanitas* LIII (2001) 423-425.

"À ameaça tremenda com que nos assustava o castelhano respondeu um admirável instinto patriótico, diligenciando remontar a língua à pureza originária. *Com pouca corrupção crê que é a latina,* disse Camões, e assim reuniu num verso de *Lusíadas* o sentimento das gerações que, em face do progresso mais rápido e do triunfo avassalador da língua rival e vizinha, ganharam fé e confiança na própria, à força de a suporem primeiro, e de a tornarem por último, quanto puderam, mais latina do que aquela."

Continuou, mencionando a entrada actual de latinismos em português, através do inglês, como *moderador (moderator)* no sentido de "presidente duma reunião"; *privacidade (privacy); iliteracia (illiteracy);* comboio *inter-cidades (inter-city* train) e tantas outras. Deste modo, saber Latim contribuirá também para um melhor conhecimento do vocabulário culto da língua mais internacional do nosso tempo.

Propôs que fosse incentivado o estudo do latim, no ensino secundário dos países lusófonos, como meio de criar um núcleo cultivado de vocabulário e construções sintácticas da língua portuguesa, que seja mais ou menos estável, independentemente de todas as inovações locais que, afinal, contribuem para o enriquecimento do idioma.

A proposta foi bem acolhida do lado brasileiro. E entre as dez conclusões, estabelecidas pela Comissão do Rio, a referência ao latim teve o número 5): "Reintroduzir o ensino do latim nos currículos escolares dos 7 países por maneira a melhor embasar o estudo da língua".

No dia 9 de Novembro de 2000, Arnaldo Niskier, recentemente eleito sócio correspondente brasileiro da Academia das Ciências, falou em Lisboa sobre "Uma estratégia para a Lusofonia". Voltou a referir-se ao interesse da proposta sobre o incremento do estudo do Latim nos países de língua portuguesa e citou o exemplo da Finlândia, que visitara, não há muito, onde é dada grande importância ao estudo do Latim. Referiu que este país de tecnologia avançada incentiva o estudo da língua latina, apesar de não pertencer ao âmbito da Latinidade.

Esta informação foi-me confirmada pela Dr^a. Isaltina Figueiredo Martins que acrescentou existir na Finlândia, desde 1989, um programa informativo de rádio em latim. Segundo um dos locutores, quando o programa começou, foram recebidas felicitações de mais de cinquenta países.

O programa noticioso em latim, emitido da Finlândia, pode ser consultado na Internet através do portal sapo mundial, pesquisando *finlândia em latim*. Aparecerão as notícias em língua latina.

Para elucidação dos leitores junta-se o texto da "Declaração do Rio de Janeiro", com que terminou a sessão atrás mencionada. Foi-me facultado por intermédio do senhor Embaixador Dário de Castro Alves, a quem aqui exprimo os devidos agradecimentos.

(A Declaração do Rio de Janeiro segue na página anexa)

OS 500 ANOS DO DESCOBRIMENTO
VIDEOCONFERÊNCIA BRASIL-PORTUGAL
O PRESENTE E O FUTURO DA LÍNGUA PORTUGUESA
10 DE MAIO DE 2000

DECLARAÇÃO DO RIO DE JANEIRO

Após duas horas de debates entre dez académicos da Academia de Ciências de Lisboa e a Academia Brasileira de Letras, o presidente da ABL concluiu a videoconferência com a apresentação das seguintes recomendações:

1. estimular a plena implantação do acordo ortográfico, com a efetiva participação diplomática dos governos dos 7 países lusófonos;
2. adotar políticas agressivas de erradicação do analfabetismo nos 7 países lusófonos, como contribuição ao aumento significativo do espaço reservado à língua portuguesa, e ainda como medida de largo alcance para a emergência da cidadania nos mesmos países;
3. adotar políticas destinadas a aprofundar a presença da língua portuguesa em Moçambique, Guiné-Bissau e Cabo Verde, bem assim auxiliar, por todas as formas, ações tendentes a tornar a língua portuguesa mais presente em Timor Leste;
4. estimular a criação de centros de estudos de língua portuguesa em países não lusófonos;
5. reintroduzir o ensino do latim nos currículos escolares dos 7 países por maneira a melhor embasar o estudo da língua portuguesa;
6. estimular a permuta de livros dos escritores dos diversos países lusófonos e estimular a participação crescente dos escritores em questão nas academias de letras, visando incrementar o intercâmbio linguístico e literário entre os 7 países;
7. estabelecer uma política cultural e educacional com o envio de professores de língua portuguesa e de literaturas dos 7 países às nações lusófonas;

8. realizar encontros anuais dos 7 países, se possível, com a utilização
dos recursos tecnológicos de videoconferências;
9. fortalecer a Comunidade dos Países de Língua Portuguesa e o
Instituto Internacional de Língua Portuguesa;
10. elaborar uma antologia luso-brasileira.

Salão Nobre da Academia Brasileira de Letras, 10 de maio de 2000

Tarcísio Padilha
Presidente da Academia Brasileira de Letras

32. O LATIM LÍNGUA INÚTIL? MEMÓRIAS DE UM APRENDIZ DE LATINISTA*

Quando regressei de Oxford, em Novembro de 1949, depois de dois anos a frequentar aulas na Universidade e a trabalhar na minha tese de doutoramento, ao voltar a Portugal, encontrei-me envolvido em mais uma disputa sobre os méritos do Latim.

Foi o caso que o Professor João Serras e Silva (1868-1956), já então com mais de oitenta anos, resolveu atacar o estudo do Latim, no currículo liceal.

Era eu então assistente da Faculdade de Letras de Lisboa, escola à qual sempre estarei grato, por me ter permitido passar dois anos lectivos, de 1947-1949, na Universidade de Oxford[1], como bolseiro do Instituto de Alta Cultura.

Ao artigo do Doutor Serras e Silva, que fora outrora professor de Higiene na Faculdade de Medicina e no Curso de Ciências Pedagógicas da Faculdade de Letras de Coimbra, resolvi dar uma resposta, rebatendo um por um os seus argumentos num artigo que publiquei no jornal *Novidades,* então um diário católico, editado em Lisboa, onde aliás, o Prof. Serras e Silva dispunha de grande influência como jornalista católico.

O Doutor Serras e Silva resolveu responder-me. Em tom paternalista, como convinha à sua idade e ao seu prestígio pessoal e político, não escondeu o desagrado e ficou furioso. Do jornal *Novidades* informaram--me da sua surpresa em se ver contestado por um desconhecido, para mais jovem, segundo ele depreendia do entusiasmo com que o meu

---

* *Humanitas* 57 (2005) 533-542.
[1] Voltei a Oxford, por períodos menores, durante vários anos.

artigo fora escrito. E terminava a sua resposta, lamentando que a minha juventude não tivesse melhor ocupação do que estudar uma língua inútil. Aconselhava-me, por isso, a não perder mais tempo com tal velharia e a aprender, em substituição do Latim, a língua inglesa que estava destinada a grande futuro e era já então de utilidade indiscutível.

Confesso que o que mais me surpreendeu foi esta simpatia pelo inglês, língua que certamente o Prof. Serras e Silva não falava, pois era o francês a língua dominante na altura em pessoas da sua geração.

A minha resposta rebateu, uma vez mais, a sua argumentação e terminava em tom irónico, oferecendo-me eu para discutir com ele, em inglês, idioma que ele tanto apreciava, a questão do Latim.

O jornal *Novidades,* antes de publicar o artigo, deu-lho a conhecer. Pouco depois informou-me de que o artigo não seria publicado, porque fora proibido pela censura. Nunca cheguei a saber de que censura se tratava, se a do Estado, se a interna do próprio jornal.

Preocupado com a redacção da tese de doutoramento que estava então na fase final, dei pouca importância ao episódio.

Vim mais tarde a saber coisas ocorridas neste caso, que não abonavam em favor da honestidade intelectual de algumas pessoas envolvidas. Faleceram todas e por isso não as refiro aqui.

Também me explicaram, anos depois, que o Doutor Serras e Silva passou a detestar o Latim porque um neto, ou sobrinho-neto, não conseguiu entrar em Direito, por ter reprovado a Latim. Ignoro se isto é ou não verdade.

Anos mais tarde, já professor catedrático, fui persuadido a concorrer a uma eleição para a Assembleia Nacional. Aceitei, na esperança de poder fazer alguma coisa pelos Estudos Clássicos, pois o Latim continuava a ser combatido pública e particularmente. E no entanto, por esta altura, a sua situação era bem mais favorável que hoje.

Fui deputado na legislatura de 1957-1961, mas só estive dois anos na Assembleia Nacional, como então se chamava.

Nesses dois anos, defendi o Latim.

A defesa do Latim foi bem recebida pelo plenário dos deputados, ouvindo-se exclamações de apoio, e usou da palavra, em concordância, o deputado José Hermano Saraiva. O meu discurso e o dele foram publicados na revista *Humanitas*[2], onde podem ser lidos.

É claro que não foi só do Latim que me ocupei nos dois anos em que fui deputado. Entre outras intervenções, tratei da situação dos professores agregados do ensino secundário que, depois do estágio e do Exame de Estado, ainda não ganhavam nas férias grandes. O discurso que proferi, bastante crítico, teve algum efeito, porque meses depois os agregados passaram a ser pagos nas férias de Verão.

Entretanto, fui convidado pelo Instituto de Alta Cultura para participar no corpo docente do doutoramento em Estudos Luso-Brasileiros que ia ser iniciado na New York University, a maior das universidades da grande metrópole americana, cuja população é superior à de Portugal.

Aceitei e estou grato à Assembleia Nacional e à Faculdade de Letras de Coimbra, por me terem deixado partir para Nova Iorque.

Com o título de "Visiting Professor of Portuguese", fui ensinar Literatura Portuguesa do século XVI e Português Arcaico.

A Literatura Portuguesa Quinhentista servia também de introdução à cultura do Brasil, pois o doutoramento em *Portuguese and Brazilian Studies,* visto do lado dos interesses americanos, dizia respeito mais ao Brasil do que a Portugal, porque para os Estados Unidos o Brasil é a grande potência do futuro na América do Sul. Convém não esquecer que o Brasil sozinho é comparável a todas as repúblicas sul-americanas de língua espanhola em conjunto. Por outro lado, o curso de doutoramento em estudos portugueses e brasileiros era promovido pelo Brazilian Institute da N.Y.U. e subsidiado por Nelson Rockfeller, um milionário americano com grandes plantações de café no Brasil. O outro curso da parte portuguesa foi dado pelo Prof. americano Ernesto Guerra Da Cal, sobre Eça de Queirós.

Antes de partir para Nova Iorque, fui informado de que o Professor Joaquim de Carvalho, então internado na clínica de seu filho Manuel, na rua dos Combatentes, queria falar comigo. Fui visitá-lo, levando já um cartão de despedida, por me terem dito que não recebia visitas, por

---

[2] Vol. IX-X (1957-1958) p. 182-189.

ordem dos médicos. Mas quando soube quem o visitava, mandou que me deixassem entrar.

Depois de uma animada exposição do grande Mestre sobre a necessidade de estudar o Humanismo Português, a partir dos textos originais, em latim, falou-me de Cataldo Parísio Sículo que muitos mencionavam sem nunca o terem lido, pois o seu latim não era fácil de ler nem de traduzir.

Alguém, meu amigo, com a melhor das intenções escreveu que, depois do meu regresso da América, em 1962, dera começo aos novos estudos sobre Humanismo em Portugal..

Mas não é bem assim. O meu primeiro trabalho de Latim Renascentista data, na realidade, dos tempos em que frequentei, no segundo ano da Faculdade, a cadeira de História dos Descobrimentos Portugueses, regida pelo Prof. Damião Peres.

Tratava-se da legenda, em latim, de um mapa quatrocentista onde figuravam as navegações de Diogo Cão. O texto latino termina com duas palavras *hic moritur* que eram interpretadas como referidas à morte de Diogo Cão.

No final da aula, quando todos tinham saído, dirigi-me ao Doutor Damião Peres e comuniquei-lhe as minhas dúvidas de que o verbo *(moritur)* tivesse por sujeito Diogo Cão, pois sintacticamente me parecia referir-se a uma montanha mencionada no texto.

O professor pediu-me que pusesse por escrito tudo o que acabava de dizer. Assim fiz e não se falou mais do caso.

A aula foi no ano lectivo de 1940-1941.

Já era assistente em Lisboa, quando me contaram que o Prof. Damião Peres falava de mim nas aulas, a propósito das viagens de Diogo Cão. E só por essa altura soube que o meu trabalho fora publicado em Coimbra na *Revista Portuguesa de História,* vol. II, ano de 1943.

Mais tarde, Luís de Albuquerque informou-me de que havia indícios claros de ter Diogo Cão sobrevivido a essa viagem em que era costume darem-lhe por finda a existência. Quando estudante de Clássicas, traduzi textos de humanistas para o meu antigo professor do liceu de D. João III, Dr. António Correia de Oliveira, para o Prof. Lopes de Almeida e revi traduções que tinham sido feitas para o Prof. Joaquim de Carvalho.

Em 1945, no ano da minha licenciatura, publiquei o *Catálogo dos Manuscritos da Biblioteca Geral da Universidade de Coimbra, relativos à Antiguidade Clássica* - que é sobretudo um catálogo do Humanismo em Portugal. Saiu abusivamente como obra de dois autores, mas é exclusivamente trabalho meu.

Antonio Tovar, eminente classicista e reitor da Universidade de Salamanca, na revista *Emérita* XV (Madrid, 1947, p. 272), considerou o *Catálogo dos Manuscritos* "como muestra del despertar de los estudios clásicos en el país hermano".

E muitos anos depois, em 1989, o grande historiador do Humanismo Renascentista Europeu, o Prof. Paul Oskar Kristeller utilizou-o largamente, na parte relativa à Biblioteca da Universidade de Coimbra, no volume IV do seu *Iter Italicum,* publicado pelo Warburg Institute de Londres.

É o momento de falar das dissertações de licenciatura.

Quando me licenciei em Filologia Clássica, o curso terminava com um exame de licenciatura que poucos faziam ao fim de quatro anos. A grande maioria gastava um, ou mesmo dois anos, a preparar o temível exame final que compreendia uma prova escrita de Gramática Comparativa do Grego e do Latim, três provas orais, a saber, de Língua e Literatura Grega, Língua e Literatura Latina e Filologia Portuguesa que hoje se chama, se não estou em erro, Linguística Portuguesa, e então era uma cadeira bienal para os alunos de Filologia Clássica.

O curso tinha forte componente linguística que hoje, segundo penso, desapareceu ou está muito reduzida. E é pena.

O exame de licenciatura era difícil, porque abrangia toda a matéria dada nas aulas, e havia professores que ampliavam ainda esse programa.

A prova final, depois da escrita e três orais, era a defesa da dissertação ou da tese, como então se dizia. Só eram admitidos à defesa da tese os alunos que tinham passado na escrita e nas três orais. Quando alguma destas provas corria mal, o aluno devia consultar o respectivo examinador para saber se podia defender a dissertação, porque, se fosse até o fim, e ficasse reprovado, tinha de apresentar nova tese no exame.

A Secção de Filologia Clássica estava então empenhada em elaborar um *Lexicon Terentianum* e a cada licenciando era distribuído um texto de uma comédia de Terêncio, para tratar o vocabulário nele contido, segundo um esquema, baseado no já existente *Lexicon Plautinum* de González-Lodge.

O licenciando não tinha qualquer orientação ou apoio e a variedade das soluções, sobretudo nos casos difíceis, era impressionante. Enfim, uma situação muito próxima do caos.

Quando me doutorei, em 1952, propus ao decano da Secção, o Prof. Carlos Simões Ventura, que me deixasse fazer uma avaliação do estado dos trabalhos. O Prof. Ventura, com uma largueza de espírito e uma cordialidade que só os que lidavam de perto com ele, conheciam, disse-me: "O Ramalho é livre de escolher o caminho que preferir".

Falei-lhe do Humanismo Renascentista e dos muitos textos em latim que estavam por estudar. O Professor Ventura anuiu prontamente a que fosse esse o caminho a seguir, de futuro, nas teses de latim.

Começaram, portanto, a ser feitas dissertações sobre textos do Humanismo Renascentista em Portugal, a partir de 1952. Principiámos pelas orações de sapiência, entre elas a de Arnold Fabrice, ou aportuguesado através do latim, Arnaldo Fabrício, pronunciada em 21 de Fevereiro de 1548. Fabrício estava convencido de que vinha expulsar, ele e os seus companheiros, a barbárie gótica da Lusitânia e proclamou a sua crença em tom caloroso. O mesmo fizera Cataldo Parísio Sículo, mas sessenta anos antes. E tentou realizar este seu projecto no território dos bárbaros lusitanos, ensinando laboriosamente, entre 1485 e cerca de 1517, ao passo que Arnaldo Fabrício não chegou a ficar em Portugal três anos.

A fase inicial dos estudos sobre Humanismo Renascentista em Portugal ocupou-se, como já disse, do começo do Colégio das Artes, a partir de 1548, e também da Universidade.

Mencionarei apenas títulos publicados e os seus autores. É deste período o livro de Jorge Alves Osório, *Mestre João Fernandes, A Oração sobre a Fama da Universidade* (1548), publicado em 1967.

Dois anos depois, em 1969, saía a 1ª edição de *Estudos sobre a Época do Renascimento,* em que reuni trabalhos escritos de 1943 em diante, a começar pelo tal artigo de estudante intitulado "Sobre a data da morte de Diogo Cão".

De 1974, são *Duas Orações de Cataldo Sículo* de Maria Margarida Brandão Gomes da Silva e o poema *Martinho Verdadeiro Salomão,* do mesmo Cataldo, por Dulce da Cruz Vieira.

Houve neste período outras teses de licenciatura, dignas de impressão, mas faltaram os recursos materiais para as publicar. Ainda hoje podem ser impressas, depois de cuidada revisão e actualização.

Uma tese apresentada à Faculdade de Letras de Coimbra em 1967 por João Pedro Mendes, deu lugar a um livro impresso em São Paulo, em 1982, com o título de *Cataldo Parísio Sículo, O poema De Diuina Censura et Verbo Humanato, livro primeiro.*

E a propósito do Brasil. De 1975 a 1977, dei na Universidade Federal do Rio de Janeiro, onde introduzi os estudos sobre Latim Renascentista e Humanismo, cursos de pós-graduação aos assistentes, de que resultaram três teses de doutoramento, duas sobre Cataldo e uma sobre Manuel da Costa.

Merece também menção especial a utilíssima *Bibliografia do Humanismo em Portugal no século XVI* de Isaltina Figueiredo Martins, publicada em 1985. É um livro que precisa de ser continuado com um novo volume sobre os trabalhos publicados nos últimos vinte anos, embora eles se encontrem registados a nível internacional, na *Bibliographie Internationale de l'Humanisme et de la Renaissance,* editada na Suíça.

São desta altura as primeiras edições dos meus livros *Estudos sobre o século XVI* (1980) e *Latim Renascentista em Portugal* (1985). Outras publicações do grupo que em Coimbra investiga sobre Humanismo Renascentista são da autoria de:

Sebastião Tavares de Pinho que em 1981 publicou *Carta à Rainha de Inglaterra* de Jerónimo Osório; e viu impressa em 1987 a sua tese de doutoramento, intitulada *Lopo Serrão e o seu poema Da Velhice.*

Nair de Castro Soares publicou em 1977 a primeira edição do seu livro *Diogo de Teive, Tragédia do Príncipe João,* baseado na sua tese de licenciatura, e em 1994 *O Príncipe Ideal no Século XVI e a Obra de D. Jerónimo Osório,* sua tese de doutoramento.

Carlos Ascenso André publicou em 1983, *Diogo Pires, Antologia Poética,* e no ano de 1992, mais dois livros: *Um judeu no desterro. Diogo Pires e a memória de Portugal* e *Mal de Ausência. O Canto do Exílio na Lírica do Humanismo Português,* este último baseado na sua tese de doutoramento.

Os mesmos professores orientaram teses doutorais em várias universidades portuguesas, além de publicarem outros livros e numerosos artigos sobre Estudos Clássicos[3].

Em Coimbra, depois do núcleo inicial de trabalhos, seguiu-se a fase de Cataldo, ao mesmo tempo que se está regressando ao Colégio das Artes na época pertencente à Companhia de Jesus, a partir de 1555.

Há desta época abundante material em manuscritos, ainda por estudar, com algumas consequências lamentáveis, como a de o professor universitário australiano[4] John Martyn atribuir a André de Resende poemas latinos que são certamente obra de mestres e discípulos dos colégios dos jesuítas.

Na parte que conheço, há uma tese de doutoramento sobre a obra de Pedro Perpinhão, defendida no pólo de Viseu da Universidade Católica, e duas teses de doutoramento em Coimbra. A primeira é de Margarida Miranda sobre a tragédia *Achab* de Miguel Venegas, em curso de publicação; a segunda é sobre o poema *Paciecidos libri duodecim de Bartolomeu Pereira.*

A autora, Carlota Miranda Urbano, já antes publicara a sua dissertação de mestrado, intitulada *A Oração de Sapiência do Pe. Francisco Machado, S.J., Coimbra 1624,* editada no ano de 2000.

Neste contexto se enquadra o *Congresso Internacional Anchieta em Coimbra, Colégio das Artes da Universidade de Coimbra (1548-1998),* para o qual vários dos professores conimbricenses escreveram comunicações que podem ler-se nas *Actas* do Congresso, oportunamente publicadas.

---

[3] Os livros publicados por classicistas de formação coimbrã, sobre Humanismo em Portugal, atingem a soma de quarenta volumes. Foram seus autores Aires Pereira do Couto; Albino de Almeida Matos; Américo da Costa Ramalho; António Guimarães Pinto; Augusta Fernanda Oliveira e Silva; Belmiro Fernandes Pereira; Carlos Ascenso André; Carlota Maria Lopes de Miranda Urbano; Dulce da Cruz Vieira; Helena Maria Ribeiro A. C. Toipa; Isaltina Figueiredo Martins; João Pedro Mendes; Jorge Alves Osório; José Nuno Pereira Pinto; Maria Margarida Brandão Gomes da Silva; Maria Margarida Lopes de Miranda; Nair de Castro Soares; Sebastião Tavares de Pinho; Susana Maria D. Hora Marques Pereira; Virgínia Soares Pereira.

No campo dos Estudos Medievais há oito volumes publicados pelos investigadores António Ribeiro Rebelo, José Geraldes Freire, José Maria Cruz Pontes, e Paula Cristina Barata Dias.

[4] Ver A. Costa Ramalho, "O poema *De Agnetis Caede* será uma fonte de Os Lusíadas?", *Península,* Porto, nº 1, 2004, p. 113-121; Idem, "Dois Epigramas atribuídos a André de Resende", *Humanitas,* vol. LVI, Coimbra, 2004, p. 254-267.

Aqui se enquadra também a tradução do livro do Pe. Duarte de Sande, S.J., antigo professor do Colégio das Artes, com um longo título em latim de que as palavras essenciais são *De Missione Legatorum Iaponensinm ad Romanam Curiam... Dialogus,* sobre os quatro japoneses, simpáticos jovens que os jesuítas trouxeram à Europa e estiveram em Coimbra em Dezembro de 1585.

A tradução que está esgotada, foi a primeira que se fez numa língua europeia. A falsa informação de que existia uma tradução portuguesa anterior à minha, foi refutada, há mais de cem anos, por Inocêncio Francisco da Silva no seu *Diccionario Bibliographico*[5].

Em 1936, saiu uma tradução japonesa que não utilizei, porque é sempre preferível traduzir o original, e, também porque não sei japonês. Além destas razões, há outras que seria longo expor aqui.

Congressos realizados em Coimbra, no domínio do Humanismo Renascentista, foram um em 2002 sobre Damião de Góis, cujas *Actas* não estão publicadas.

Em 2004, realizou-se outro colóquio internacional sobre o teatro dos jesuítas, cujas actas espero venham a ser publicadas. Foi deveras estimulante, pelas novidades então surgidas.

Estes são encontros recentes. Mais antigos foram, por exemplo, o *Congresso Internacional Humanismo Português na Época dos Descobrimentos,* em 1991, que abriu com grande solenidade.

E no ano 2000 *Cataldo Parísio e André de Resende. Congresso Internacional do Humanismo Português* em que foram celebrados os quinhentos anos do primeiro volume das *Epistolae et Orationes Cataldi Siculi,* cujo cólofon é datado de 21 de Fevereiro de 1500. E outra data menos segura, a do nascimento de André de Resende que pode ter ocorrido em 1500, mas não é impossível que se tenha verificado noutro ano próximo. Uma particularidade interessante deste simpósio de Cultura Portuguesa foi a de ter decorrido em três universidades, seguidamente, Coimbra, Lisboa e Évora, terra natal de André de Resende.

---

5 Cf. os volumes II, VIII e IX. Ver ainda *Duarte de Sande, S.J., Diálogo sobre a Missão dos Embaixadores Japoneses à Cúria Romana.* Prefácio, tradução do latim e comentário de Américo da Costa Ramalho, Macau, CTMCDP e Fundação Oriente, 1997, p. 15, n. 11.

Deixemos, porém, congressos, simpósios e colóquios. Mencionarei dois livros, publicados pela Imprensa Nacional - Casa da Moeda de Janeiro de 2005 e um saído em Dezembro de 2004 na Suíça e chegado às minhas mãos no mês seguinte.

O primeiro é a tradução do tratado De *Gloria* de Jerónimo Osório, feita por António Guimarães Pinto, licenciado e mestre pela nossa Faculdade e doutor pela Universidade do Minho.

Na introdução do De *Gloria,* Guimarães Pinto que não é noviço nestas andanças, pois já traduziu quase toda a tratadística de Osório, critica as conclusões apriorísticas de certo investigador já falecido, sobre a formação cultural do famoso humanista português. Mas não dá uma razão para a superficialidade dogmática do referido investigador. A verdade é que os tratados de D. Jerónimo Osório não estavam ainda traduzidos e o dito sábio não sabia latim.

O segundo livro da Imprensa Nacional - Casa da Moeda, acabado de imprimir em Janeiro de 2005, são as *Epístolas, II Parte* de Cataldo Parísio Sículo, traduzidas por mim próprio e por Augusta Fernanda Oliveira e Silva. Começámos pela 'Segunda Parte', porque esta é mais homogénea que a primeira e contém quase exclusivamente cartas dirigidas a portugueses, entre 1495 e cerca de 1513, portanto no reinado de D. Manuel I. A 'Primeira Parte', além de cartas escritas por Cataldo em Itália, antes de vir para Portugal em 1485, guarda o epistolário da época de D. João II. Estamos presentemente a traduzi-la e a comentá-la. Finalmente, o terceiro livro recente é a *Bibliographie Internationale de l'Humanisme et de la Renaissance,* publicado em Genève, pela Librairie Droz. Contém a bibliografia relativa a 2000 onde Portugal está largamente representado. Reuniu e organizou o material bibliográfico Isaías A. Hipólito, sob a minha orientação. Em volumes anteriores, em que aparece a colaboração portuguesa, o mesmo trabalho foi feito por Isaltina Figueiredo Martins. A ambos agradeço a tarefa realizada, que muito prestigia internacionalmente o nome de Portugal.

Não quero esquecer a recém-fundada Associação Portuguesa de Estudos Neolatinos APENEL, da qual muito se espera para o futuro dos Estudos de Latim Medieval e Latim Renascentista.

O Latim, língua inútil, afinal é de primeira importância para a história da Cultura Europeia, mormente na época dos Descobrimentos Marítimos, o período mais glorioso da nossa história. E outro tanto se pode dizer do Latim Medieval para a época anterior.

Para terminar, gostaria de referir um episódio ocorrido a 10 de Maio de 2000 na Academia das Ciências em Lisboa. Trata-se de uma videoconferência sobre o presente e o futuro da língua portuguesa em que tomaram parte sócios da nossa Academia e membros da Academia Brasileira de Letras situada no Rio de Janeiro.

Graças à televisão, puderam trocar opiniões como se todos estivessem presentes na mesma sala. De Coimbra participaram Maria Helena da Rocha Pereira, Aníbal Pinto de Castro e eu próprio.

Na minha vez de falar, com argumentação que pode ser lida em *Humanitas* LIII (2001), p. 423-424, propus o regresso ao latim no ensino secundário dos países lusófonos, por forma a criar um núcleo de vocabulário e sintaxe da língua culta, que sirva de base constante perante as criações livres de cada um dos sete países.

A proposta foi bem recebida pela comissão brasileira, a quem pertencia a redacção das conclusões. Assim, como conclusão quinta das dez apresentadas, surgiu o texto: «5. reintroduzir o ensino do latim nos currículos escolares dos 7 países, por maneira a melhor embasar o estudo da língua portuguesa.»

Terminarei com a pergunta inicial, incluída no título, agora seguida de resposta:

O latim, uma língua inútil? Sim, para aqueles que a não conhecem.

Índice Onomástico